絵で学ぶ易占

宇澤周峰

虹有社

六十四卦索引表（卦の説明と判断の要領）

内卦＼外卦	（乾《けん》）	（兌《だ》）	（離《り》）
（乾《けん》）	（乾《けん》為《い》天《てん》）（79頁）	（澤《たく》天《てん》夬《かい》）（457頁）	（火《か》天《てん》大《たい》有《ゆう》）（196頁）
（兌《だ》）	（天《てん》澤《たく》履《り》）（160頁）	（兌《だ》為《い》澤《たく》）（592頁）	（火《か》澤《たく》睽《けい》）（412頁）
（離《り》）	（天《てん》火《か》同《どう》人《じん》）（187頁）	（澤《たく》火《か》革《かく》）（511頁）	（離《り》為《い》火《か》）（340頁）
（震《しん》）	（天《てん》雷《らい》无《む》妄《もう》）（295頁）	（澤《たく》雷《らい》隨《ずい》）（223頁）	（火《か》雷《らい》噬《ぜい》嗑《ごう》）（259頁）
（巽《そん》）	（天《てん》風《ぷう》姤《こう》）（466頁）	（澤《たく》風《ふう》大《たい》過《か》）（322頁）	（火《か》風《ふう》鼎《てい》）（520頁）
（坎《かん》）	（天《てん》水《すい》訟《しょう》）（124頁）	（澤《たく》水《すい》困《こん》）（493頁）	（火《か》水《すい》未《び》済《せい》）（646頁）
（艮《ごん》）	（天《てん》山《ざん》遯《とん》）（367頁）	（澤《たく》山《ざん》咸《かん》）（349頁）	（火《か》山《ざん》旅《りょ》）（574頁）
（坤《こん》）	（天《てん》地《ち》否《ひ》）（178頁）	（澤《たく》地《ち》萃《すい》）（475頁）	（火《か》地《ち》晋《しん》）（385頁）

(坤《こん》)	(艮《ごん》)	(坎《かん》)	(巽《そん》)	(震《しん》)
(地天泰《ちてんたい》) (169頁)	(山天大畜《さんてんたいちく》) (304頁)	(水天需《すいてんじゅ》) (115頁)	(風天小畜《ふうてんしょうちく》) (151頁)	(雷天大壮《らいてんたいそう》) (376頁)
(地澤臨《ちたくりん》) (241頁)	(山澤損《さんたくそん》) (439頁)	(水澤節《すいたくせつ》) (610頁)	(風澤中孚《ふうたくちゅうふ》) (619頁)	(雷澤帰妹《らいたくきまい》) (556頁)
(地火明夷《ちかめいい》) (394頁)	(山火賁《さんかひ》) (268頁)	(水火既済《すいかきせい》) (637頁)	(風火家人《ふうかかじん》) (403頁)	(雷火豊《らいかほう》) (565頁)
(地雷復《ちらいふく》) (286頁)	(山雷頤《さんらいい》) (313頁)	(水雷屯《すいらいちゅん》) (97頁)	(風雷益《ふうらいえき》) (448頁)	(震為雷《しんいらい》) (529頁)
(地風升《ちふうしょう》) (484頁)	(山風蠱《さんぷうこ》) (232頁)	(水風井《すいふうせい》) (502頁)	(巽為風《そんいふう》) (583頁)	(雷風恒《らいふうこう》) (358頁)
(地水師《ちすいし》) (133頁)	(山水蒙《さんすいもう》) (106頁)	(坎為水《かんいすい》) (331頁)	(風水渙《ふうすいかん》) (601頁)	(雷水解《らいすいかい》) (430頁)
(地山謙《ちざんけん》) (205頁)	(艮為山《ごんいざん》) (538頁)	(水山蹇《すいざんけん》) (421頁)	(風山漸《ふうざんぜん》) (547頁)	(雷山小過《らいざんしょうか》) (628頁)
(坤為地《こんいち》) (88頁)	(山地剝《さんちはく》) (277頁)	(水地比《すいちひ》) (142頁)	(風地観《ふうちかん》) (250頁)	(雷地予《らいちよ》) (214頁)

はじめに

易は「占いの書」であり、「修身の書」であります。

「占いの書」として、
易とは、「未来（いまだ来らざる世界）」
「未知（いまだ知らざる世界）」を知ることができるものです。

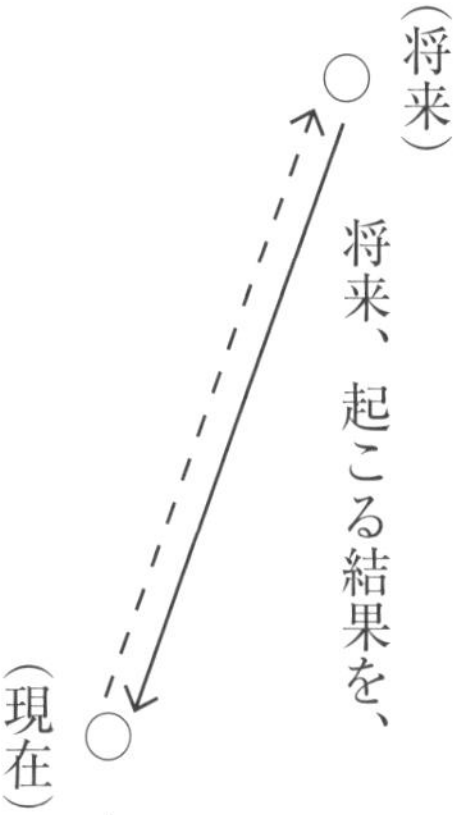

将来、起こる結果を、
今、知ることができるもの

「修身の書」として、
易とは、人生を歩む中、いろいろと遭遇する事態に対応すべき六十四通りの方法を教えるものです。

◆人間は将来（未来）、未知を知りたいもの

「これからどうなるのか」「どのような結果になるのか」など、人間、誰しもが将来（未来）、未知に対して知りたくなるものです。人間は、誰しも予知、予測能力を備えています。したがって、ある程度までは予測できます。しかし、今後について予知・予測できない事も多々あります。また、自分の頭で考えて予測したとしても100％当たるとは言えず、結果的に外れる事もあります。

特に大事なことの予測が外れると大きなダメージを受けたり、後悔の人生となることもあります。

例を挙げますと、結婚、不動産の購入、独立（事業や商売を始める事）、良い場所と思っての開業開店、社運をかけての新製品の発売…等など。それぞれうまく行くと思って行動に移すわけですが、予測に反する結果となることもあります。

例えば、「彼との結婚はどうでしょうか?」と占って、
「吉」の占断の場合…幸せな家庭を築けて末永く幸せに暮らせます。
「凶」の占断の場合…離婚となったり、早くして死別となったり、あるいは長期の病気にかかって苦しい生活が続いたりします。

易は、正しく示して導いてくれます。

◆人間は「どうしようか」と時々迷う

人間は予知・予測能力を持ちながら人生を歩む中で『どうしようか？』と迷うことが多いです。「入試合格できるか？」「この学校に入学して良いか？」「この会社に入社できるか？」「この会社に入社して良いか？」「彼（彼女）を結婚相手にして良いか？」「転職して良いか？」「独立して仕事を始めて良いか？」「この際、離婚をして良いか？」「このマンションを買って良いか？」…等々、多岐にわたって人間は迷うものです。特に人生を左右するような大きな事柄には、深く迷い悩むものです。

易は、正しい判断と導きをしてくれます。

◆人間は「どっちにしようか」と選択で迷う

また、人間は『どっちにしようか』と選択で迷うことが多いです。

「AさんとBさん、どちらと結婚したら良いか？」「A社とB社、どちらに入社したら良いか？」「A物件とB物件、どちらを購入したら良いか」…等々。

人生を歩む中でどちらを選ぶかという『選択肢』の事柄に直面することがありますが、これも自分の予測判断で決めていますが、その判断で幸福を得たり、逆に不幸を招くことになったりします。

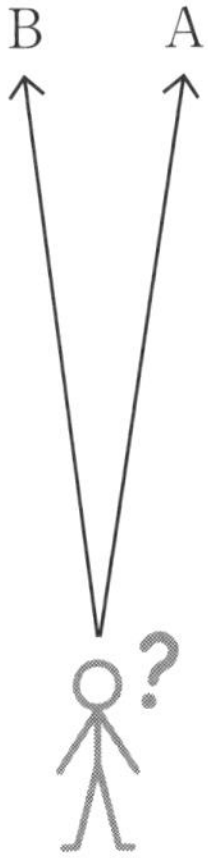

このように人生の『幸・不幸』は、この選択によって決まると言って過言ではないと思います。

しかし、自分の予測判断にどれだけ自信が持てるか、となりますとどうでしょうか。

経営者や政治家は、占いに委ねる人が多いと言われています。これは多くの人の上に立つ責任と、人間の判断の不確かさを経験上、知っておられるからでしょう。

易は、こちらが良いと正しく示し、導いてくれます。

◆「当たるも八卦、当たらぬも八卦」の解釈は誤り

一般の人の中には、易は『当たるも八卦、当たらぬも八卦』と言う人もいますが、これは易は「当たることもあるし、外れることもある」として、辞書に載せた学者の大きな間違いであります。易者も医者も同じであり、お医者さんも病気を治せる名医の方もいらっしゃれば、病気を治せないお医者さんもいます。同様に、易者にも当たる易者もいれば、外れる易者もいます。

したがって『当たるも八卦、当たらぬも八卦』というのは、『当たる易者もいれば、外れる易者もいる』と言うのが正しいです。お医者さんも実力の世界ですし、易者も実力の世界なのです。

また、「易は迷信だ」と言う人がいます。「この科学の時代に、非科学的な易占は信じられない」と言う人もいます。

しかしながら科学者たちは、この非科学に大変興味を持っておられるのです。不思議な現象です。

◆この世の中は「偶然の世界」

この世の中は『偶然の世界』です。人との出会いも偶然です。この「偶然の世界」の中で私たちは生きていることをしっかり認識すべきです。

実際、この世の中の事柄が、未来に向かって一つのレールが敷かれているならば、コンピューターの予測通りに進むでしょうが、しかし、現実にはレールがないことに気づくでしょう。

この偶然を吉運で掴み、お金持ちになったり、大出世したりして豪邸に住む等の幸運の人たちもおられますし、逆に凶運に遭遇して、突然、会社が倒産したり、リストラに遭ったり、大失敗をしでかして解雇となったりして、苦しい生活を余儀なくされたり、独立して始めた事業や商売で失敗して、借金の返済で苦しむ方々もおられます。

例えば、結婚は第二の人生。幸せになろうと誓って結婚して、誰もが離婚など何も考えないで家庭を営む中、突然、二人の仲を裂く凶なる事象が生じて離婚になったりします。

これらも偶然の出来事です。この偶然をコンピュータでの予測は不可能でしょう。

◆多くの人は物事を確率論で考える

人の中には、物事を確率的に考えて、予測判断する方もいます。これは確率論ですから予測判断が的中する確率は高いです。しかし、１００％とは言えません。

例えば、相撲で「横綱と平幕の力士」との戦いで「さて、この一番、どちらが勝つか？」と問うと、多くの人は「横綱」と予測される方が多いことでしょう。しかし、横綱といえども、平幕力士にコロリと負けてしまうことがあります。確率はあくまでも確率であって、予測通りには行きません。

◆易は偶然・変化に対応するもの

易は、この「偶然の世界」に対し、「偶然」をもって捉えるものです。そして「変化」にも対応します。

はじめて易を学ぶ読者にとっては、理解しにくいかもしれませんが、これから易を勉強することによって「易は当たる」ということを体験するでしょう。易を学ぶことによって、少々の事ではアタフタしなくなります。

◆易は森羅万象、あらゆる事を占える

易は、生年月日で占うなど他の占いとは違って、知りたい事を何でも占うことができます。易によって、あらかじめ良いか・悪いか、成功か・不成功かなどが分かれば、必ず幸福を得られます。

◆易は「帝王学」

易は「占いの書」だけでなく、「修身の書」でもあります。易経の教えに則って自らの心身を修めれば、真のリーダーともなり得るでしょう。

「易は帝王の学」とも言われており、皇族の方々をはじめ、経営者や政治家など、社会の指導的立場にある人にとっての「必読の書」として古来から用いられています。

◆易は現代の「必読書」

今日のパソコンの著しい発達と幅広く、また目まぐるしく移り変わる情報化社会において、人は「心」や「道徳観」が忘れられ、失われつつあります。

「易経」によって東洋思想、道徳観を学び、易の宇宙観や道徳論と親しみ、そしてそれらが身に付きますと、心や気持ちが大きくなりますし、正しい考え、正しい行動、正しい道が行なわれるようになり、不思議と他の人との争いもなくなり、人間本来の心・精神面が自然に培われ、そして潤い、豊かさが蘇ります。

人間の幸せは、お金や物質面だけではありません。本当の幸せは「心」「精神面の豊かさ」でしょう。

二十一世紀は「変化」の時代です。易を大いに学んで、さまざまな変化を先取りして、うまく対応しましょう。

目次

はじめに …… 1
第一章　易の基本的知識 …… 15
1　易の字源 …… 15
2　易の歴史 …… 16
3　陰と陽 …… 17
4　八卦 …… 20
第二章　八卦の解読の基本的知識 …… 23
1　易は「解読学」 …… 23
乾（けん） …… 24
兌（だ） …… 26
離（り） …… 28
震（しん） …… 30
巽（そん） …… 32

坎（かん）……34
艮（ごん）……36
坤（こん）……38
第三章　易占に於ける基本的知識……40
1　六十四卦……40
2　大成卦……42
3　爻（こう）……44
4　互体・互卦……45
5　三才の位……46
6　陰陽の定位……47
7　正と不正……48
8　中と不中……50
9　応爻（おうこう）……51
10　比爻（ひこう）……52
11　伏卦（ふくか）……53
12　爻位による配当……53
13　十二消長卦（じゅうにしょうちょうか）……54

第四章　卦辞・爻辞の説明……55
1　卦辞……55
2　爻辞……56
3　占断に辞を用いる……57
第五章　筮具と筮法……58
1　正式な筮具……58
2　筮法の種類……59
第六章　筮操作……61
1　筮操作に当たって……61
2　略筮法（三変筮法）……62
3　中筮法（六変筮法）……65
第七章　簡易筮法……69
1　八面サイコロによる方法……69
2　六面サイコロによる方法……70

3　コインによる方法……71
4　ページによる方法……72
第八章　易占の心得……73
第九章　六十四卦の解説と占断要領……78
1　乾為天（けんいてん）……79
2　坤為地（こんいち）……88
3　水雷屯（すいらいちゅん）……97
4　山水蒙（さんすいもう）……106
5　水天需（すいてんじゅ）……115
6　天水訟（てんすいしょう）……124
7　地水師（ちすいし）……133
8　水地比（すいちひ）……142
9　風天小畜（ふうてんしょうちく）……151
10　天澤履（てんたくり）……160
11　地天泰（ちてんたい）……169
12　天地否（てんちひ）……178

13 天火同人（てんかどうじん）……187
14 火天大有（かてんたいゆう）……196
15 地山謙（ちざんけん）……205
16 雷地予（らいちよ）……214
17 澤雷隨（たくらいずい）……223
18 山風蠱（さんぷうこ）……232
19 地澤臨（ちたくりん）……241
20 風地観（ふうちかん）……250
21 火雷噬嗑（からいぜいごう）……259
22 山火賁（さんかひ）……268
23 山地剝（さんちはく）……277
24 地雷復（ちらいふく）……286
25 天雷无妄（てんらいむもう）……295
26 山天大畜（さんてんたいちく）……304
27 山雷頤（さんらいい）……313
28 澤風大過（たくふうたいか）……322
29 坎為水（かんいすい）……331
30 離為火（りいか）……340

31 澤山咸（たくざんかん）……349
32 雷風恒（らいふうこう）……358
33 天山遯（てんざんとん）……367
34 雷天大壮（らいてんたいそう）……376
35 火地晋（かちしん）……385
36 地火明夷（ちかめいい）……394
37 風火家人（ふうかかじん）……403
38 火澤睽（かたくけい）……412
39 水山蹇（すいざんけん）……421
40 雷水解（らいすいかい）……430
41 山澤損（さんたくそん）……439
42 風雷益（ふうらいえき）……448
43 澤天夬（たくてんかい）……457
44 天風姤（てんぷうこう）……466
45 澤地萃（たくちすい）……475
46 地風升（ちふうしょう）……484
47 澤水困（たくすいこん）……493
48 水風井（すいふうせい）……502

49 澤火革（たくかかく）……511
50 火風鼎（かふうてい）……520
51 震為雷（しんいらい）……529
52 艮為山（ごんいざん）……538
53 風山漸（ふうざんぜん）……547
54 雷澤帰妹（らいたくきまい）……556
55 雷火豊（らいかほう）……565
56 火山旅（かざんりょ）……574
57 巽為風（そんいふう）……583
58 兌為澤（だいたく）……592
59 風水渙（ふうすいかん）……601
60 水澤節（すいたくせつ）……610
61 風澤中孚（ふうたくちゅうふ）……619
62 雷山小過（らいざんしょうか）……628
63 水火既済（すいかきせい）……637
64 火水未済（かすいびせい）……646
終わりに……655

第一章　易の基本的知識

1　易の字源

「易」は「今後どうなるか」など、今後の「変化を捉える」ために出来たものです。五千年前は、物の形から「象形文字」として、どんどん文字を作っていまして、「易」のその字源については、次の二つの説があります。

（1）**蜥易《せきえき》説**
トカゲの形。トカゲは、草むらでは体の色をグリーンに、石や岩では体の色をグレーにと周囲の色に合わせて体の色を「変化する」のを見ての説です。

易の字の上の「日」はトカゲの頭で、下の「勿」は四足をかたどったものです。

（2）**日月説《にちげつ》**
太陽と月を重ねた形。これは昼と夜の「変化」を見ての説です。
易の字の上の「日」は太陽で、下の「勿」は月をかたどったものです。

2 易の歴史

易の歴史を簡単に説明しますが、易を学ぶ上で、せめてこれだけは知っておいてください。

易は、四書五経の一つで中国で作られたものですが、いつ頃作られたかといいますと、正しく記された書物はなく、伝説によりますと紀元前三千年頃（今から五千年前頃）に三皇時代（伏犧、神農、黄帝）があり、「伏犧」という皇帝が「易の八卦」を作ったといわれています。

その後、時代とともに連山易、帰蔵易が行なわれました。

中国の歴史年表を見ていただければわかりますが、殷の時代の次に「周」の時代になります。紀元前一一〇〇年頃（今から三一〇〇年前）、殷の末期の王となった紂王を、文王・武王が倒し、周の時代となりました。その「周」の王である「文王」が「六十四卦に辞」をかけられました。

現在、「周易」といっていますが、この周時代にできた易なので「周易」といい、それが今日に至っているのです。

また、文王の弟の武王に子供の周公がおり、その「周公」が「三百八十四爻に辞」をかけたといわれています。

その後、紀元前五〇〇年頃、「孔子」及び多くの学者によって十翼（彖伝上・下、象伝上・下、繫辞伝上・下、文言伝、説卦伝、序卦伝、雑卦伝）が加えられ、「易経」となったのです。

3　陰と陽

易は、陰陽学ともいわれ、陰陽の二元を根本としています。
この陰・陽を次のような「しるし」で表わします。

陽は「⚊」
陰は「⚋」

この「しるし」について、三つの説があります。

（1）太陽と月説
「⚊」は丸い太陽をかたどり、「⚋」は満ち欠けのある月にかたどったもの。

（2）連続性と不連続性説
「⚊」は連続性を表わし、「⚋」は不連続性のものを表わす。

（3）男性の性器と女性の性器説
「⚊」は男性の性器をかたどり、「⚋」は女性の性器をかたどったもの。

さらに、陰と陽の考え方、当てはめ方としては、
この世の中、二元の世界であり、見渡すと人間は男と女、動物もオスとメス、鳥も魚も植物も同じようにして生存しています。それで体力的強さから「男」を陽性で「陽」とし、優しさ・柔

らかさから「女」を陰性で「陰」として見ます。このように二元を踏まえて、

・「日月」は、明るく輝く太陽を「陽」とし、暗い月を「陰」とします。
・「天地」は、天は上にあり「陽」とし、地は下にあるので「陰」とします。
・「上下」もこの天地に基づき、上は「陽」、下は「陰」とします。
・「明暗」は、明るいは「陽」とし、暗いは「陰」とします。
・「剛柔」は、剛は「陽」とし、柔は「陰」とします。
・「強弱」は、強いは「陽」とし、弱いは「陰」とします。

このようにして陰陽に当てはめますが、それを表にしますと、

(陽)	日	天	主	明	剛	強	貴	動	進	上	大	開	表	遠	暖	積極
(陰)	月	地	従	暗	柔	弱	卑	静	退	下	小	閉	裏	近	寒	消極

また、この陰と陽は、立場、場所、行動などに応じて、それを当てはめて見ます。

例えば、男は「陽」、女は「陰」とします。しかし、女性の先生が講義をしている時は「動」いているので「陽」であり、聴講している男性は「静」かにしているので「陰」となります。同性同士でも、自分の上司は「上」ですから「陽」であり、自分は「下」ですから「陰」となります。逆

に自分の部下は、自分は「上」ですから「陽」であり、部下は「下」ですから「陰」となります。

4 八卦

この（易数）（卦）（卦名）（正象）を4点セットで覚えてください。

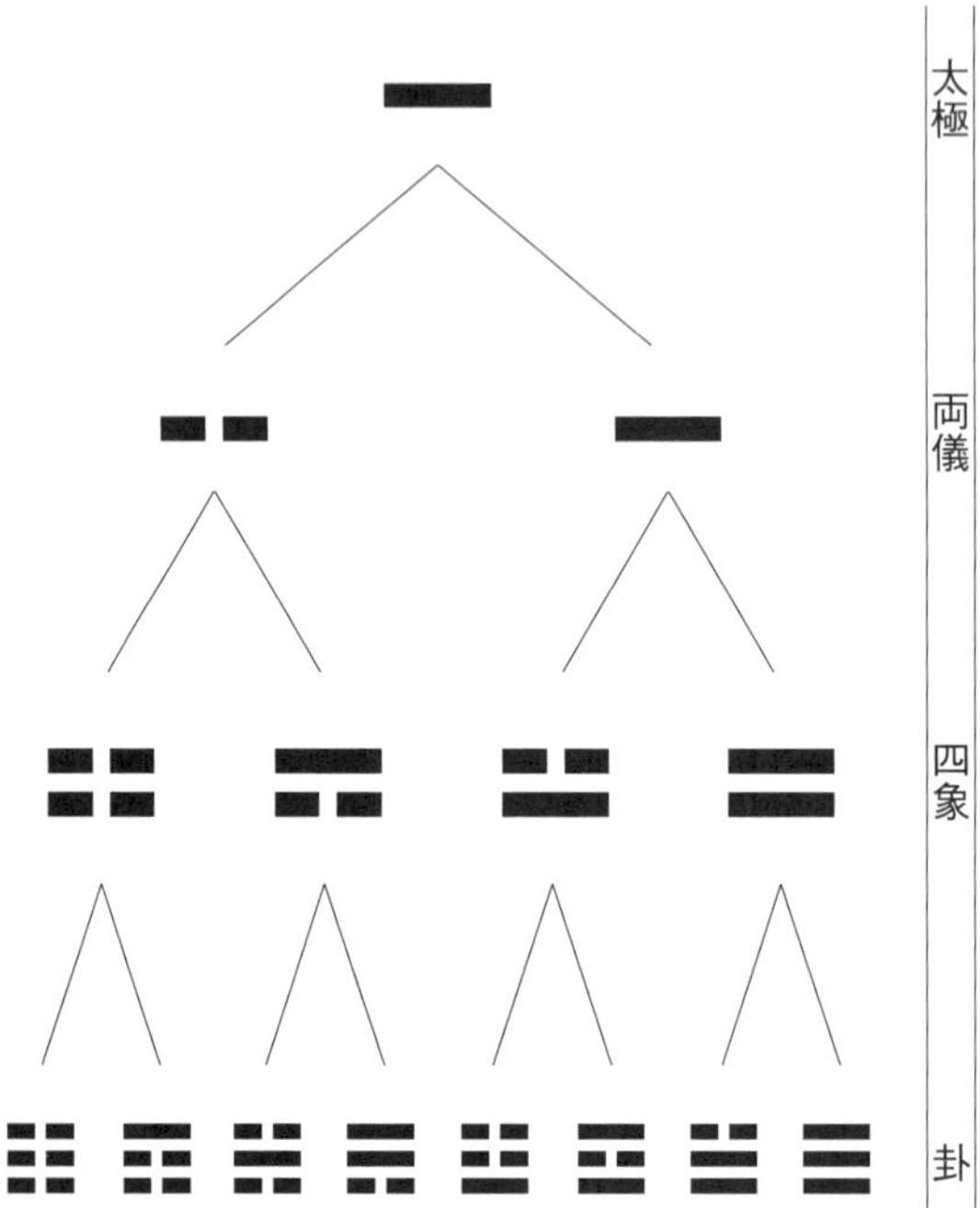

卦名	正象	易数	五行
乾（けん）	天	1	金性
兌（だ）	澤	2	金性
離（り）	火	3	火性
震（しん）	雷	4	木性
巽（そん）	風	5	木性
坎（かん）	水	6	水性
艮（ごん）	山	7	土性
坤（こん）	地	8	土性

この八卦は、陽卦・陰卦に分けられます。それは次の通りです。

陽卦《ようか》（男）・・・☰乾《けん》、☳震《しん》、☵坎《かん》、☶艮《ごん》

陰卦《いんか》（女）・・・☷坤《こん》、☴巽《そん》、☲離《り》、☱兌《だ》

陽卦（男）といっても、家族に於いては次のように解読します。
☰乾は父、☳震は長男、☵坎は次男、☶艮は三男または末っ子の男の子。
陰卦（女）は、
☷坤は母、☴巽は長女、☲離は次女、☱兌は三女または末っ子の女の子として見ます。

また、年齢別では、
☰乾は、熟年の男性、☳震は、壮年の男性、☵坎は、成年の男性、☶艮は、少年。
☷坤は、熟年の女性、☴巽は、壮年の女性、☲離は、成年の女性、☱兌は、少女として見ます。

第二章　八卦の解読の基本的知識

1　易は「解読学」

易は『解読学』です。他の占いは「統計学」のものが多いです。統計学の占いは、大方の人の判断が同じになります。しかし、易のように解読学となりますと、その人の解読力によって判断が違ってきます。ですから、お医者さんと同じように、占者の腕の見せ所でもあります。

基本である八卦の「解読要領」は、次の通りです。解読の言葉（象意）をイメージして、しっかりと身につけてください。

また、解読には「象意」の言葉と、卦を絵に書いた形の「画象」があります。

☰ 乾（けん）

数は1。卦名は乾。正象は天。卦徳…円満、健全、充実。五行は金性。

さて「乾」の卦を解読する上で、次のような言葉（象意）を土台とします。どの言葉を使うかは、占うものに合わせて選んでください。

■乾は「陽」の代表的な卦からイメージで出てくる言葉…明るい、固い、動く、進む、上がる、強い、富む、暖かい、能力がある、積極的など。

■乾の正象の「天」をイメージで出てくる言葉…高い、大きい、広い、丸い、尊い、覆うなど。

■乾は「主」。

判断の例として、

(病気どうなるかを占った場合) …………「進む」を選び、悪化すると判断。
(今年の株式、上がるかと占った場合) …「上がる」を選び、上がると判断。
(○月○日の東京の天気を占った場合) …「明るい」を選んで、晴れと判断。
……このように、占うものに合う言葉を選ぶのです。

乾の象意をもとに分類しますと、

［人］天皇、首相、社長、主宰者、リーダー、官吏、資本家、神官、先生、父、夫。

実力のある人、能力がある人、強い人、意志が固い人、女性は男勝り、強情な人。

［場所］首都、大都会、公共施設、宮城、神社、海。

［物］貨幣、宝石、貴金属、時計、鏡、電車や飛行機など大きな乗り物。コート、傘、風呂敷。

［食物］米、干し物、固い木の実、高級な食べ物、紙で包んだお菓子、まんじゅう。

［動物］龍、虎、ライオン、馬。

［季節］晩秋から初冬の間（十月、十一月）。

［方位］西北。

［時間］午後七時から十一時までの四時間。

［天気］晴れ。

［株式］上がります。上昇中の時は、そろそろ天井とみます。

［人体］頭、首、骨。五行では肺。

［病気］高熱のでる病気、頭部疾患、骨の病気、伝染病、神経系統、腫れ物、便秘。

［病勢］悪化します。

［味］辛味。

［色］白色、または金色。

［数］1。五行の数は4と9。

☱ 兌（だ）

数は2。卦名は兌。正象は澤（沼の意）。卦徳…楽しむ、口、欠ける。五行は金性。

さて「兌」の卦を解読する言葉（象意）は、次の通りです。
■兌の正象の「澤」（沼）…止水、止める、とどまる、貯える。
■兌の卦徳…喜び楽しむ。
■口から…よくしゃべる、食べる、口先がうまい。
■欠けるから…飽きっぽい、挫折する。
判断の例として、

（病気どうなるかを占った場合）…………止水でとどまる意から、長引く傾向と判断。

（今年の株式、上がるかと占った場合）…沼は水であり下がる、止まる意から、下がり気味と判断。

（○月○日の東京の天気を占った場合）…沼は水であり雨、止まる意から、小雨。時には雨が降りそうな曇りと判断。

兌の象意をもって分類しますと、

［人］少女、遊女、芸能家、芸者、ホステス、講師、歌手、漫才師、司会、アナウンサー、料理人、水商売、商人、食品業、飲食業。

楽しい人、おしゃべりな人、口先のうまい人、あきっぽい人、趣味が多い人。

［場所］沼、池、湖、沢、風呂場、プール、飲み屋、スナック、娯楽街、ゲームセンター、台所、料理店、食堂、講習会場、集合場、凹地。

［物］ゲーム類、刃物、ナイフ、フォーク、スプーン、金物、釣鐘、なべ、釜、バケツ。

［食物］子供の好むお菓子、女性が好む食べ物、いちご、柿、ビール、酒、紅茶、コーヒー、ココア。

［動物］羊、猫、子犬など動物の子供、川魚、水鳥。

［季節］秋（九月）。

［方位］西。

［時間］午後五時から七時までの二時間。

［天気］小雨。時には今にも雨が降りそうな曇り。

［株式］下がり気味。

［人体］口、歯、女性の性器。五行では肺。

［病気］口内炎、歯痛、言語障害、呼吸器、婦人病、血行不順、性病、肺。

［病勢］長引く傾向にあります。

［味］辛味。

［色］白色、または金色。

［数］2。五行の数は4と9.

☲ 離（り）

数は3。卦名は離。正象は火。卦徳…明るい、知識がある。五行は火性。

さて「離」の卦を解読する言葉（象意）は、次の通りです。

■離の正象の「火」から出てくる言葉…明るい、明らかになる、美しい、きれい、見る、熱い、燃え上がる、争う、競う、付くとし離れる。

■乾の中に一陰がある象から…外は固いが中は柔らかい。表面は立派でも中身がない。表面は強そうでも内面は弱い、それで表面を飾っている。

判断の例として、

(病気どうなるかを占った場合)…………燃え上がる意から次第に悪化する。安定しないと判断。

(今年の株式、上がるかと占った場合)…燃え上がる意から、上がると判断。

(○月○日の東京の天気を占った場合)…明るい意から、晴れと判断。

離の象意をもとに分類しますと、

［人］次女、知識者、学者、美男、美人、俳優、芸能家、装飾家、美術家、カメラマン、モデル、美容師、鑑定士、文筆家、教師、医者、警察官、裁判官、消防士。

情熱家、派手な人、目立つ人、おしゃれな人、熱しやすく冷めやすい人、移り気な人。

［場所］映画館、劇場、図書館、博物館、華美な場所、病院、競馬場、警察署、試験場、灯台。

［物］文具、書籍、書類、証券、小切手、手形、通帳、印鑑、地図、絵画、ライター、メガネ、カメラ、薬品、装身具、電灯、懐中電灯、ローソク、焼物、花、甲冑、貨幣、銃、網。

［食物］色彩のきれいな食べ物、お菓子、干し物、焼き物、海苔、カニ、エビ、貝、スッポン。

［動物］色彩のきれいな生き物、くじゃく、キジ、金魚、蛍。

［季節］夏（六月）。

［方位］南。

［時間］午前十一時から午後一時までの二時間。

［天気］晴れ。夏は猛暑のことがあります。

［株式］上がります。急騰する時もあります。

［人体］目。五行では心臓。

［病気］眼病、心臓病、高熱の出る病気、逆上、熱中症、不眠症、火傷。

［病勢］安定しないし、次第に悪化します。

［味］苦味。

［色］赤色、または紫色。

［数］3。五行の数は2と7。

☳ 震（しん）

数は4。卦名は震。正象は雷。卦徳…勢いよく動く、進む。五行は木性。

さて「震」の卦を解読する言葉（象意）は、次の通りです。
■震の正象の「雷」から出てくる言葉…騒がしい、驚く、鳴る、響く、伝える、速い。
■震の卦は☷坤の地にはじめて一陽が生じた象から…新芽、新しい。
■その一陽は上伸する勢いがあり…勢いよく動く、進む、積極的、上がる、争う。
判断の例として、

(病気どうなるかと占った場合)…………進む意から、次第に悪化すると判断。

(今年の株式、上がるかと占った場合)…上がる意から、上がると判断。

(○月○日の東京の天気を占った場合)…坤の下に一陽が生じた象から、雲はあるが晴れと判断。

震の象意をもとに分類しますと、
［人］長男、皇太子、青年、発起人、著名人、スポーツマン、アナウンサー、電信電話関係、電気関係、楽器関係、音楽家、歌手、植木造園業。
積極的な人、活発な人、一本気な人、うるさい人、怒ると恐い人。

［場所］競技場、放送局、音楽会場、電話局、パチンコ店など騒がしい所、森林、道路。

［ 物 ］動く物、車などの乗り物、携帯やパソコンなど通信関係、電気器具、楽器関係、花火など音を発するもの。ふたのない容器、竹、葦。

［食物］柑橘類、酢の物、野菜類、いが栗、こんぶ類。

［動物］ダチョウ、チータ、カナリヤ、鈴虫、カンガルー。

［季節］春（三月）。

［方位］東。

［時間］午前五時から七時までの二時間。

［天気］晴れ。夏頃の夕立ちの時は雷が伴うことがあります。天変地異では地震。

［株式］上がります。

［人体］足、神経。五行では肝臓。

［病気］神経系、ヒステリー、逆上、ケイレンを伴う病気、足の怪我と病気、肝臓病。

［病勢］次第に悪化します。

［ 味 ］酸味。

［ 色 ］青色。緑色。

［ 数 ］4。五行の数は3と8。

☴ 巽（そん）

数は5。卦名は巽。正象は風。卦徳…従う、伏入。五行は木性。

さて「巽」の卦を解読する言葉（象意）は、次の通りです。

■巽の正象の「風」から出てくる言葉…従う、移り行く、長い、動揺する、迷う、軽い、柔らかい、伝える、匂い、香り、吹く、散らす、盗む。

■☰乾の下に一陰が生じた象から…伏す、入る、隠れる、基礎が弱い。

判断の例として、

（病気どうなるかを占った場合）…………風の長い意から、一進一退で不安定で長引くと判断。

（今年の株式、上がるかと占った場合）…風の意から、下がり気味と判断。

（○月○日の東京の天気を占った場合）…風の意から、曇りで風が吹くと判断。

巽の象意をもとに分類しますと、

［人］長女、商人、セールスマン、仲介人、貿易商、技術者、役者、広告宣伝マン、旅行案内人、情報関係、スリ、空き巣、妾、浮浪者。

［場所］道路、飛行場、船着場、郵便局、情報センター、店舗。

［物］クーラー、扇風機、扇子、うちわ、風鈴、木工品、紙製品、はがき、切手、便せん、電線、

縄、ひも類、香水、香りの高いもの、材木、楊枝、タオル、飛行機。
［食物］柑橘類、麺類、うなぎ、穴子、太刀魚、蓮根、長ネギ、ごぼう。
［動物］にわとり、へび、鳥、トンボ、蝶類。
［季節］晩春から初夏の間（四月、五月）。
［方位］東南。
［時間］午前七時から十一時までの四時間。
［天気］曇り。風が吹く日。時には強風とみたりします。
［株式］下がり気味。上げたり下げたりの不安定な相場。
［人体］呼吸器、腸、股。五行では肝臓。
［病気］風邪、呼吸器、精神系、腸、性病、肝臓病。
［病勢］一進一退で不安定。
［味］酸味。
［色］青色、緑色。
［数］5。五行の数は3と8。

☵ 坎（かん）

数は6。卦名は坎。正象は水。卦徳…陥る、険しい。五行は水性。

さて「坎」の卦を解読する言葉（象意）は、次の通りです。

■坎の正象の「水」から出てくる言葉…流れる、長い、冷たい、寒い、深い。

■☷坤の地の中に一陽が落ち込んだ象。穴・溝の意から…隠れる、隠す、困る、苦しむ、苦労する、悩む。

■二陰の間の一陽を見て…貫く、芯がしっかりしている、思想、心、誠。

判断の例として、

（病気どうなるかを占った場合）…………苦しむ、流れる、長い意から、苦痛を伴い悪化し、長引くと判断。

（今年の株式、上がるかを占った場合）…水は上から下に流れる意から、下がると判断。

（○月○日の東京の天気を占った場合）…水の意から、雨と判断。

坎の象意をもとに分類しますと、

［人］次男、学者、哲学者、思想家、推理作家、宗教家、策謀家、悪人、病人、水商売。
信念のある人、凝り性の人、深く考える人、社交家、色情家。

［場所］川、海、温泉場、水族館、宴会場、酒場、クラブ、地下室、洞窟、監獄。

［物　］鉛筆、ボールペン、万年筆、石油、ガソリン、ペンキ、トゲのある草木、弓、毒物、車。

［食物］水、水あめ、酒、ビール、ジュース、コーヒー、牛乳、醤油、塩、塩漬物。

［動物］狐、コウモリ、ネズミ、いのしし、魚、貝。

［季節］冬（十二月）。

［方位］北。

［時間］午後十一時から午前一時までの二時間。

［天気］雨。冬は雪の時もあります。

［株式］下がります。急落の時もあります。

［人体］血、耳、性器、肛門。五行では腎臓。

［病気］腎臓病、中毒、耳病、性病、痔病、冷えからの病気、下痢。

［病勢］苦痛が伴うものが多く、悪化します。長引きます。

［味　］鹹味《かんみ》（しょっぱい味）。

［色　］黒色、または赤色。

［数　］6。五行の数は1と6。

☶ 艮（ごん）

数は7。卦名は艮。正象は山。卦徳…止まる、動かない。五行は土性。

さて「艮」の卦を解読する言葉（象意）は、次の通りです。
■艮の正象の「山」から出てくる言葉…動かない、止まる、蓄える、重い、固い、高い、高級、高尚。
■二陰の上に一陽が乗っている象から…担ぎ上げられる、持ち上げられる。
■山は土を重ねた意から…積み重ねたものとします。
判断の例として、

（病気どうなるかを占った場合）…………止まる意から、小康状態と判断。

（今年の株式、上がるかと占った場合）…止まる意から、横ばい・保合い傾向ながら山は高い意から、多少プラスと判断。

（○月○日の東京の天気を占った場合）…二陰の上に一陽の形で雲の上に太陽から、薄曇りと判断。

艮の象意をもとに分類しますと、
［人］少年、管理人、守衛、ガードマン、土地建物業。
責任感の強い人、保守的な人、真面目な人、頑固・強情な人、高級志向な人。

［場所］山、高い所、棚、門、ホテル、旅館、デパート、スーパーストア、マンション、城、寺、墓、銀行、路地、階段。

［物　］机、テーブル、タンス、本箱、つい立て、屏風、繋ぎ合せたもの、重箱、積み木、跳び箱。仏壇、小石、星。

［食物］高級なお菓子、ビン詰め、カン詰め、たらこ、筋子、ぶどう、さくらんぼ、バナナ。

［動物］象など牙のある動物、鹿など角のある動物、キリン、ツル、サギ、犬。

［季節］晩冬から初春の間（一月、二月）。

［方位］東北。

［時間］午前一時から五時までの四時間。

［天気］曇り。または薄曇り。

［株式］保合い。横ばい傾向ながら若干プラスです。

［人体］身体、肩、背、腰、鼻、手、関節、乳房、男性の性器。五行では脾臓。

［病気］肩こり、脊髄、腰痛、鼻炎、打撲、腫れ物、麻痺症、血行不順、消化器系の病気。

［病勢］小康状態。時には峠とみます。

［　味］甘味。

［　色］茶色、黄色。

［　数］7。五行の数は5と10。

☷ 坤（こん）

数は8。卦名は坤。正象は地。卦徳…従う、柔順、従順。五行は土性。

さて「坤」の卦を解読する言葉（象意）は、次の通りです。

■坤は「陰」の代表的な卦から出てくる言葉…柔らかい、動かない、退く、暗い、細かい。

■坤の正象の「地」から…平ら、低い、古い、包容する、混ぜもの、大衆的なもの。

■乾は円《まる》いですが、坤は四角とします。

判断の例として、

（病気どうなるかを占った場合）…………退く意から、次第に快方に向かう・治ると判断。

（今年の株式、上がるかと占った場合）…平ら、低いの意から、横ばい、若干下がり気味と判断。

（○月○日の東京の天気を占った場合）…暗い意から、曇りと判断。

坤の象意をもとに分類しますと、

［人］皇后、臣、従業員、大衆、労働者、農業、不動産業、秘書、母、妻。よく従う人、よく働く人、おとなしい人、平凡な人、グズグズする人。

［場所］農村、場末の所、仕事場、物置、倉庫。

［物］木綿など布類、土器など土で作ったもの、畳、ジュータン、家財道具、容器、袋。

［食物］麦、パン、粉類、砂糖、ソース、粉を固めたもの、大衆的なお菓子、安い食べ物。

［動物］牛、牝馬、家畜、蟻、モグラ。

［季節］晩夏から初秋の間（七月、八月）。

［方位］西南。

［時間］午後一時から五時までの四時間。

［天気］曇り。

［株式］下がり気味。横ばい傾向。

［人体］胃、腸、腹部、肉。五行は脾臓。

［病気］消化器系統、過労、精力減退、体力の消耗。

［病勢］次第に快方に向かう。

［　味　］甘味。

［　色　］茶色、黄色、または黒色。

［　数　］8。五行の数は5と10。


以上で八卦の説明は終わりますが、特にそれぞれの「象意」は覚えてください。

第三章　易占に於ける基本的知識

1　六十四卦

易占に於いては、この八卦《はっか》を二つ重ねて用います。八卦の一つ一つを「小成卦《しょうせいか》」といい、これを二つ重ねた卦のことを「大成卦《たいせいか》」といいます。また、二つ重ねた卦のうち、下の卦を「内卦《ないか》」、上の卦を「外卦《がいか》」といいます。

そして内卦は8卦あり、外卦が8卦あり、したがって、8×8＝64で「六十四卦」が出来上がります。この「六十四卦」を以て諸々の事を占断します。

（外卦）（内卦）（卦名）

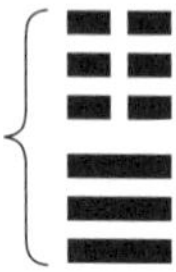

地天泰

（大成卦）

これら「六十四卦」には、それぞれの名前が付いています。それを卦名《かめい》といいます。

裏表紙の「六十四卦索引表」を参照してください。

卦名は、外卦の「正象」、内卦の「正象」そして「名前」の順になっています。

例えば、䷴は外卦「巽」の正象は「風」、内卦「艮」の正象は「山」、そして名前が「漸」といいます。それを通しで「風山漸《ふうざんぜん》」というのが卦の名前となります。

実際、占って得た卦のページを開いているうちに、「六十四卦」の卦名を暗記しようとしなくても、自然と覚えてしまうでしょう。

次に、上と下とが同じ卦があります。この場合は、次のように表わします。

例えば、䷲です。卦名は「震為雷《しんいらい》」といいます。（裏表紙の「六十四卦」の表を参照）

これは小成卦の☳の卦名「震」、正象「雷」との間に「為」という字を入れて表現します。

つまり、「小成卦の卦名」「為」「小成卦の正象」の順に表わします。

䷀は乾為天《けんいてん》　　䷹は兌為澤《だいたく》
䷝は離為火《りいか》　　䷲は震為雷《しんいらい》
䷸は巽為風《そんいふう》　　䷜は坎為水《かんいすい》
䷳は艮為山《ごんいざん》　　䷁は坤為地《こんいち》

これは結構、簡単に覚えられるでしょう。

2　大成卦

易占の解読に於いては、六十四卦の得卦・大成卦で判断しますが、さらに細かく判断する際、次のパターンの時は、それぞれを内卦と外卦に当てはめて行ないます。

（内卦）	（外卦）
内部	外部
一階	二階
前半	後半
午前	午後
我	相手

例えば、「天気占」の場合、この「午前」、「午後」を用います。「ある日の天気」を占って、䷦水山蹇という卦を得たとします。内卦は「午前」で、「艮」は曇り。外卦は「午後」で、「坎」は雨。したがって「曇りのち雨」と占断します。

また、「試合の勝ち負け」の場合、六十四卦の得た卦で判断しますが、試合の展開を「前半」と「後半」とに分けて知ることができます。「サッカー・○○対△△で○○チーム、勝か」と占って、䷢火地晋という卦を得たとします。火地晋は「進む」という意の卦ですから「勝つ」と占断できますが、細かく見ますと内卦「前半」は「坤」で「平ら」の意から接戦、点が入りませんが、外卦「後半」は「離」で「明らか、燃え上がる」の意から、大いに奮闘して勝つと占断します。このようにゲームの展開を知ることができます。

また、「結婚の可否」の場合、六十四卦の得た卦で吉・凶を判断しますが、お互いの気持ちを内卦・外卦で知ることができます。ある女性からの相談で「彼を結婚相手にして良いですか」を占って、䷄水天需という卦を得たとします。水天需は「待つべし、待たされる」という意の卦ですから、スムーズに行かないようですし、どのくらい待たされるかも分かりません。また「待つべし」というのは止めておきなさいという意味合いでもあります。さらに細かく見ますと内卦「我・相談者」は、乾で「進みたい、彼と結婚したい気持ちが強い」ことを表わしています。それに対し外卦「彼」は、坎で「悩んでいる」状況で、彼女との結婚には消極的です。お互いに求め合うならば、幸せな結婚となりますが、そうではないようですので、彼との結婚は止めた方が良いとの占断となります。

3 爻（こう）

大成卦は、二つ卦を重ねたことにより、陰陽のしるしは六つで構成されます。この一つ一つを「爻（こう）」といいます。

この爻は、下から順に上へ、初爻《しょこう》、二爻《にこう》、三爻《さんこう》、四爻《よんこう》、五爻《ごこう》、上爻《じょうこう》といいます。

また、別の呼び名で、その位置の爻が「陽」であれば、「九（きゅう）」

「陰」であれば、「六（りく）」

これを付けて、初爻を初九《しょきゅう》または初六《しょりく》、二爻を九二《きゅうじ》または六二《りくじ》、三爻を九三《きゅうさん》または六三《りくさん》、四爻を九四《きゅうし》または六四《りくし》、五爻を九五《きゅうご》または六五《りくご》、上爻を上九《じょうきゅう》または上六《じょうりく》といいます。この呼び名で表現すると、その位置の「爻」が陽爻あるいは陰爻であることがわかります。

これは初爻といっても、初九または初六といっても、どちらで表現しても間違いではありません。

上六…	⚋	…上爻
九五…	⚊	…五爻
六四…	⚋	…四爻
九三…	⚊	…三爻
六二…	⚋	…二爻
初九…	⚊	…初爻

水火既済

4　互体・互卦

内卦と外卦を重ねることによって、その間に生じる卦を互体（ごたい）あるいは互卦（ごか）といいます。この互卦は占断上、互卦として現われた卦の象意を加味することがありますが、使える時に使うという特殊な見方で、常に使うものではありません。

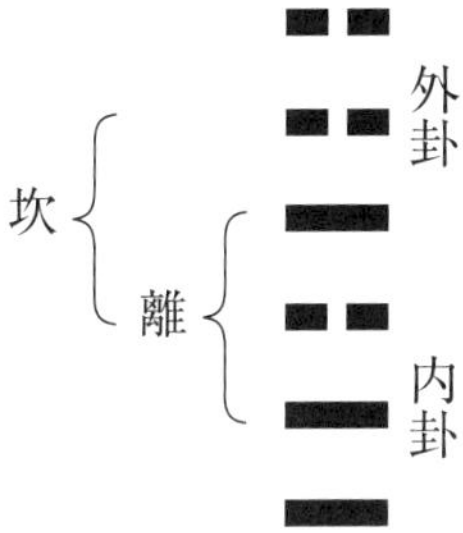

雷澤帰妹

5　三才の位

この三才の位は、あまり占断の上では用いませんが、易の勉強上、知っておかなければならないものです。

三才とは、三次元の世界を現わしたもので「天・人・地」をいいます。三才の「才」は、はたらきであって、自然界はそのはたらきによって成っているといいます。

〔小成卦の三才の位〕

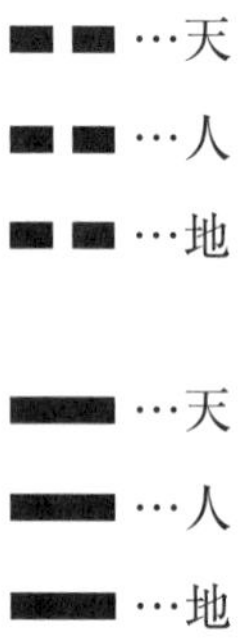

〔大成卦の三才の位〕

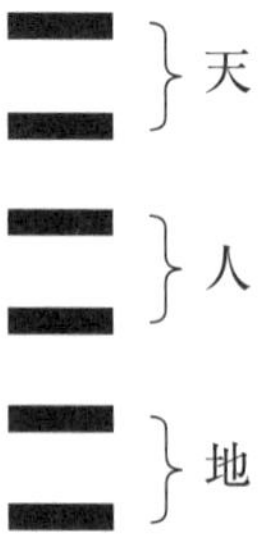

6　陰陽の定位

六つの爻には、それぞれ「陰」・「陽」の位置が決まっています。
それは「陽」の位置は、一、三、五の奇数。
「陰」の位置は、二、四、六の偶数。
これを爻位で表わすと、次のようになります。

上爻	▅▅ ▅▅	陰
五爻	▅▅▅▅▅	陽
四爻	▅▅ ▅▅	陰
三爻	▅▅▅▅▅	陽
二爻	▅▅ ▅▅	陰
初爻	▅▅▅▅▅	陽

水火既済

7　正と不正

「陰陽の定位」に合わせて、得た卦の「得た爻」が「位が正しいか、正しくないか」を見ます。

「得た爻」というのは、後ほど筮操作の三変筮法のところで紹介しますが、六つの爻の何番目かという筮操作があり、それで何番目と示された爻を「得た爻」と表現するのです。


そして「得た爻」が、陰陽の定位に照らし合わせて位が正しければ「正」といいます。

「正」の場合、やろうとする事の「行動、考え方が正しい」として占断上、用います。


逆に得た爻が、陰陽の定位に合っていない場合「不正」といいます。

「不正」の場合、「正しくない行動、正しくない考え」として占断上、用います。また、
・陽の位に陰でいる場合…消極的で力が弱いとみます。
・陰の位に陽でいる場合…力以上の事をやろうとしているとみます。

例えば次のように、䷩風雷益の五爻を得た場合、「陰陽の定位」に合わせてみます。五爻は「陽の位」であり、得た爻も「陽」ですので、「正」または「位が当たっている」といいます。

〔陰陽の定位〕

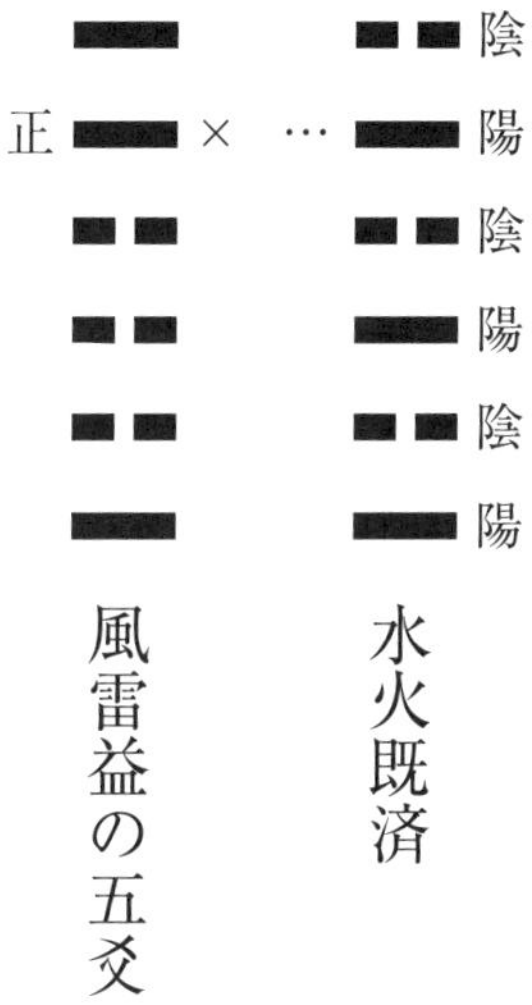

例えば、䷩風雷益の三爻を得た場合、「陰陽の定位」に合わせますと、三爻は「陽の位」ですが、得た爻は「陰」ですので、「不正」または「位が当たっていない」といいます。

〔陰陽の定位〕

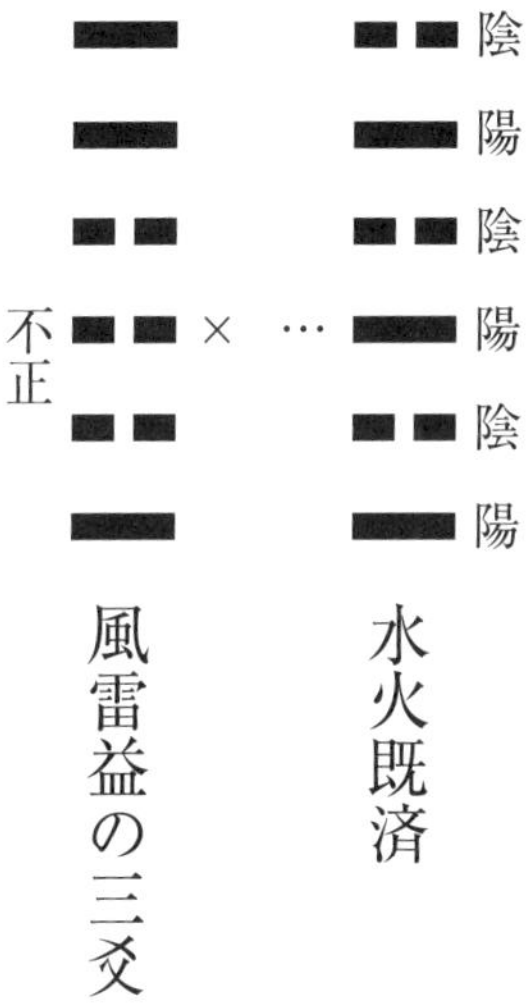

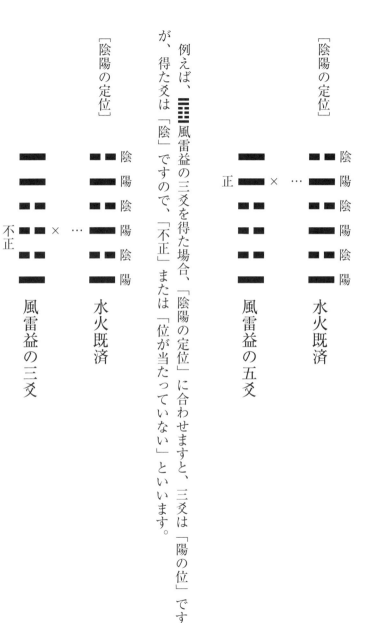

8　中と不中

「中」とは、中庸《ちゅうよう》のことで、中庸の徳、中庸の精神を備えていると見ます。この「中」は、五爻と二爻だけです。あとの初爻、三爻、四爻、上爻は「不中」となり、中庸の徳を備えていないと見ます。

上 五 四 三 二 初

中（五）　中（二）

風火家人

さらに「中」と共に「位」と合わせ、位が正しければ「中正《ちゅうせい》」といい、特に五爻は「剛健中正《ごうけんちゅうせい》」、二爻は「柔順中正《じゅうじゅんちゅうせい》」とも表現します。位が不正の時は「中不正《ちゅうふせい》」といいます。

また、五爻・二爻以外の爻、つまり、初爻、三爻、四爻、上爻は当然「中」ではありません。したがって、「不中《ふちゅう》」といいます。

9 応爻（おうこう）

「応爻」は、相手と『気が合う』、『協力し助け合う』、ということを見ます。一対一に用いるもので、特に結婚に於いては「相性」が第一条件となりますから、この応爻を必ず用います。

これは「得た爻」により、初爻は四爻、二爻は五爻、三爻は上爻、四爻は初爻、五爻は二爻、上爻は三爻が相手として見ます。また、お互いを見て「陰」と「陽」の関係になっていれば「応じている」として、気が合う相手とみます。

例えば、結婚を占った場合、「得た卦」「得た爻」で吉凶を判断しますが、その中で相性を見る場合、次の例の「得た爻」が二爻で「陰」で、相手は五爻で「陽」ですと、陰陽の関係になっていますから、「応爻」であり、「気が合う」と判断します。

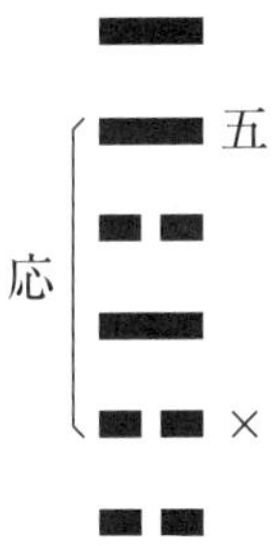

風山漸の二爻

また、この卦で四爻を得た場合、四爻は「陰」で、相手は初爻で「陰」ですから、陰と陰の形ですから、「不応」であり、相性としては「気が合わない」とみます。

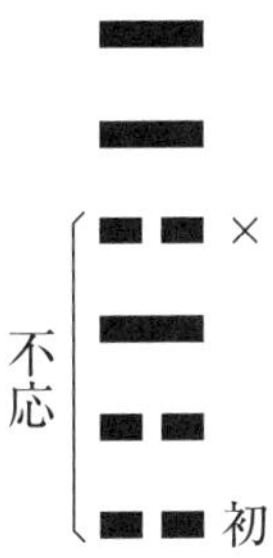

風山漸の四爻

10 比爻（ひこう）

「比爻」とは、近隣関係の人と『気が合う』か、『協力し助け合える』か、などを見る場合に用います。

比爻は、「得た爻」の上の爻または下の爻と「陰陽の関係になっている」場合、「比している」といい、気が合う、協力してくれると見ます。「陰陽の形になっていない」場合、「比していない」といい、気が合わない、協力してくれないとして見ます。

次の例、何かをやろうとして皆さん協力してくれるか、と占って「澤雷随の三爻」を得た場合、取り合えず、得卦の意はそのままにして、「得爻」は三爻で「陰」です。そして上の四爻をみますと「陽」ですから、三爻と四爻は「陰陽の形」になりますから「比爻」であり、四爻の先輩は協力してくれると見、しかし、下の二爻は「陰」ですから、三爻と二爻は「陰」と「陰」の形で「比していない」ので、後輩は協力してくれないと見ます。

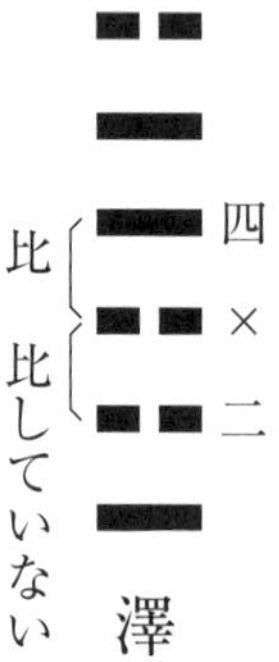

澤雷随の三爻

応爻・比爻は、実際には合わせて用います。

例えば、集まり事、協力関係を占った場合、応爻・比爻があれば、それだけ協力者が多いことになります。

しかし、結婚の可否を占った場合、応爻が結婚相手として相性を見ますが、比爻があると、身近に親しい異性がいると見ます。

11 伏卦（ふくか）

伏卦とは、略筮法（三変筮法）において、得た爻のところを陽の場合は陰に、陰の場合は陽に変換し、この変換によって出来た卦を「伏卦」といい、伏卦の意が占っている事柄の中に「内蔵している」と見ます。この伏卦は、必ず用いるものではありません。また、得卦尊重から占断の結論に用いてはいけません。

12 爻位による配当

占う事柄に合わせて、各爻位を次のように配当して見ます。いろいろと当てはめて用いてください。

	上爻	五爻	四爻	三爻	二爻	初爻
場所の場合	郊外	首都	大都会	市	町	村
国家の場合	天皇	首相	大臣	知事	市町村長	庶民
会社の場合	会長	社長	取締役	部課長	主任	平社員
人体の場合	頭	胸・背	腹	陰部・腰	膝・足	足首

13　十二消長卦（じゅうにしょうちょうか）

下から陽が長じていく卦（六卦）、下から陰が長じていく卦（六卦）を十二消長卦といいます。
占断上、陽が長じる卦は「発展」、陰が長じる卦は「衰退」として判断します。

発展　　衰退

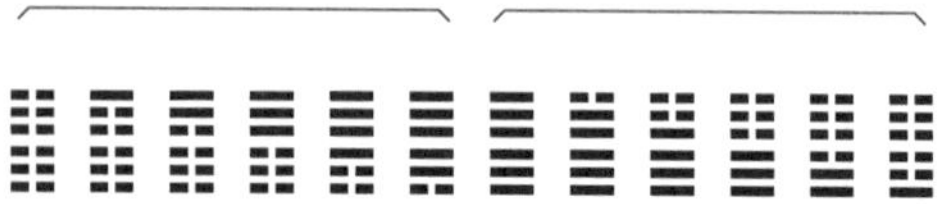

地雷復　地澤臨　地天泰　雷天大壮　澤天夬　乾為天　天風姤　天山遯　天地否　風地観　山地剝　坤為地

第四章　卦辞・爻辞の説明

1　卦辞

易経・六十四卦は、「上経《じょうけい》」と「下経《かけい》」とに分かれていて、「上経」は乾為天から離為火での三十卦。「下経」は澤山咸から火水未済までの三十四卦となっています。

そして、六十四卦のそれぞれには「辞」が繋けられています。これを「卦辞《かじ》」といいます。

例えば、☰乾為天

乾は、元いに亨りて、貞に利ろし。…………………（彖辞《たんじ》という）

彖伝、大いなるかな乾元。万物資りて始む。（以下省略）……（彖伝《たんでん》という）

象伝、天行は健なり。君子以て自らつとめて息まず。…………（象伝《しょうでん》という）

彖辞《たんじ》は、周の時代の王である「文王」が繋けた辞であり、易の原文です。

彖伝《たんでん》は、彖辞についての説明文です。

これは、孔子並びに多くの学者によって書かれたといわれています。

象伝《しょうでん》は、「君子への教え」として書かれているものです。

2　爻辞

それぞれの卦の卦辞の後に、次のような辞があります。これを「爻辞《こうじ》」といいます。

例えば、䷀乾為天。

初九。潜龍用うる勿れ……………………………………（爻辞です）

象伝・潜龍用うる勿れとは、陽下にある也。………………（爻辞の説明文です）

爻辞《こうじ》は、「周公」が繋けたといわれています。

象伝《しょうでん》は、爻辞に対しての説明文です。

このようにして、初爻から上爻まで爻辞が繋けられています。

3　占断に辞を用いる

占って得た卦を判断する場合、この卦辞、爻辞を大いに用います。第九章の「六十四卦の解説と占断要領」で、卦辞、爻辞の意味を解説していますので、よく読まれて意味を把握してください。占断においては、その意味を占ったものに合わせて広げて解読し、占断します。

占断の要領としては、「得卦尊重」ですから、

①まず、卦の「意」を重視し、
②そして得た卦の「卦辞」を読み、
③さらに得た爻の位置の「爻辞」を読み、
④それを占った占的に合わせて解読し、
⑤そして断じるのです。

したがって、辞を用いて判断するところから、これを「辞占《じせん》」といいます。

「辞」が占ったものに合わない時は、大成卦の象（かたち）、小成卦の象意を用いて判断します。これを「象占《しょうせん》」といいます。

また、「辞」と「象」を併用して占断することもあります。

第五章　筮具と筮法

1　正式な筮具

占うに当たって正式な筮具は、「筮竹《ぜいちく》」「筮筒《ぜいとう》」「ケロク器《き》」の三点をもって一式とします。その他に「算木」があります（後の写真ページの写真⑬参照）。

「筮竹《ぜいちく》」は、竹を細く削ったヒゴような棒状のもので、先が太くて手元が細いです。これを五十本用います。長さは、45センチ、40センチ、35センチのものがあります。

「筮筒《ぜいとう》」は、筮竹を立てておく筒です。

「ケロク器」は、筮竹を置く台です。筮操作上、筮竹を二つに割った後、机の上に置くのですが、このケロク器に置くと次の操作の時に取り上げやすいです。

「算木《さんぎ》」は、正四角形で横幅10センチの角棒です。これを六本用います。これは得た卦をこの算木に置き換えて表わすものです。

（読者で筮具のない方は、ご連絡いただければ業者をご紹介いたします）

2　筮法の種類

筮法には、次の三つの種類があります。

・**略筮法**《りゃくぜいほう》（三変筮法ともいいます）
・**中筮法**《ちゅうぜいほう》（六変筮法ともいいます）
・**本筮法**《ほんぜいほう》（十八変筮法ともいいます）

この中で、本筮法は大変筮操作に時間がかかりますので、現在では用いておりません。したがって、本筮法の説明を省きます。

さて、「略筮法」と「中筮法」は、占う目的によって使い分けます。

「略筮法《りゃくぜいほう》」は、ある事柄について「良いか悪いか」「吉か凶か」、とズバリと答えを求める場合に用います。

例えば、結婚の可否、入試の合否、入社の合否、転職の可否、独立の可否、この場所で商売を始めて良いか、この土地・マンション購入して良いか、この交渉・取引はまとまるか、病気治るか、紛失物見つかるか…等。

その他、「勝つか負けるか」「一日の運勢」「ある日のある場所の天気」「明日の株式、上がるか下がるか」…等。

「中筮法《ちゅうぜいほう》」は、ある事柄の「今後の成行き」、あるいは「ある一定期間の推移」などを見る場合に用います。

例えば、会社は今後どうなるかなど「会社の今後の成行き」、彼とは今後どうなるか、結婚に向かうのか、別れることになるのかなど「交際の今後の成行き」、「夫婦の今後の成行き」「仕事の今後の成行き」…等。

その他、来年の運勢、来月の運勢、来年の会社の業績、来月の会社の業績、来年の株式の推移、来月の株式の推移…等。

このように占う内容によって、「略筮法」または「中筮法」で行なうことになります。

したがって、筮する前にどちらの筮法で行なうべきかをよく確認してから、筮操作を行なってください。

第六章　筮操作

1　筮操作に当たって

占う前に、次の事を行なってください。

・部屋を整頓し、筮を行なう机の上をきれいにする。
・手を洗い口をすすいで、身を清める。
・占的を定める。（占的とは、占う事柄のこと）
（筮前の審事…占う事柄の内容について詳しく聞いた上で行なう）
・その占的を紙に書いて、目の前に置く。
・座禅などして、呼吸を整える。精神統一を図る。
・正座で座ること。
後の写真のページの①をご覧ください。

2　略筮法《りゃくぜいほう》（三変筮法）

ここで、略筮法（三変筮法）のやり方をご紹介いたします。

略筮法（三変筮法）は、「良いか悪いか」「吉か凶か」など、ズバリと答えを求める場合に用います。

三変筮法の三変とは、三回筮竹を割ることで、次の三つの操作を行ないます。

（一）内卦を得る（八払）
（二）外卦を得る（八払）
（三）爻を得る（六払）

さて、後のページの写真に従って、次のように行なってください。

①深々と頭を下げる。（易神への礼儀）（写真②）
②五十本の筮竹を両手で持ち、占的（占う事柄）を念じる。（写真③）
③五十本の中から一本取り出して筮筒に入れる。（この一本は太極を表わす）（写真④）
④残り四十九本を両手で握り、再び占的を念じながら「内卦をとります」と言う。（写真⑤）
⑤そして四十九本の筮竹を扇形に開く。（写真⑥）
⑥その扇を左手で持ち、頭を下げ、目を閉じ、呼吸を止めて雑念を除き、呼吸が苦しくなってきた時、右手で扇を一気に二つに割る。（写真⑦）

⑦筮竹を二つに割ることで、左手と右手にそれぞれ筮竹の束を握る形になる。
⑧そして「右手」に持っている筮竹を机の上のケロク器に置く。（写真⑧）（これを「地策《ちさく》」という。また、左手に持っている筮竹を「天策《てんさく》」という）。
⑨次に、今ケロク器に置いた筮竹「地策」の中から一本取り出して、左手の薬指と小指の間に挟む。（写真⑨）（これを「人策《じんさく》」という）
⑩次に今、左手に挟んだ一本を含めて「左手」に持っている筮竹全部を、二、四、六、八…、二、四、六、八、と「八」で切って（八払い）、それを繰り返して数え、最後に残った本数、それが次のような卦となる。（写真⑩）（21ページの八卦を参照）

一本残れば……☰乾（けん）
二本残れば……☱兌（だ）
三本残れば……☲離（り）
四本残れば……☳震（しん）
五本残れば……☴巽（そん）
六本残れば……☵坎（かん）
七本残れば……☶艮（ごん）
残数がない時…☷坤（こん）

⑪得た「卦」が分ったら、その「卦」を目の前の紙に書く。この時、最初は内卦であり、あとで外卦をその上に書くので、そのスペースを空けておくこと。（写真⑪）

⑫次に外卦をとる。外卦の時は占的（占う事柄）を念じないで「外卦をとります」と言う。
⑬そして後の操作は⑤~⑨を同じようにして行なう。「八払い」で数える。
⑭得た「卦」を紙に書く場合、先の内卦の上に重ねて書く。
⑮次に「爻」を得る。この時も占的（占う事柄）を念じないで「爻をとります」と言う。
⑯爻を得る場合も、内卦・外卦を得ると同じで、⑤~⑨を行なう。
⑰ただし、爻の場合「六払い」で数える。この点に注意。
二本ずつ、二、四、六…二、四、六と「六」で切って繰り返して数えて、最後に残った数が「爻の位置」となる。

一本残れば……初爻
二本残れば……二爻
三本残れば……三爻
四本残れば……四爻
五本残れば……五爻
残数がない時…上爻

⑱紙に書く場合、内卦外卦の大成卦の下から数えて「得た爻」の右に「×」の印をつける。算木の場合は、下から数えて「得た爻」の位置の算木を右に少しずらす。（写真⑫参照）
⑲これで「略筮法」の筮操作は終わり、筮竹を筮筒に全部入れて、深々と頭を下げる。
⑳そして「得た卦、爻」より、占考を行なう。（第九章六十四卦78ページを参照）

写真①正座で座り、姿勢を正す。

写真②深々と頭を下げる。

写真③占的を念じる。

写真④一本を筮筒に入れる(太極)。

写真⑤再び占的を念じる。

写真⑥筮竹を扇形に開く。

写真⑦精神を統一して一気に割る。

写真⑧右手に持つ筮竹を机の上に置く（地策）。

写真⑨地策から一本とり、左手の薬指と小指の間に挟む（人策）。

写真⑩左手に持つ筮竹全部(天策)を八払いで数える。

写真⑪得た卦を算木に置きかえる。または紙に書く。

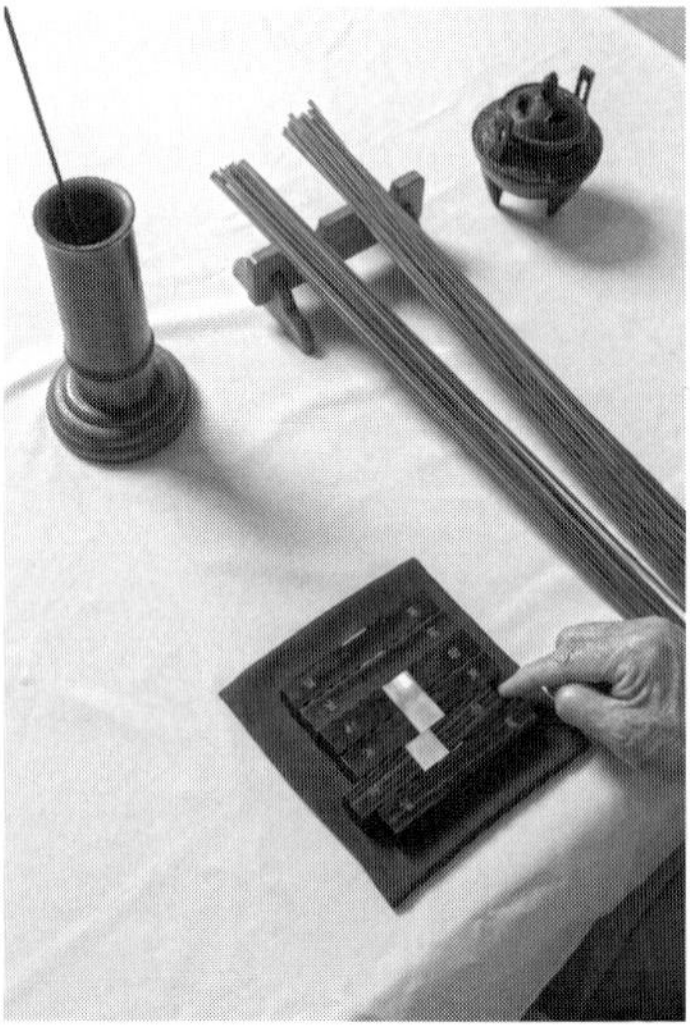

写真⑫得た爻の位置の算木を少しずらす。または紙に書く。

写真⑬筮具の一式。

3　中筮法《ちゅうぜいほう》（六変筮法《ろっぺんぜいほう》）

中筮法は、「交際は今後どうなるか？結婚に向かうか、別れることになるか」、「会社は今後どうなるか？」など「今後どうなるか？」という『今後の成行き』、あるいは「来年の運勢はどうなるか？」など『一定期間の推移』を占う時に用います。

中筮法は六変筮法ともいい、六変ですから六回筮竹を割ることになります。

中筮法は、初爻、二爻、三爻、四爻、五爻、上爻と各爻の卦を得ます。それで六回です。

また、この各爻の卦のことを「爻卦《こうか》」といいます。

さて、前記61ページの「1、筮操作に当たって」を行ない、

①深々と頭を下げる。（写真②参照）

②五十本の筮竹を両手で持ち、占的《せんてき》（占う事柄）を念じる。（写真③参照）

③五十本の中から一本を取り出して筮筒に入れる。（写真④）

④残り四十九本を両手で握り、再び占的を念じながら「初爻をとります」と言う。

⑤続いて、略筮法の⑤〜⑩を行なう。

そして、中筮法の場合は「卦名」を用いる。

一本残れば………乾
二本残れば………兌
三本残れば………離
四本残れば………震
五本残れば………巽
六本残れば………坎
七本残れば………艮
割り切れた時（8とし）…坤

⑥残数から「卦名」が分かりましたら、目の前の紙に「初爻」として、その得た「卦名」を書く。その場合、あとでその上に二爻から上爻の五つを乗せて書くので、その五つ分のスペースを空けて初爻は一番下に書くこと。
⑦続いて、二爻をとる。二爻以降は占的を念じないで、「二爻をとります」と言う。
⑧同じようにして、上爻までとる。

それぞれ目の前の紙に初爻から上爻まで、残数で得た「卦名」を書く。

例えば、初爻〜上爻までとって、次のような場合、

上爻　五爻　四爻　三爻　二爻　初爻

（残数）…………………3…1…8…6…4…7

（卦に置き換える）…離　乾　坤　坎　震　艮…（これを爻卦《こうか》という）

⑨上爻まで紙に書き終えると、これで筮操作が終わり、筮竹全部を筮筒に入れて、深々と頭を下げる。

⑩そして、紙に書いた「爻卦」を「陰・陽の印」に置き換える。「陽の卦」は「⚊」、「陰の卦」は「⚋」にする。（21ページを参照）

先の例、（爻卦）…離　乾　坤　坎　震　艮

（陰陽で現わす）…⚋　⚊　⚋　⚊　⚊　⚊

⑪次に「爻卦」の中に「乾」「坤」があるかを見て、乾・坤があれば、その爻の所を変じる。

変じるとは、「陽の印」を「陰の印」に、「陰の印」を「陽の印」にして、隣りに書く。

乾・坤、以外の爻は、そのまま隣りに書き移す。

この例ですと、

（本卦）　離　乾　坤　坎　震　艮

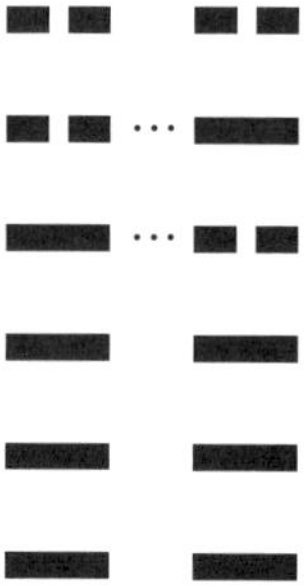

水天需

（之卦）

雷天大壮

それで、爻卦を陰・陽の印に書き換えて出来た卦を「本卦《ほんか》」という。
爻卦に「乾」「坤」があって、そこを変じて出来た卦を「之卦《しか》」という。

⑫そして、本卦と之卦をもって占断する。
「占断の要領」としては、
・「今後の成行き」の場合、本卦は「現在」として見、之卦は「将来」として占断する。
・「一定期間の推移」の場合、本卦は「前半」、之卦は「後半」として見、占断する。
爻卦に「乾・坤」がいくつ得るかは、その占による。
・爻卦が全部、乾または坤である場合もある。…これを「全変《ぜんぺん》」という。
・爻卦に乾・坤を得ない場合もある。…………これを「不変《ふへん》」という。
例えば「今後の成行き」の場合、
「全変」ですと、一八〇度ガラッと変わると見る。
「不変」ですと、現在の状態が今後も続くと見る。

第七章　簡易筮法

易占は、できるだけ筮竹を用いて行なってください。しかし、外出先や旅行先などで筮竹がない時は、次のような簡易筮法で行なうことができます。

1　八面サイコロによる方法

八面サイコロは、デパートや大きな文房具店にはあると思われます。

八面サイコロは、1～8まで数が記されています。この八面サイコロの「色違いを二個」と「普通の六面サイコロ1個」を用います。

色違いの八面サイコロ2個のうち、どちらかの色を「内卦」用、もう一つは「外卦」用と決めてください。六面サイコロは「爻」用です。

この三つのサイコロを右手に握り、占う事を念じて呼吸を止め、机の上、あるいは平らな所へ一気に放ちます。

それで得た「内卦・外卦」の大成卦から卦名を調べ、爻を含めて占断します。

2　六面サイコロによる方法

普通の六面サイコロを、3個用います。

そして「内卦」「外卦」「爻」を得るために、三回サイコロを振ります。

（一回目）3個のサイコロを右手に握り、占う事を念じて呼吸を止め、机の上、あるいは平らな所に一気に放ちます。

　例えば、サイコロのそれぞれの数、二、四、五。この出た数を足しますと「11」。この「11」を八払いの「8」で割りますと、残数は「3」。この「3」を卦に置き換えますと、3は「☲離」。

これを内卦として紙に書きます。

（二回目）同じようにして3個のサイコロを振り、それぞれの数が六、五、六。この出た数を足しますと「17」。この「17」を八払いの「8」で割りますと、残数は「1」。この「1」を卦に置き換えますと、1は「☰乾」。これを外卦として紙に書きます。

（三回目）サイコロ「1個」を用い、一気に放ちます。そして出た数が「5」ですと、これが「爻」となり、五爻ということで大成卦の下から五番目に「×」の印を書きます。

今、得た卦・爻を紙に書きますと、次のようになります。

天火同人の五爻

3　コインによる方法

10円硬貨5枚と100円硬貨1枚を用います。他の硬貨の組み合わせでも結構です。同じ硬貨が5枚と他の硬貨が1枚を用いてください。

この6枚の硬貨を両掌の中でよくかき混ぜ、占う事を念じて呼吸を止め、机の上など平らな所に一気に放ちます。

そして遠い硬貨を一番上にして、下に順にタテに並べます。100円硬貨の所が得た「爻」となります。

それを硬貨の「表」を陽「⚊」、「裏」を陰「⚋」として卦に置き換えます。

例えば、

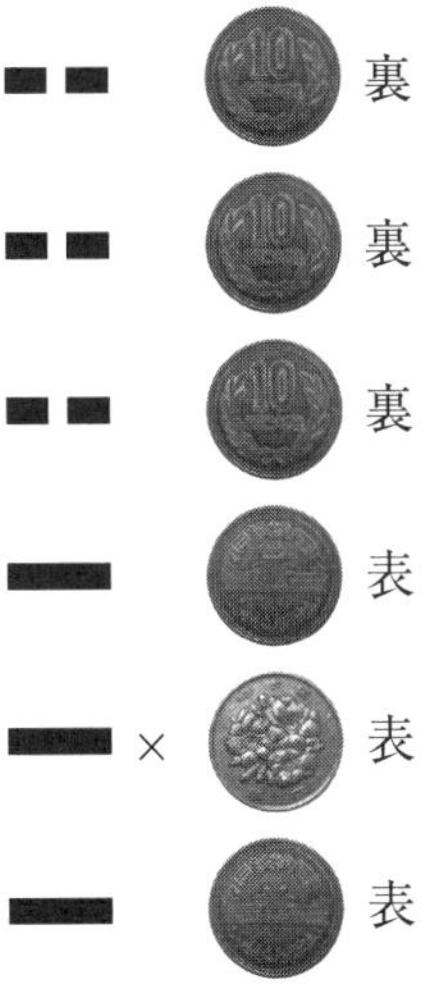

地天泰の二爻

得た䷊地天泰の二爻をもって占断します。

4 ページによる方法

辞書、電話帳、厚い本など、ページ数の多いものを用いてください。

まず最初に、右側のページ数にするか、左側のページ数にするかを決めてください。

そして「内卦」「外卦」「爻」を得るため、三回、ページを開きます。

一回目。占う占的を念じて呼吸を止め、一気に開く。そのページが「265」ページとする。この「265」を分解して、2＋6＋5とし、＝13。この13を「8」で割ると、余り数が5で、5を卦に置き換えると、5は☴で「内卦」として紙に書きます。

二回目。同じようにしてページを開き、そのページが「138」とする。この「138」を分解して、1＋3＋8＝12。この12を「8」で割ると、余り数4で、4を卦に置き換えると、4は☳で「外卦」として、先ほどの☴の上に重ねて書きます。

三回目。同じようにしてページを開き、そのページが「194」とする。この「194」を分解して、1＋9＋4＝14。今度は「爻」ですから「6」で割る。余り数は2で、二爻となり、先の大成卦の下から二番目に「×」印を付ける。（もし、6で割り切れた場合は、6とし、「上爻」とする）

今、得た卦・爻を紙に書くと、次のようになります。

雷風恒の二爻

第八章　易占の心得

(1) 遊び感覚で易占を行なわないこと。

易占は、将来起こる結果を今、知るものですが、「どういう結果になるか」など自分の知識をもっても予測できない事、「やるべきか、やらない方が良いか」など判断や決断できない事を「易神に尋ねる」わけですから、当たるかどうか試してみたり、結果が分かっている事を占ったり、自分でよく考えれば分かる事を、遊び感覚で易占してはいけません。

(2) 易占は礼儀作法を正して真剣に行なうこと。

卦は、結構簡単に得られます。しかし、信頼できる卦を得るためには、真剣に行なうことです。易の神様も、礼儀作法を正して行なえば、正しい卦、分かりやすい卦を教示してくださいます。

しかし、笑いながら行なったり、お酒を飲んで行なったり、いい加減に行なえば、易の神様も正しい卦を示してくれませんし、自分自身も得た卦に対し疑うことになるでしょう。

（3）同じ事柄を何度も占ってはいけません。

易占をする上で、ある事柄を占う場合、筮するのは「一度」だけです。それだけに真剣に行なってください。この同じ事柄を二回以上占う事を「再筮《さいぜい》」といい、これを禁止しています。

例えば、「Aさんとの結婚どうか」を占って、良い卦を得なかったとします。当然、「Aさんとの結婚は良くないのであきらめた方が良い」と占断します。しかし、そんなはずではないとか、もう一度占ってみよう、といったように得た卦を疑って再筮する、これが厳禁なのです。

このように同じ事柄を再度占うのは、初心者の方に結構多いものです。それも良い答えが出るまで占ったりしがちです。そうなると、もう易占ではなくなってしまいます。つまり、自分では答えが決まっていて、その答えに合うまで占うのは、もう占いではありません。

（4）易占の上達方法は大いに占うこと。

自分の事、家族の事、周囲の人の事、会社の事、社会ニュースの事、天気、株式、野球やサッカーの勝負…等、「どうなるか」と知りたい事柄を占ってみてください。

また、占断の専用ノートを設けて、占った事柄、得た卦、自分の占断を書くことです。そして結果が分かったら、その結果も記しておくと、後に自分にとって良い資料となります。

最初からズバリと当たる人もいますし、なかなか当たらない人もいるでしょう。これは易占に限らず、何でも大いに練習することが腕を上げる秘訣です。礼儀作法を正して、真剣に易占を行なえば、必ず当たるようになりますから頑張ってください。

良い先生について指導を受けるのも上達が早いともいえます。

(5) 筮前の審事をしっかり把握すること。

「筮前の審事」とは、占う前に占う事柄の内容を詳しく知ることです。

つまり、占う事柄に合わせて、事前に知りたいことです。例えば、相手の住んでいる所とか、名前、年齢、職業、地位…等を含めて、現在の状況や事柄の事情、環境などいろいろと尋ねて、それから筮してください。

それによって、得た卦と現状と合致する点を見つけ出し、見定めることができ、卦を推究して判断するのです。

例えば、『彼との結婚はどうでしょう。良いですか悪いですか』と相談された時、彼の住んでいる所(住所)、年齢、職業、付き合ってどのくらいか、など教えていただけるものは教えていただいて、それから筮してください。

（6）占的はできるだけ小さく絞ること。

「占的」とは、占う的（占う事柄）のことです。つまり、知りたい事の「的」です。

例えば、ある二十七歳の女性から『私、いつ頃結婚できるでしょうか』と相談された時、そのまま「いつ頃結婚できるか」と占うことはできますが、その場合、得た卦より二十九歳か三十歳と少々、幅をもたせた占断となることもあります。

しかし、占的を小さく絞って「来年、結婚相手が見つかるか」「再来年は…」というように、年毎に占うことにより、『来年は無理ですが、再来年は良い結婚相手に巡り会えます』と、ハッキリと占断できるのです。

ただ、占的を小さく絞ることによって、筮する回数が増えることは確かです。しかし、正しく占断するためには、少々筮する回数が増えても、占的を小さく絞って行なってください。

第九章　六十四卦の解説と占断要領

読者の方々が、占断が容易になるよう、それぞれの「卦」並びに「爻」の意味を「絵」で現わしましたので、イメージがわくことでしょう。

また、卦辞、爻辞の解説にも力を入れて記しましたので、これらの「辞」の意味を十分に把握して占断に用いてください。

それに「占断のポイント」を判りやすく記しましたので、占った事柄に対して占断のポイントから合致するものをうまく使って判断してください。

1 乾《けん》為《い》天《てん》

彖辞《たんじ》 乾《けん》は、元《おおい》に亨《とお》りて、貞《てい》に利《よ》ろし。

彖伝《たんでん》 大いなるかな乾元《けんげん》、万物資《と》りて始む。乃《すなわ》ち天を統《す》ぶ。雲行き雨施し、品物《ひんぶつ》形を流《し》く。大いに終始を明らかにし、六位《りくい》時に成る。時に六龍《りくりゅう》に乗り、以て天を御《ぎょ》す。乾道変化して、おのおの性命を正しくし、大和《たいわ》を保合《ほごう》す。乃ち貞《ただ》しきに利《よ》ろし。庶物《しょぶつ》に首出《しゅしゅつ》して、万国ことごとく寧《やす》し。

象伝《しょうでん》 天行は健なり。君子以て自らつとめて息《や》まず。

[卦の意] 乾の卦は、全陽で陽を代表する強い卦です。強い、明るい、積極的という意の卦です。
[彖辞の意味] 乾は、剛健にして進んで止まらないのであるから、大いに通りて物事もスラスラと運ぶ。ただし、それは正しい事を行なうことが条件であ

り、正しい道を行っていくべきであると言う。また、元亨利貞の四文字は、君子の四徳である仁義礼智を称したものであり、元は仁、亨は礼、利は義、貞は智です。したがって、君子たる者、社長・家長など長たる者、指導者たる者は、仁義礼智の徳を備えて人生を歩むべきで、勢いに乗じての暴走や失態をするようなことがあってはならない。

占断のポイント

■陽の持つ意。小成卦「乾」の象意を使って判断します。例えば、強い、明るい、動く、進む、上がる、充実、積極的、気が大きくなる等。

■(十二消長卦)発展、伸びる。時には、もう少しでその頂上、頂点とします。

■(八純卦)同じ事を繰り返す。複数ある。

■(乾の動いて止まない意から)落ち着かない。動き回る。忙しい。何事も休まず徐々に進んだ方が良い。焦らず、あわてず、あきらめず、努力すること。

■(天空は何もない意から)空無。気だけが先走って、足がついていかない。

【運勢】運気は盛運。積極さに満ち、ヤル気が出る時。何事も強気で積極的に行なえばうまく行きます。大変に忙しい時でもあり、疲れてしまいやすいです。調子に乗り過ぎての気が大きくなりやすい点、それに行き過ぎ、やり過ぎには注意です。

【業績】上がります。

［交渉・取引］お互いに頑固さ、気が強くて折り合わず、まとまりません。（二爻、五爻の時はまとまる）

［交際・恋愛］お互いに積極的であってプラス面はあるも、時には衝突を起こしがちです。

［結婚］男女共に優秀な人ですが、お互いに強い自信の持ち主で、あまり良縁とはいえません。

［病気］さらに悪化します。

［待ち人・待つ事］来ません。

［紛失物］手に戻りません。

［天気］快晴。

［株式］上昇。時にはそろそろ天井を打つとみます。

初爻

潜龍《せんりゅう》用《もち》うる勿《なか》れ。

［爻辞の意味］龍が今、一番下におり、力もまだ弱く潜んでいる龍なので、用いてはならない。

象伝

潜龍《せんりゅう》用《もち》うる勿《なか》れとは、陽下《しも》にある也。

占考

何事もまだその時機を得ていない。
進む事はすべて手控えるべし。
無理して進むと、結果は凶となる。

・恋愛は、良い相手は現われない時。
・結婚は、気が合わず良くないです。
・望み事は、叶いません。
・試験は、不合格。

二爻

見龍《けんりゅう》田《でん》に在《あ》り。
大人《たいじん》を見るに利ろし。

［爻辞の意味］今、地上に出た龍で、持てる力を発揮すべき時ではあるが、世に出たばかりなので、物事によっては大人を求めるか、大人に従うのがよろしい。

象伝 **見龍《けんりゅう》田《でん》に在るは、徳の施し普《あまね》きなり。**

占考

積極的に事を進めるべし。
上司、目上に相談して吉を得る。
引き立てを受ける。目上に可愛がられる。
・恋愛は、良い相手が現われ、明るく活発な交際となります。
・結婚は、吉で、似た者夫婦となります。
・望み事は、叶います。
・試験は、合格。

君子終日乾乾《しゅうじつけんけん》。
夕《ゆう》べに惕若《てきじゃく》たれば、
厲《あや》うけれど咎《とが》なし。

[爻辞の意味] 君子は朝から日暮れまで、やるべき仕事に励み、そして夜には過ちがなかったか反省して、慎重を期せば、勢いに乗じての失敗をしやすく危険な時だけれど、災難を受けないで済む。

象伝

終日乾乾《けんけん》は、反復の道なり。

占考

勢いや気が強すぎて危ない事がある。何事も反省し、注意して慎重に行うこと。
・恋愛は、強引にならないように注意。
・結婚は、意見の対立に注意。
・望み事は、高望みの傾向。
・試験は、背伸びしている。ギリギリ不合格。

四爻

或《ある》いは踊《おど》りて淵《ふち》にあり。
咎《とが》なし。

［爻辞の意味］　龍が外卦に移って、いよいよ天に向かって飛び上がるのですが、まだ力が弱く進みかねて川の淵で時期を待っている。しかし、そのような慎重さがあるので咎がない。

象伝

或《ある》いは踊《おど》りて淵《ふち》にあるは、進みて咎なきなり。

占考

迷いが生じる時。
物事は順調に進めない。
前向きの姿勢で取り組むこと。
・恋愛は、迷いから実りにくいです。
・結婚は、迷いから話が進みません。
・望み事は、今一歩叶いません。
・試験は、弱気から不合格。強気になること。

五爻

飛龍《ひりゅう》天に在《あ》り。
大人《たいじん》を見るに利《よ》ろし。

〔爻辞の意味〕龍が天に昇って自由に飛び回り、本来の力を発揮する。また下位にいる優秀なる人物を用いて事を遂行する。引き立ててあげる。

象伝

飛龍《ひりゅう》天に在《あ》るは、大人の造《な》せるなり。

占考

運気盛大の時。
何事も積極的に行って吉を得る。うまく行く。
良い人、良い部下を用いて吉。

・恋愛は、良い相手が現われてととのう。
・結婚は、吉。積極的・活発な夫婦となります。
・望み事は、今までの努力が報われて叶う。
・試験は、合格。

上爻

亢龍《こうりゅう》悔《く》い有り。

［爻辞の意味］　亢龍《こうりゅう》とは、高く昇りつめた龍のことで、上爻の一番高い所まで来ましたので、高く上がり過ぎ、これ以上昇り進むところがない。それで悔いることが生じてくる。

象伝

亢龍《こうりゅう》悔《く》い有るは、盈《みつ》ること久しかるべからざるなり。

占考

行き過ぎ、やり過ぎの時。
進む事、積極的に行なう事は凶。
概ね凶の占断。
・恋愛は、望みが高過ぎて、うまく行きません。
・結婚は、気が合わず、良くないです。
・望み事は、希望が高過ぎて叶いません。
・試験は、不合格。

2 坤《こん》為《い》地《ち》

䷁

彖《たん》辞

坤《こん》は元《おお》いに亨《とお》る。牝馬《ひんば》の貞《てい》に利《よ》ろし。君子往《い》く攸《ところ》あり。先《さき》んずれば迷い、後《おく》れれば主を得《う》。西南朋《とも》を得るに利《よ》ろし。東北朋《とも》を喪《うしな》うも、貞《てい》に安《やす》んずれば吉。

彖伝《たんでん》

至《いた》れるかな坤元《こんげん》。万物資《と》りて生ず。乃ち順《したが》いて天に承《う》く。坤は厚くして物を載せ、徳は无疆《むきょう》に合《がっ》す。含弘光大《がんこうこうだい》にして、品物《ひんぶつ》ことごとく亨《とお》る。牝馬は地の類《るい》、地を行くこと疆《かぎ》りなし。柔順貞に利《よ》ろしは、君子の行う攸《ところ》なり。先《さき》んずれば迷いて道を失い、後《おく》るれば順《したが》いて常を得《う》。西南に朋《とも》を得るは、乃ち類《るい》と行けばなり。東北に朋を喪《うしな》うは、乃ち終《つい》に慶《よろこ》び有るなり。貞に安んずるの吉は、地の疆《かぎ》りなきに応ずる。

象伝《しょうでん》

地勢《ちせい》は坤。君子以て徳を厚《あつ》くし物を載《の》す。

【卦の意】坤の卦は、全陰で陰を代表する卦で、柔順、従うという意味合いの卦です。

【彖辞の意味】坤は、柔順の徳を守って従って行けば、それで何事も大いに通る、うまく行く。つまり、牝馬のように大人しく柔順であれば、何事もよろしきを得る。坤の時、君子といえども何かをやろうとする場合、先頭に立って行えば支障が生じて迷うことになる。しかし、人の後ろから従って行けば、迷うことはない。また、西南の方位は坤（陰卦）で、その西南に行けば仲間を得られるし、共同して物事をやって行くにはよろしい。反対の方位の東北に行くと、艮《ごん》（陽卦）であり、仲間を失うことになるが、しかし男性（夫）を得られる。そして、そこで長く安んじて止まれば吉である。

占断のポイント

■陰の持つ意。小成卦「坤」の象意を使って判断します。例えば、従う、受け身、消極的、大人しい、小人、気が小さい、力が弱い、能力がない等。
■何事も地道にコツコツと努力すること。先頭に立たず、付き従うこと。
■物事は遅れる。
■何事も従来の事を守り、新規の事は凶。
■人のために世話苦労がある。
■（十二消長卦）衰退の時。衰退の頂点で極まれば陽に転じます。
■（八純卦）同じ事を繰り返す。複数ある。

［運勢］運気が弱い時、平運。このような時は、出しゃ張ったり強気にならず、積極策や人の先頭に立つ事は手控えること。何事も人に従い、人の後に付いて行く、人の意見を聞きながら行動すること、そうすれば平穏無事。また人の世話で忙しい思いをする時。それにクヨクヨ考えたり、迷いやすい時でもあります。

［業績］横ばいの下がり気味です。

［交渉・取引］お互いに優柔不断でいい加減であり、まとまりません。

［交際・恋愛］お互いに大人しくて積極さがなく、また誠意もなく、楽しい交際は望めません。

［結婚］活気がなく良縁ではありません。女性は柔順で良いのですが、男性が男らしさが不足。

［病気］次第に快方に向かう。治ると見ます。

［待ち人・待つ事］来ません。

［紛失物］手に戻りません。

［天気］曇り。

［株式］横ばい、下がり気味です。

初爻

霜《しも》を履《ふ》みて堅氷《けんぴょう》に至《いた》る。

［爻辞の意味］柔らかい霜を履み、さらにその上に出来た霜を履んでいると、やがて容易に除去できない堅い氷となってしまう。

象伝

霜《しも》を履《ふ》みて堅氷《けんぴょう》に至《いた》るは、陰始めて凝《こ》るなり。其の道に馴致《じゅんち》して、堅氷に至るなり。

占考

悪いものが次第に大きくなる時。

（対処策）早く手を打つこと。

概ね凶の占断。

・恋愛は、気持ちが伝わらないで不調。
・結婚は、良くない。早く手を引くこと。
・望み事は、あきらめること。
・試験は、実力不足で不合格。

直方大《ちょくほうだい》。習《なら》わずして利《よ》ろしからざるなし。

［爻辞の意味］素直で、キチンとした正しさを備え、そのうえ自分を小さくすることなく大きい。したがって、すでに妻の道、従う道を備えているので、改めて習う必要はない。大変よろしい。

象伝

六二の動は、直《ちょく》にして以て方《ほう》なり。習《なら》わずして利《よ》ろしからざる无《な》きは、地道光《ちどうおお》いなればなり。

占考

根気よく気長に堅実であれば吉を得る。人との和、人と共同して行なって吉を得る。
・恋愛は、縁があって何となく気は合うが話が進みません。
・結婚は、おっとりした夫婦となります。
・望み事は、すぐには叶いません。
・試験は、不合格。

三爻

章《しょう》を含《ふく》む貞《てい》にすべし。或いは王事《おうじ》に従うも、成《な》すこと无《な》くして終わり有り。

［爻辞の意味］ 章《しょう》は才能の意。今は才能があっても包み隠して従う道を固く守ること。また、王の仕事をしても命令に従い、自分の手柄、名誉とせず、王のために最後まで成し遂げる。

象伝

章《しょう》を含《ふく》む貞《てい》にすべしとは、時を以て発するなり。或いは王事《おうじ》に従うは、知光大《ちこうだい》なり。

占考

才能を表面に出す時ではない。何事も内に秘めておく時。人に従って事を行なえば吉。

・恋愛は、良くありません。相手に従わさせられます。
・結婚は、気が合わず良くないです。
・望み事は、叶いません。
・試験は、不合格。

四爻

囊《のう》を括《くく》る。咎《とが》なし、誉《ほま》れなし。

［爻辞の意味］ 囊《のう》は袋の意。袋の口をしっかりとくくって、中に才能等を隠ししまっておく。そのようにして大人しく従っているので、過ちを犯さないが代わりに誉れとなることもない。

象伝 **囊《のう》を括《くく》る咎《とが》なしとは、慎めば害あらざるなり。**

占考 才能など何かを表面に出さずに隠しておく時。

サイフの紐を締める時。無駄口はしない。何事も慎重を期し、失敗はないが誉れもない時。

- 恋愛は、良い相手に恵まれない時。
- 結婚は、止めた方が良いです。
- 望み事は、あきらめた方が良いです。
- 試験は、不合格。

五爻

黄裳元吉《こうしょうげんきち》。

〔爻辞の意味〕黄《こう》は坤の地の色。裳《しょう》はスカートで下を意味する。今、五爻の君主の位に陰でおり、運気が弱い時であり、坤卦の柔順を重んじて、目下部下の才能のある者を用いて行けば、大いに吉である。

象伝

黄裳元吉《こうしょうげんきち》は、文中に在るなり。

占考

自分の意見を立てず、人の意見を聞き入れ、謙虚なれば吉。

進むよりも守りの時。

部下や目下を用いる。

・恋愛は、縁はあっても話が実るまで時間がかかります。
・結婚は、良い方だが男性が女性的。
・望み事は、すぐには叶いません。
・試験は、不合格。

上爻

龍野《や》に戦《たたか》う。
其の血玄黄《げんこう》。

［爻辞の意味］ 坤の卦の極であり、陰の道が極まって大変強くなった坤の龍が、乾の龍と戦う。玄は乾・天の色、黄は坤・地の色で、両者が戦ってお互いに傷ついて血を流す。その血の色が玄黄。

象伝 **龍野《や》に戦《たたか》うとは、其の道窮《きわ》まればなり。**

占考

強気、積極的にやり過ぎての失敗をする時。喧嘩を起こす時。傷つけられる。概ね凶の占断。
・恋愛は、喧嘩別れとなります。
・結婚は、無理して結婚すると将来、離婚となります。
・望み事は、叶いません。
・試験は、不合格。

3

水雷屯《すいらいちゅん》

䷂

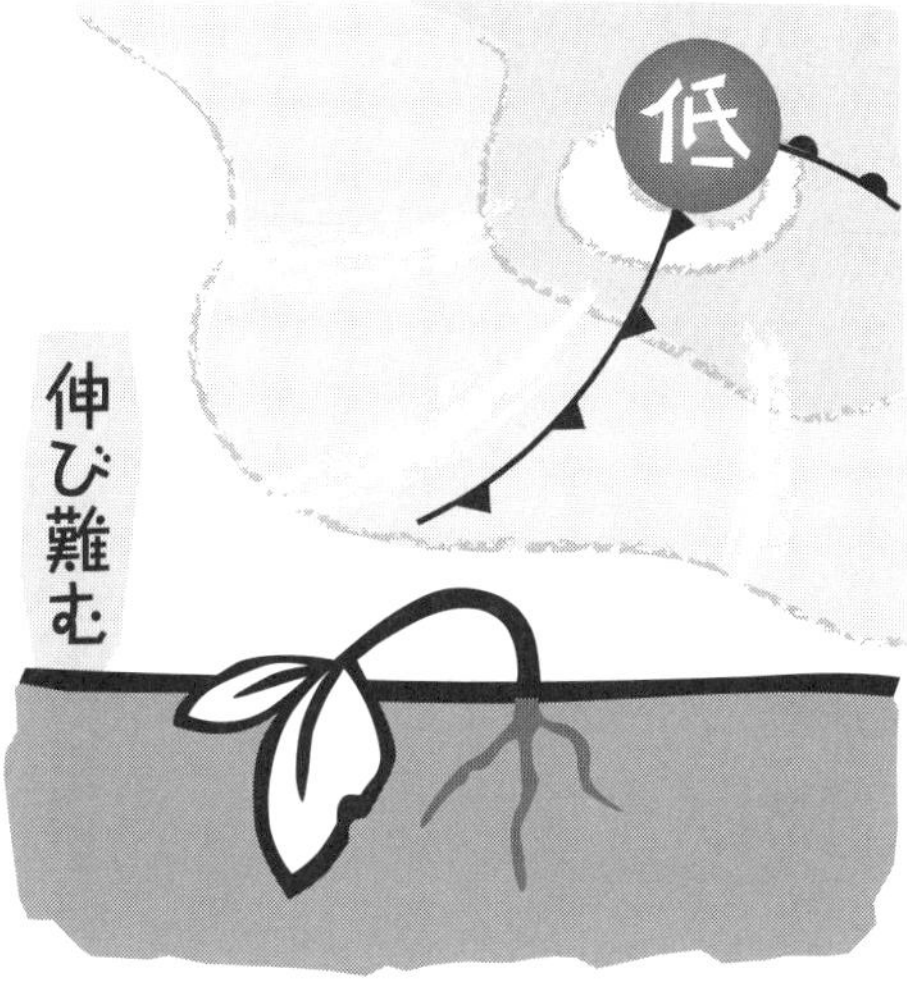

彖辞《たんじ》 屯は、元《おお》いに亨《とお》る、貞《ただ》しきに利《よ》ろし、往《い》く攸《ところ》あるに用うる勿《なか》れ。侯《こう》を建《た》つるに利《よ》ろし。

彖伝《たんでん》 屯は剛柔始めて交わりて難《なや》み生じ、険中に動く。大いに亨りて貞なるは、雷雨の動き満盈《まんえい》。天造草昧《てんぞうそうまい》、侯を建つるに宜《よろ》しく而《しこう》して寧《やす》からず。

象伝《しょうでん》 雲雷は屯。君子以て経綸《けいりん》す。

［卦の意］屯の卦は、伸び難むという意の卦です。
［卦名の由来］この卦は、内卦☳震の木の種子が地中で芽を出し進もうとするが、外卦☵坎の外気が寒くて芽が順調に伸びられない状態。それで伸び難むという。

［彖辞の意味］屯《ちゅん》の時、今は伸び難む時ですが、それがズーッと続くというわけではなく、時が来れば（春が来れば）外気が暖かくなって、芽がスクスクと伸びることが出来ます。したがって、屯の難みも将来開ける時が来ますから、今は正しさを守って進んではいけない。無理をして進めば必ず凶を招きます。また、国がこのような状態の時は諸侯を用いて国を治めさせるとよろしいということです。

この屯の卦は、乾為天、坤為地の次に配された卦で、陰陽が初めて交わった卦でもあって、天地創造の卦とされています。つまり、伸び難む意味は、乾坤の二気が初めて交わって万物を生じる時であり、その天地創造の生みの苦しみ、悩みをいうのです。

占断のポイント

■四難卦の一つ（他に坎為水、水山蹇、澤水困）で大変に悩み苦しむ。
■多事多難な時であって、苦労を重ねる時。
■何事も伸び難む時で、スムーズに事が運ばない。
■（対処策）しばらく止《とど》まって、時運の転換を待つこと。
■（侯を建つるに利ろし）物事によっては自分が直接当たらず、代理人、部下を用いて効果がある。

［運勢］運気は自重運。何かと悩みや苦労が多い時。物事もうまく行きそうに見えても、妨害や支障に阻まれて思うように進めず、順調を得られない時。しかし、ヤケを起こして暴走したり、強行策に出るとかえって凶を招くことになりますから、今は何事もジッーと耐え、従来通り、現状維持に努めることです。新規に行なう事は、すべて凶で手控えてください。

［業績］下がり気味です。

［交渉・取引］こちらは早く決着つけたい気持ちでも、相手はまだその気はない。策を練っています。

［交際・恋愛］積極的に交際を求めても、相手は冷たい。

［結婚］よくない。こちらは結婚したい気持ちが強いですが、相手は悩み考えてしまって話は進みません。また、相手はまったく結婚を考えていない場合もあります。

［病気］すぐには治らない。長引きます。

［待ち人・待つ事］支障に阻まれて来れない。時にはかなり遅れて来ます。

［紛失物］手に戻りません。

［天気］総体的には曇り。朝方晴れても、次第に曇ってきて午後には小雨が降ったりします。

［株式］上がれない。下がり気味。

磐桓《ばんかん》たり。
貞《てい》に居《お》るに利《よ》ろし。
侯《こう》を建《た》つるに利《よ》ろし。

［爻辞の意味］磐《ばん》は大きな石。桓《かん》は大きな柱のこと。初爻は「震」の主爻であり、進みたい気持ちが強いところですが、今は大きな石、大きな柱であるべきで、動いてはいけない。動かないで正しきところに居ればよろしきを得る。また、どうしてもやらなければならない事は代理人を用いると良い。

象伝

磐桓《ばんかん》たりと雖《いえど》も、志正《せい》を行うなり。貴《たっと》きを以て賤《いや》しきに下《くだ》る。大いに民を得るなり。

占考

何事も動かず進まないこと。
進めば凶。物事もすぐには成就しない時。
時期を待つべし。
・恋愛は、相手に夢中でも相手はその気がありません。
・結婚は、苦労が多く止めること。
・望み事は、イライラするが叶いません。
・試験は、不合格。

二爻

屯如《ちゅんじょ》、邅如《てんじょ》、馬に乗りて班如《はんじょ》。
寇《あだ》するに匪《あら》ず。
婚媾《こんこう》せんとす。
女子貞《てい》にして字《じ》せず。
十年にして乃《すなわ》ち字《じ》す。

[爻辞の意味] 二爻は五爻と応じ、初爻とも比していて、五爻の所へ行けない。それで、どうしようと迷ってグルグル回る。そして行く決心して馬にまたがったが、半進半退でためらう。これは相手をやっつけるのではない。結婚しようとして悩んでいるのである。また、初爻から結婚を求められても乗らず、固く貞操を守って子も産まない。そして、十年後に五爻と結婚できて子を産むことが出来た。

象伝

六二の難《なん》は、剛《ごう》に乗るなり。十年にして乃《すなわ》ち字《じ》するは、常に返るなり。

占考

進退に迷う時。他に心を惹かれる。物事は成就するのに時間がかかる。
・恋愛は、他の異性が現われて迷う時。
・結婚は、良くない。移り気を起こします。
・望み事は、すぐには叶いません。
・試験は、不合格。

鹿に即《つ》きて虞《ぐ》なし。
唯林中《ただりんちゅう》に入る。
君子幾《き》をみて舎《す》つるに如《し》かず。
往《い》けば吝《りん》。

［爻辞の意味］ 虞《ぐ》とは案内人。幾《き》とは兆し。舎《すつる》とは止まる意。今、森林の道案内人なしで、獲物の鹿を追ってどんどんと深い森林の中に入ってしまい、そして道に迷って窮地に陥ってしまった。しかし、君子は危ない兆しを察知した時は止めて獲物を諦める。

象伝 **鹿に即《つ》きて虞《ぐ》なきとは、禽《きん》に従うを以てなり。君子これを舎《す》つる。往けば吝《りん》とは、窮《きわ》まればなり。**

占考

欲に引かれて、目の前しか見えない時。
目的にとらわれて全体を見失っている時。
間違った事をやっている時。
助っ人など導いてくれる人がいない時。

・恋愛は夢中になって追いかけたくなる時。
・結婚は良くない。欲情に走っている時。
・望み事は、叶いません。
・試験は、不合格。

四爻

馬に乗りて班如《はんじょ》。
婚媾《こんこう》を求む。
往《い》けば吉。
利《よ》ろしからざるなし。

［爻辞の意味］班とは半進半退で迷うこと。四爻は初爻と応じているが、五爻と比していて、どちらと結婚しようかと迷う。しかし、初爻から結婚を求められたら、ためらわず行って吉で、利ろしくないことはない。

象伝

求めて往くは、明《あき》らかなるなり。

占考

迷い、ためらう時。
自分が考え、進む事は良くないが、相手から求められた事はよろしい。
・恋愛は、相手から求められたら吉。自分から求めて行くのは凶。
・結婚は、二人いて迷う。年下の方が吉。
・望み事は、相手任せで待てば吉。催促は凶です。
・試験は、今一歩実力が足らず不合格。

五爻

其の膏《こう》を屯《ちゅん》す。
小貞《しょうてい》なれば吉。
大貞《だいてい》なれば凶。

［爻辞の意味］ 膏《こう》は脂の意。脂は体内に行き渡るべきであるが、今屯《ちゅん》で一ヶ所に滞ってしまっている。このような状態の時、小さい事はやって問題ないが、大きい事は凶である。

象伝

其の膏《こう》を屯《ちゅん》すとは、施《ほどこ》すこと未《いま》だ光《おおい》ならざるなり。

占考

何事も意のごとくならず、苦しみ悩む。物事は滞る。偏る。時期を待つしかない。

・恋愛は、縁はあるがなかなか実りにくいです。
・結婚は、気は合うが結婚まで時間がかかります。
・望み事は、叶いません。
・試験は、不合格。

上爻

馬に乗りて班如《はんじょ》。泣《きゅう》血漣如《けつれんじょ》たり。

［爻辞の意味］今、屯《ちゅん》の伸び難む卦の極におり、進もうかどうしようかと悩んでいる。しかし助けてくれる人もいない。それで泣くのですが、流す涙が尽きて血の涙となり、それでもひっきりなしに泣く。

象伝　**泣《きゅう》血漣如《けつれんじょ》たるは、何ぞ長かるべけんや。**

占考

大変に苦しい状態。みじめな状態。

孤立無援の時。

泣き悲しむ事がある。

・恋愛は、不調。泣く事になります。
・結婚は、良くない。早く手を引くこと。
・望み事は、叶いません。
・試験は、不合格。泣く事になります。

4 山水蒙《さんすいもう》 ䷃

彖辞《たんじ》 蒙は、亨《とお》る。我れ童蒙《どうもう》を求むるにあらず。童蒙我れを求む。初筮《しょぜい》は告《つ》ぐ。再三《さいさん》すれば瀆《みだ》る。瀆るれば則《すなわ》ち告《つ》げず。貞《てい》に利《よ》ろし。

彖伝《たんでん》 蒙は山下に険《けん》あり。険にして止まるは蒙。蒙は亨るとは、亨るを以て行ない、時・中《ちゅう》すればなり。我より童蒙を求むるにあらず、童蒙が我を求むとは、志応《おう》ずるなり。初筮は告ぐとは、剛中を以てなり。再三すれば瀆《みだ》る。瀆るれば則《すなわ》ち告《つ》げずとは、蒙を瀆せばなり。蒙以て正《せい》を養うは、聖《せい》の功《こう》なり。

象伝《しょうでん》 山下に出《い》ずる泉《いずみ》は蒙。君子以て行ないを果《は》たし徳を育《やしな》う。

［卦の意］ 蒙の卦は、昧《くら》くてハッキリしない、明

らかでないという意の卦です。

［卦名の由来］この卦は、外卦☶艮の山に内卦の☵坎の霧がかかっていて、山の全貌がはっきり見えない。それで蒙という。

［彖辞の意味］我とは先生、童蒙とは生徒のこと。今は蒙昧《もうまい》で、知識不足、経験不足、世間知らずであるが、良き先生・指導者に学んで勉強すれば、将来何事もハッキリと分かるようになり、物事も思い通りに運ぶようになる。ところで教えの道としては、先生が生徒を呼び集めて教えるのではなく、生徒の方から教えを求める。その熱意、熱心さが必要である。そして同様に、占筮の姿勢についても、最初の筮は、占者が易神に真剣に念じて問うので、易神も正しく教えてくれる。しかし、同じ事を何度も占うと、易神の教示を信じないことであり、易神は正しく教えてくれなくなる。したがって、正しい姿勢を固く守って、真剣に筮しなさい。

占断のポイント

■現在は、知識、経験、世間に昧《くら》い時。
■物事や事柄がハッキリしない時。ハッキリするまで行動を慎むこと。
■気持ちがモヤモヤしている時。暗い時。
■新規の事、積極策はすべて凶。
■学問、修業、習い事などは吉。
■（対処策）勉強をすること。技術を磨くこと。世間を知ること。良き指導者や目上に相談すること。

【運勢】運気は自重運。悪い運勢ではありませんが、運気は弱いですから積極的行動や出しゃ張った事は手控えることです。また、モヤモヤして見通しをつけにくい時で、物事も順調には運びません。見込み違いや人に騙されやすいので注意です。このような時は、何事も良き指導者の意見に従って行なうべきです。勉強や習い事をするには吉です。

【業績】下がります。

【交渉・取引】まとまりません。当方に事情がある時。

【交際・恋愛】交際が実らない時。今は求めず、もう少し様子を見た方が良いです。

【結婚】良くありません。相手の事をよく知らないで結婚しようとしています。

【病気】ハッキリせず、長引きます。

【待ち人・待つ事】来ません。

【紛失物】見つかりません。

【天気】曇りですが、朝方は霧か小雨があり、ハッキリしない天気。

【株式】下がり気味。モヤモヤしたハッキリしない相場。

初爻

蒙《もう》を發《ひら》く。
もって人を刑《けい》するに利《よ》ろし。
もって桎梏《しっこく》を説《と》く。
以て往《い》けば吝《りん》。

［爻辞の意味］ 蒙昧無知なる者は、厳しくしつけて指導することが肝心である。悪い事をした場合、初めに厳しく刑罰を与えて改心させる。甘やかすと、罪を重ねてしまいやすい。しかし、罪人には、足かせ手かせの刑の用具を用いて厳しく罰し、自ら改心したならば手足を自由にしてあげる。指導の基本として、甘やかし過ぎたり、厳しくし過ぎては凶となる。

象伝

もって人を刑《けい》するに利ろしきは、以て法《ほう》を正《ただ》すなり。

占考

考えが浅い時。見通しが暗い時。安易にズルズルと深みに進みやすい。方法を改めて打開を図ること。最初が肝心。

・恋愛は、良い相手に恵まれない時。
・結婚は良くない。同じ失敗をしがちな時。
・望み事は、良くない望みです。
・試験は、実力不足で不合格。

蒙《もう》を包《か》ぬ吉。
婦《ふ》を納《い》る吉。
子《こ》家《いえ》を克《よ》くす。

［爻辞の意味］この二爻は先生に当たり、したがって蒙昧なる者を包容し、教育することは吉である。夫婦の場合、婦は家を整えるのが上手なので吉である。親子の場合、この子はしっかりとした子供で、父なき後を継いでよく治めたりする。

象伝

子《こ》家を克《よ》くするは、剛柔接《まじわ》ればなり。

占考

人が集まって来るし、中心的になる事、教える事は吉。
しかし、大きな事や積極的行動は慎むこと。
リーダーシップを取る。
・恋愛は、相手の正体を見定めること。
・結婚は、女性が実権を握ることになります。
・望み事は、時間がかかるが叶います。
・試験は、今一歩足らず不合格。

三爻

女を取るに用《もち》うる勿《なか》れ。金夫《きんぷ》を見て躬《み》を有《たも》たず。利《よ》ろしき攸《ところ》なし。

［爻辞の意味］ 蒙昧で貞操観念のない女性なので、妻にしてはいけない。それに金持ちの男性に惹かれて身を保つことができない。よろしいところがない。

象伝

女を取るに用うる勿《なか》れとは、行ない順《じゅん》ならざるなり。

占考

性、お金など欲にかられて行動しやすい。余計な事に手を出して失敗する時。新規の事、積極策は凶。すべて固く守って無難。

・恋愛は、良くない人が近づく時、注意。
・結婚は、良くない。体だけです。
・望み事は、不正な望みです。
・試験は、集中力がなく不合格。

四爻

蒙《もう》に困《くる》しむ。吝《りん》。

［爻辞の意味］ 今、応爻も比爻もない。したがって、蒙を導いてくれる人がいないので、蒙味に苦しむ。

象伝　**蒙に困《くる》しむ吝《りん》は、独《ひと》り実《じつ》に遠ざかるなり。**

占考

能力不足の時。
孤立無援の時。頼りにする人がいない。
しかし、自らも人を受け入れない事もある。

- 恋愛は、良い人に縁がない時。
- 結婚は、離婚となるので凶。
- 望み事は、望みなしです。
- 試験は、実力がなく不合格。

五爻

童蒙《どうもう》、吉なり。

［爻辞の意味］柔順で二爻の先生と応じている。よく先生の指導に従い学ぶので、先生も力を入れて教えてくれる。したがって、蒙昧が次第に開けて力が付き吉である。

象伝

童蒙《どうもう》の吉は、順《じゅん》にして以て巽《したが》うなり。

占考

良き人に巡り会える時。良き指導者を得る。
素直に人に従って好結果を得る。
自分が人の先頭に立つ事は良くない。
子供の事で喜びがある時。
・恋愛は、相手に従うと良好。
・結婚は、あまり良縁とは言えません。
・望み事は、相手の言い分に従うこと。
・試験は。不合格。良い先生に付いて猛勉強すること。

蒙《もう》を撃《う》つ。
寇《あだ》を為《な》すに利《よ》ろしからず。
寇を禦《ふせ》ぐに利ろし。

［爻辞の意味］ 卦の極にあり、今蒙昧なる者が思い上がっているので、強硬な態度で指導する。これは蒙昧なる者が思い上がって他に危害を加えやすく、それを防止する。また、思い上がって行動した結果、他から攻撃されやすいので、それを防ぐためである。

象伝 **もって寇《あだ》を禦《ふせ》ぐに利ろしきは、上下順《つつ》しむなり。**

占考 力不足なのに思い上がった行動をしやすい時。

不慮の災難に遭いやすい時。

（対処策）おとなしくしていること。

・恋愛は、強気になりうまく行かないです。
・結婚は、気は合うが思い上がって喧嘩を起こします。
・望み事は、思い上がった望みです。
・試験は、受かると思い上がっても不合格。

5 水天需《すいてんじゅ》 ䷄

彖辞《たんじ》

需《じゅ》は孚《まこと》あり。光《おお》いに亨《とお》る。貞吉《ていきつ》。大川《たいせん》を渉《わた》るに利《よ》ろし。

彖伝《たんでん》

需は須《ま》つなり。険前《けんまえ》に在るなり。剛健《ごうけん》にして陥《おちい》らず。其の義《ぎ》困窮《こんきゅう》せず。需は孚《まこと》あり。光《おお》いに亨る。貞吉とは、天位にして正中《せいちゅう》なればなり。大川を渡《わた》るに利ろしきは、往きて功《こう》有るなり。

象伝《しょうでん》

雲天《くもてん》に上《のぼ》るは需。君子以て飲食宴楽《えんらく》す。

［卦の意］需の卦は、待つ（須つ）べし、待たされるという意の卦です。
［卦名の由来］この卦は、外卦☵坎の水気が内卦☰乾の天の高いところにあり、したがって。地上ではなかなか降らない雨を待つ。また内卦「乾」が進もうとするが、前方に外卦「坎」がその行く

手を阻む。それで仕方なく、その坎険が取り除かれるまで「待つ」という。

【彖辞の意味】その「待つ」に当たって、誠《まこと》の心（無欲）が大切である。そうしていれば、坎険が解《と》けて大いに通るようになる。故に待つべき時は、それを守っていれば吉を得る。そして、待って坎険《かんけん》が解けたならば、その時は備え持つ力を十分に発揮し、大川を渉るような命がけの冒険や大きい事をしてもよろしい。

占断のポイント

■何事も今は待つべし。また、待たされる時。
■無理して進めば、結果は凶となる。
■新規の事は手控えて時を待つ。チャンスを待つ。
■待っていれば、必ず進める時が来る。
■飲食に関係の深い卦。

［運勢］運気は自重運。悪い運勢ではありませんが、自分に実力があっても、周囲の環境が許してくれなかったり、物事も支障や妨害が生じたりして、力を発揮できない時。また、何事も思うように進めない時。このような時は、何とかしようと強行策を用いると凶で、かえって窮地に陥りますので、おとなしく時期の到来を待つべきです。

【業績】トントンです。伸びないです。
【交渉・取引】待たされて長引きます。
【交際・恋愛】相手に交際の気持ちがない。今は交際を求めない方が良いです。
【結婚】良い縁ではありません。
【病気】長引きます。根気よく治療することです。
【待ち人・待つ事】すぐには来ません。
【紛失物】手に戻りません。
【天気】おおむね曇り。時々晴れ間があります。
【株式】上がりそうで上がりません。

初爻

郊《こう》に需《ま》つ。恒《つね》を用《もち》いるに利《よ》ろし。咎《とが》なし。

［爻辞の意味］郊《こう》とは郊外の意。前方に坎険《かんけん》があるが、今初爻で遠く郊外でジッと耐えて進むべき時期を待っている。そして従来通りにしていてよろしい。そのように慎重を期せば咎はない。

象伝

郊《こう》に需《ま》つは、難《なん》を犯《おか》して行かざるなり。恒《つね》を用いるに利ろし、咎なしとは、未《いま》だ常を失わざればなり。

占考

進めない時。

現状で満足し、待つしかない時。

欲に引かれて強行に進めば凶を招く。

何事も時期尚早。

・恋愛は、思うように行かない時。

・結婚は、まだその時期ではないです。

・望み事は、叶いません。長く待つしかない時。

・試験は、実力不足で不合格。

二爻

沙《しゃ》に需《ま》つ。小《すこ》しく言《こと》有《あ》れど終《つい》に吉。

［爻辞の意味］ 沙《しゃ》は砂のこと。外卦坎の水に一歩近づいた。今、砂浜のところまで進んで時期の到来を待つ。しかし、進みたい気持ちが高まっての危うさがあり、時には少々非難を受けたり、傷付けられたりするが、坎険《かんけん》に陥ることなく最終的には吉を得る。

象伝 **沙《しゃ》に需《ま》つは、衍《ゆた》かにして中《ちゅう》に在るなり。小《すこ》しく言《こと》有りと雖《いえど》も、吉を以て終るなり。**

占考

悪い方向に進もうとしている。

進みたい気持ちを抑えて待つべし。

他より文句や非難あり。

小さいトラブルがある時。

・恋愛は、良い人に恵まれない時。

・結婚は、まだ相手が乗り気ではないです。

・望み事は、あきらめること。

・試験は、思うように行かず不合格。

泥《でい》に需《ま》つ。
寇《あだ》の至《いた》るを致《いた》す。

［爻辞の意味］三爻は、二爻より更に一歩進み、水際の泥の所で待つ。外卦の坎と接していて大変危険です。しかし、三爻は乾の極であり、ジッとしていられず、しきりに進もうとするが、進めば自ら災難を招くこととなる。

象伝

泥《でい》に需《ま》つは、災《わざわ》い外に在るなり。寇《あだ》の至《いた》るを致《いた》す、敬《うやま》い慎《つつし》めば敗《やぶ》れざるなり。

占考

何事も待つべし。進むことは、すべて凶。しかし、気が急いだり、誘いに乗ったりして進みたくなる時。

・恋愛は、自分から押し掛けて失敗。性欲に注意すること。
・結婚は、良くない。無理すると後悔となります。
・望み事は、叶いません。
・試験は、不合格。

四爻

血に需《ま》つ。
穴《あな》より出《い》づ。

［爻辞の意味］待ちきれずに進んで、今外卦坎の中に陥り、傷付いて血を流している。血を流しながら救いを待っている。でも、応じている初爻の助けを借りて穴、困難な所から脱出できた。

象伝

血に需《ま》つは、順《じゅん》にして以て聴《き》くなり。

占考

血を流すような状態、困窮に陥る時。人に騙されて損をする。自分では苦難から脱出できず、人の力を借りること。

・恋愛は、だまされて痛手を負う時。
・結婚は、涙を流すような結果となるので凶です。
・望み事は、叶いません。
・試験は、不合格。涙を流す結果となります。

酒食《しゅしょく》に需《ま》つ。貞吉《ていきち》。

［爻辞の意味］五爻は君主の位であり、待つ時はイライラして待つのではなく、飲んだり食べたり宴《うたげ》を楽しんだりして、余裕を持って待つ。そうかといって、あまり楽しみに溺れないようにして吉である。

象伝

酒食《しゅしょく》貞吉は、中正以てなり。

占考

余裕を持って待っていれば吉。次第に目前の障害が解けて、何事もまもなく成就する時。

飲み過ぎたり、楽しさに溺れてはいけない。

・恋愛は、待っていれば良い人が現われる時。

・結婚は、気が合わず良くない。待っていれば良縁が現われます。

・望み事は、待っていれば叶います。

・試験は、不合格。浪人は合格の可能性大。

上爻

穴《あな》に入《はい》る。速《まね》かざるの客《きゃく》三人来《きた》るあり。之《これ》を敬《けい》すれば終《つい》に吉。

［爻辞の意味］ 卦の極にあり、出て行く所がない。それで穴に入る。しかし、幸いな事にこちらから招かないのに三人の客がやって来た。これらの人を拒むことなく、敬いもてなしてあげれば、最後には吉を得られる。

象伝

速《まね》かざるの客三人来《きた》る、之れを敬《けい》すれば終《つい》に吉なるは、位当たらざると雖《いえど》も未《いま》だ大いに失わざるなり。

占考

何事もうまく行かない時。
しかし、思いがけない良い事がある。
思いがけない援助者、助っ人が現われる時。
・恋愛は、思わぬ誘いが何人からか来る時。
・結婚は、良くない。他の縁が来る時。
・望み事は、待つしかありません。
・試験は、不合格。

6 天水訟《てんすいしょう》 ☰☵

彖辞《たんじ》　訟は孚《まこと》有りて塞《ふさ》がる。惕《おそ》れて中《ちゅう》すれば吉。終れば凶。大人《たいじん》を見るに利《よ》ろし。大川《たいせん》を渉《わた》るに利《よ》ろしからず。

彖伝《たんでん》　訟は上剛《かみごう》にして下険《しもけん》なり。険にして健《けん》なるは訟。訟は孚《まこと》有りて塞《ふさ》がる、惕《おそ》れて中すれば吉とは、剛來たりて中を得るなり。終れば凶とは、訟を成《な》すべからざるなり。大人を見るに利《よ》ろしとは、中正を尚《たっと》ぶなり。大川を渉るに利ろしからずとは、淵《ふち》に入ればなり。

象伝《しょうでん》　天と水と違《ちが》いに行くは訟なり。君子以て事を作《な》すに始めを謀《はか》る。

［卦の意］訟の卦は、訴え、争うという意の卦です。
［卦名の由来］この卦は、外卦☰乾の「天」は上に進もうとしますし、内卦☵坎の「水」は下に進

もうとします。これを「天水違行《てんすいいこう》」と称し、それぞれが別々に進もうとする象から、背き争うとして見ます。

［彖辞の意味］ 訟は、自分は真実であり正しいと思っているが、相手も自分が正しいと思って受け入れないので起こるのである。しかし、訟は正しい事であっても、嫌なものなので、中庸の精神も持って自分の事ばかり考えず相手の事も考えて、ほどほどのところで和解・中止すれば吉である。しかし、最後まで頑固に争い闘うとお互いに傷付き、また時間や経費などを費やすばかりで凶である。それに争い事の時は、立派な有識者の意見を聞き、それに従うとよろしい。友人などに聞くとかえって煽り立てられて良くない。また、裁判官から判決が出た場合、多少不服でも、それに従った方がよい。訟の時は、大川を渡るような冒険や大きな事をしてはいけない。

占断のポイント

■喧嘩、争い事が起こる時。すでに争い事が起きている場合もある。（訴訟、裁判沙汰）
■意見の食い違い。仲違い。
■（天水違行）何事も思うように行かない時。孤独。
■自分勝手に行なっている時。他に対して不平不満・不服を抱いている時。
■（大川を渉るに利ろしからず）何事も積極的に行なう事、新規に行なう事は凶。
■（対処策）口論、喧嘩を避けて和を心掛け、また早期和解に努めること。

［運勢］ 運気は自重運。あまり良い運勢ではありません。何事も思うように運ばない時ですし、

不平不満があって悩む時。また、意見の対立を起こしやすく、それで喧嘩や訴訟問題を起こしたり、友人との別れも生じます。

【業績】下がります。

【交渉・取引】意見が合わず、まとまらない。争い事にならないように注意。

【交際・恋愛】良くありません。意見の対立を起こし、喧嘩別れともなります。

【結婚】良縁ではありません。無理すると離婚となります。

【病気】治りそうで治らない。長引きます。医師の誤診や投薬の不適合の事もあります。

【待ち人・待つ事】来ません。待ち合わせ場所が違っている場合もあります。

【紛失】手に戻りません。早く警察に届けると見つかることもあります。

【天気】不順な天気。曇りがちですが、朝のうちは小雨が降り、のち曇って時々晴れ間が見られます。

【株式】上がりそうで上がらない。上がる銘柄と下がる銘柄がハッキリする相場。

初爻

事《こと》する所を永《なが》くせず。
小《すこ》しく言《こと》あるも、終《つい》に吉。

［爻辞の意味］ 初爻は、陰柔で一番下にいるので、力が弱い。したがって、不満不服があっても争い事を長く続けない。少し争う事があっても、途中で止めてしまうので結果的には吉である。

象伝

事する所を永《なが》くせざるは、訟は長くする可《べか》らざるなり。小しく言《こと》あると雖《いえど》も、其の辯《べん》明《あき》らかなり。

小さな争い事が起きる時。また、小さい事が大きい事になりやすく早く手を引くこと。物事は長く続かない。

占考

無理に進むと凶を見る。
・恋愛は、良い人に恵まれない時。喧嘩となります。
・結婚は、良くない。喧嘩別れとなります。
・望み事は、うまく行きません。
・試験は、不合格。

訟を克《よ》くせず。
帰《かえ》りて逋《のが》る。
其の邑人《ゆうじん》三百戸、眚《わざわ》いなし。

[爻辞の意味] 克《よ》くせずとは、遂げないこと。邑人《ゆうじん》とは、村人のこと。二爻は坎の主爻で、その悩みを訴えるが、相手は剛健であって勝てそうにない。そこで不利を悟って途中で争いを止めて逃げ帰った。また、最後まで争わなかったことにより、その村三百戸の村人たちも連帯責任の災いがかからずに済んだ。

象伝 **訟を克《よ》くせず帰《かえ》りて逋《のが》るとは、竄《かく》るるなり。下《しも》より上《かみ》を訟《うった》う。患《うれ》いの至《いた》ること掇《と》るなり。**

占考 悩みが多く、争う事がある時。しかし、争いの災いは身辺にまで及ぶ時なので、早めに止めるべし。逃げるべし。勢いで進めば凶を招く。
・恋愛は、早く手を引く時。
・結婚は、凶。早く別れること。
・望み事は、あきらめること。
・試験は、不合格。

三爻

舊徳《きゅうとく》に食《は》む。貞《かた》くすれば厲《あや》うきも終《つい》に吉。或いは王事《おうじ》に従うも、成《な》すこと无《な》し。

［爻辞の意味］舊徳《きゅうとく》とは、昔なじみ。食《は》むとは、関係の意。三爻は、陰であり力が弱いので不満はあっても人と争わない。また、昔なじみの人には訴えない。しかし、仲間から誘われる危険がある。それに負けずに争いを避ければ終に吉である。また、王（五爻）の仕事を成し遂げても、それを誇りとせず、王のものとする。上に対する謙虚さ、それで吉を得る。

象伝　**舊徳《きゅうとく》に食《は》むとは、上《かみ》に従いて吉なり。**

占考

不平不満が生じる時。

仲間から誘われて争ってしまいやすい。人と争ったりせず、目上に対しては謙虚な姿勢で従えば吉を得る。

何事も心を動かさず、現状を守って吉を得る。

・恋愛は、昔の人に会いたくなる時。

・結婚は、情欲関係だけで良くないです。

・望み事は、叶いません。・試験は、不合格。

四爻

訟《うったえ》を克《よ》くせず。
復《かえ》りて命《めい》に即《つ》き、
渝《かえ》て貞に安《やす》んずれば吉。

〔文辞の意味〕 訴えても途中で止めて最後まで争わない。反対に君主の命令に従う。そして心を改めて正しいところに落ち着けば吉である。

象伝

復《かえ》りて命《めい》に即《つ》き、渝《かえ》て貞に安んずるは、失わざるなり。

占考

争い事を起こしやすい時。
現在の考えを改めること。
仲間に引き込まれたりせず、目上に従えば吉。
本来の道に戻って努力すること。
新規に行なうことは凶。

・恋愛は、思うように行かない時。
・結婚は、良くない。冷静に考え直すこと。
・望み事は、叶いません。
・試験は、不合格。

五爻

訟《うったえ》、元吉《げんきつ》。

［爻辞の意味］五爻は、君主の位なので裁判する人。剛健中正の徳を備えているので、正しい裁きをする。したがって、大いに吉である。

象伝

訟《うったえ》元吉《げんきつ》は、中正を以てなり。

占考

今まで不調であったものは、次第に順調に運ぶようになる。
目標に向かって努力する時。
交渉事は勝つ時。争い事は解決を見る時。ただし、新規に行なう事はまだ手控えた方が良い。
・恋愛は、うまく行きません。
・結婚は、良くない。喧嘩別れになります。
・望み事は、新規は叶わない。以前から望んでいたものは叶う時。
・試験は、不合格。浪人は合格の可能性大。

或いは之《これ》に鞶帯《ばんたい》を錫《たま》う。
終朝《しゅうちょう》三たび之を褫《ひ》く。

［爻辞の意味］　鞶帯《ばんたい》は、革《かわ》の太い帯。終朝《しゅうちょう》とは、短い時間のこと。上爻は卦の極にあり、最後まで争って勝ち、王から革の帯を戴く。そしてその帯を家に来る人に短い時間に何度も見せびらかす。

象伝

訟を以て服《ふく》を受《う》く。亦《また》、敬《けい》するに足《た》らざるなり。

占考

自分勝手で強引に行なう。それで勝ったり、うまく行っても、他から悪評を買うなど後で災いが生じる。
・恋愛は、見かけにだまされない事。見栄や体裁を飾りやすい。
・結婚は、良くない。見栄や体裁を飾っています。
・望み事は、叶うことで後で苦労します。
・試験は、不合格。

7 地水師《ちすいし》

䷆

彖辞《たんじ》 師《し》は貞《ただ》し。丈人《じょうじん》は吉。咎《とが》なし。

彖伝《たんでん》 師は衆《しゅう》なり。貞《てい》は正なり。能《よ》く衆を以《ひき》いて正しければ、以て王たるべし。剛中にして応じ、険《けん》を行ないて而《しこう》して順《じゅん》なり、これを以て天下を毒《おさ》め、民之に従う。吉にしてまた何の咎あらん。

象伝《しょうでん》 地中に水あるは師。君子以て民を容《い》れ衆を畜《やしな》う。

[卦の意] 師は、師団で軍隊の事で、争うという意の卦です。

[卦名の由来] この卦は、☷坤の地の下に☵坎の水で、地下水の象。地に隠された水、大切なものを他の者、他の国がそれを奪いに来る。人間は、他人の持っている物が欲しくなるもの。それに対

して逃げずに応戦する。
[彖辞の意味] 戦いは本来するものではない。しかし、悪い者が民衆に害を与えるような事があった時、やむなく征伐するために戦う。また戦う時、軍隊を率いるリーダーが立派な人でなければならない。「正しいいくさ」「立派な大将」であれば、戦いを行っても咎はない。

占断のポイント

■(争いの卦) 人との争い事が起きる。すでに起きている場合もある。利害関係の場合が多い。苦労・苦難が多い。和合を得がたい時。
■(地下水の卦) 中に何かが隠されている。地中に埋もれている。
■(師) リーダーになる。人の先頭に立つ事あり。しかし、それで苦労する。
■(一陽五陰卦)モテる。人が集まる。人気が出る。世話苦労がある。骨が折れる。競争が激しい。

[運勢] 運気は慎重運。あまり良い運勢ではない。人と喧嘩を起こしやすい時。人からの依頼事が多くあったり、中心的立場に立たされたり、人の世話で苦労しやすいです。また、異性と縁がありますが、異性問題を起こしやすい時です。
[業績] 下がります。ライバルが現われます。
[交渉・取引] まとまりません。喧嘩に注意。
[交際・恋愛] 相手に誠意がなく、こちらにも企みがあり、うまく行きません。

【結婚】良くありません。口争いなど不和が生じます。
【病気】長引きます。手術など思い切った治療をした方が良い場合があります。
【待ち人・待つ事】来ません。
【紛失】どこかに紛れ込んでしまって、見つかりません。
【天気】雨のち曇り。暗くてハッキリしない天気。
【株式】下がります。

初爻

師《し》は出《い》づるに律《りつ》を以てす。否《しか》らざれば臧《よ》きも凶。

[爻辞の意味] 律《りつ》とは規律。臧《よ》とは善いこと。初爻ですので、出陣するところです。出陣に当たって軍隊の規律を正す。規律・調和が行き渡っていないと善い戦いでも凶である。

象伝

師は出《い》づるに律《りつ》を以てすは、律を失えば凶なり。

占考

出陣、何かを始めようとする時ですが、順序や先の見込みを立ててから行なうこと。何事も規則規律に従うこと。自分勝手な行動は凶。内部の統制や調和を図る時。

- 恋愛は、芽が出る気運。
- 結婚は、良くない。競争相手が現われる。
- 望み事は、すぐには叶いません。
- 試験は、競争が激しく不合格。

二爻

師《し》、中《ちゅう》に在《あ》り吉。
咎《とが》なし。
王三《み》たび命《めい》を錫《たま》う。

[爻辞の意味] 二爻は軍隊の大将で、立派なリーダーシップと中庸の徳を備えていて、軍隊を率いるので吉であり、戦いに破れることはない。また、この大将は、戦いに勝って王から三回もほうびをいただき、寵愛《ちょうあい》も受ける。

象伝

師、中に在り吉は、天寵《てんちょう》を承《う》くればなり。王三《み》たび命《めい》を錫《たま》うは、萬邦《ばんほう》を懐《やす》んずればなり。

占考

何事も積極的行動が功を奏をする時。
目的を達成できる。褒美をもらう。
リーダーなど先頭に立って行動する。
上司や目上から寵愛や引き立てを受ける。

- 恋愛は、積極的にアタックすれば叶う時。
- 結婚は、良くない。喧嘩を起こします。
- 望み事は、積極的に働き掛けること。
- 試験は、ギリギリ合格。

師、或いは尸《しかばね》を輿《にな》う。凶。

[爻辞の意味] 尸《しかばね》は死体。輿《にな》うは載せること。三爻は実力のない大将で、その大将が軍隊を率いて戦いに挑めば、戦いに破れて死体を載せて帰ることになるので、凶。

象伝 **師、或いは尸《しかばね》を輿《にな》うは、大いに功《こう》无《な》きなり。**

占考 実力不足。退き守ること。
分不相応の事をすれば、何事も敗れ傷がつく。
未練を捨てるべし。
・恋愛は、交際は避けて無難。
・結婚は、深い関係だが良くありません。
・望み事は、あきらめること。
・試験は、実力不足で不合格。

四爻

師《し》、左次《さじ》す。
咎《とが》なし。

［爻辞の意味］左《さ》とは退く。次《じ》すとは止《とど》まること。四爻は、陰の位に陰でおり、したがって戦いに於いて力がないので退き止まる。今はそれで咎がない。

象伝

左次《さじ》して咎なきは、未《いま》だ常《つね》を失わざるなり。

占考

何事も退き止まること。
消極策の時。それで無事を得られる。
進めば凶。

・恋愛は、良い相手に恵まれない時。
・結婚は、良くありません。早く身を引くこと。
・望み事は、思い止まるべし。
・試験は、不合格。

五爻

田《かり》して禽《きん》あり。執言《しつげん》に利《よ》ろし。咎《とが》なし。
長子《ちょうし》師《し》を帥《ひき》ゆ。弟子《ていし》尸《しかばね》を輿《にな》う。
貞《ただ》しけれども凶。

[爻辞の意味] 田《かり》は領地。禽《きん》は獲物で侵入者。執《しつ》は行うこと。長子《ちょうし》は老練な実力のある人。弟子《ていし》は実力のない人の意。今、国に侵入者があって、君主が軍隊を出すように命令を下す。これは悪い者を征伐する戦いなので咎はない。また、実力のある大将が軍隊を率いれば良いが、実力のない大将が率いると戦いに敗れて死体を載せて帰ることになるので、正しい戦いであっても弟子《ていし》が軍隊を率いる場合は凶である。

象伝

長子《ちょうし》師《し》を帥《ひき》ゆるは、中行《ちゅうこう》を以てなり。弟子《ていし》尸《しかばね》を輿《にな》うとは、使うこと当たらざるなり。

占考

侵入者あり。内部に不正、スパイあり。他から害されたり、妨げ、中傷を受ける。逃げたりせず、適正の人を選んで戦うべし。

・恋愛は、うまく行かない時。強気も一策。
・結婚は、良くない。競争相手が現われる。
・望み事は、強硬策で頼むこと。
・試験は、今一歩及ばず不合格。

上爻

大君命《たいくんめい》有り。
国を開《ひら》き家を承《う》く。
小人《しょうじん》用《もち》いる勿《なか》れ。

［爻辞の意味］　上爻は卦の極で、戦いが終わって君主より戦いで功労した者が褒美を受ける。そして、大きな功績をあげた者には家、つまり地域のリーダーに昇進させる。しかし小人には、たとえ大きな働きがあっても、褒美に止め、地位を与えてはならない。

象伝

大君命《めい》有るは、以て功《こう》を正《ただ》すなり。小人用いる勿《なか》れとは、必ず邦《くに》を乱《みだ》せばなり。

勝って物事が一段落する時。気の緩みが出る時なので、その点に注意。功績には褒美を与えること。利益の分配でもめる事が起きる。独り占めはしない。

占考

・恋愛は、積極さが鍵。
・結婚は、喧嘩を起こすので良くないです。
・望み事は、積極的に働き掛けること。
・試験は、力及ばず不合格。

8 水《すい》地《ち》比《ひ》 ䷇

彖辞《たんじ》 比《ひ》は吉。筮《ぜい》に原《たず》ね、元永貞《げんえいてい》にして咎《とが》なし。寧《やす》からざるもの方《まさ》に来《きた》る。後夫《こうふ》は凶。

彖伝《たんでん》 比《ひ》は吉なり。比は輔《たす》くるなり。下順従《しもじゅんじゅう》するなり。筮《ぜい》に原《たず》ね、元永貞《げんえいてい》にして咎なしとは、剛中《ごうちゅう》を以てなり。寧《やす》からざるもの方《まさ》に来るとは、上下応ずるなり。後夫《こうふ》は凶とは、其の道窮《きわ》まるなり。

象伝《しょうでん》 地上に水有るは比。先王《せんおう》以て万国を建て諸侯《しょこう》に親しむ。

［卦の意］ 比の卦は、親しみ和し、助け合うという意の卦です。

［卦名の由来］ この卦は、☷坤の地の上に☵坎の水で、地上を流れる川の象です。前の卦の地下水

とは違い、地上を流れる水ですから、人間をはじめ動物等の生物は、この川辺に集まり潤し、そして多くの人と親しみ和すということです。

［象辞の意味］人と親しみ交わることは吉です。しかし、中には良くない人もいるので、交際する前に、この人と交際して良いか、と占うようにして慎重にすべきである。そして交際を始めたならば、どんな事があっても途中で別れたりせず、末長く交際すべきである。また、良くない人が必ずやって来るものである。逆に、良い人との交際は早く求めるべきで、グズグズして遅れると凶である。

占断のポイント

■人と親しみ、交わり、調和を図ること。
■良き友人、味方、協力者を得る時。
■良くない人が近づく時でもあり、相手をよく見定めることが大切です。
■人と共同してやる事は吉。一人でやると失敗。
■交際を始めたら途中で止めようとしないこと。
■異性問題が生じる。
■(一陽五陰卦)モテる。人気が出る。人が集まる。世話苦労がある。骨が折れる。競争が激しい。

【運勢】運気は良好運。何事も人と和すようにして行動すれば吉を得ます。交際面は順調で忙しくなりますが、良き友人や良き味方、良き協力者を得る時です。しかし、独断独走すると凶を招きます。異性にも縁がある時ですが、異性問題を起こしやすいので要注意です。

【業績】若干上がります。社員と親しむこと。

【交渉・取引】まとまります。共同作戦が吉。また、相手にうまく乗せられないよう注意です。

【交際・恋愛】望みが叶い、交際できます。

【結婚】良縁です。ただし、相手の異性関係を調査すべし。

【病気】長引きます。

【待ち人・待つ事】来ます。

【紛失】手に戻りません。

【天気】曇りのち雨。

【株式】下がります。

初爻

孚《まこと》有りて之《これ》に比《ひ》す。咎《とが》なし。孚《まこと》有りて缶《ふ》に盈《み》つれば、終《つ》いに来《き》たりて他《た》の吉あり。

［爻辞の意味］孚《まこと》とは誠。缶《ふ》は酒を入れる土器のこと。初爻は、遠く離れた五爻に誠意をもって親しもうとするので咎はない。その誠とは、土器に酒を目一杯入れるような胸一杯の誠でなければならない。そして、精一杯の誠を尽くせば、相手（五爻）も終に動かされて交際してくれ、思いがけない吉を得られる。

象伝

比の初六は、他《た》の吉あるなり。

占考

何事も思い通りには行かないが、努力によって好結果を得られる。最初は苦労するが誠意を尽くせば吉を得る。他より道が開ける時。

- 恋愛は、誠を尽くせば叶います。
- 結婚は、良くない。他の縁が生まれます。
- 望み事は、他の助けを得て叶います。
- 試験は、競争が激しく不合格。

二爻

之《これ》に比《ひ》するに内《うち》よりす。貞吉《ていきち》。

［爻辞の意味］二爻は五爻と応爻関係。相手（五爻）から交際を求めてくるのを待つのではなく、自分から交際を求めて行きなさい。また、他に心を動かされず、一途に正しさを守って吉。

象伝

之《これ》に比《ひ》するに内《うち》よりすとは、自《みずか》ら失わざるなり。

何事も積極的に求めて行けば、目的を遂げられる。

占考

良き人に一途に従って吉。

上司、目上に引き立てられる。

方針の変更、移り気は凶。

・恋愛は、待っているのではなく、求めて行くこと。

・結婚は、良縁。競争相手あり。

・望み事は、よく頼めば叶います。

・試験は、一歩足りず不合格。推薦は吉。

三爻

之《これ》に比《ひ》するに人に匪《あら》ず。

［爻辞の意味］親しむべき時に、親しむことが出来ない。人の道に外れた人である。良くない人である。

象伝

之に比するに人に匪《あら》ざるは、亦傷《またいた》ましからずや。

占考

正しい状態ではない。よからぬ事をしている。

良くない人と関係している。

諸々凶の占断。

・恋愛は、良い相手に恵まれない時。性欲に注意すること。
・結婚は、良くない。腐れ縁になりがち。
・望み事は、あきらめること。
・試験は、力足りず不合格。

四爻

外《そと》、之《これ》に比《ひ》す。貞吉《ていきち》。

［爻辞の意味］ 四爻は五爻と比爻関係。こちらが相手（五爻）と親しもうとすると、相手からも親しんで来る。したがって、移り気を起したりせず、正しさを固く守っていれば吉を得る。

象伝 **外賢《そとけん》に比す。以て上《かみ》に従うなり。**

占考

従って行って吉の時。
移り気を起こしたりせず、正しさを固く守っていれば吉を得る。
他に足を引っ張られないようにする。

・恋愛は、縁はあっても相手がいたりします。
・結婚は、相手が承諾すれば良縁。
・望み事は、分相応の望みは叶います。
・試験は、不合格。

五爻

比《ひ》を顯《あきら》かにす。王、三驅《さんく》を用《もち》いて前禽《ぜんきん》を失《うしな》う。邑人誡《ゆうじんいまし》めず、吉。

［爻辞の意味］三驅《さんく》とは、三方から追う。前禽《ぜんきん》とは、前の方に逃げる獲物のこと。親しみ交際の道を明らかにする。君主の位なので、交際を求めて来る者に対し選り好みせず、誰とでも付き合う。また、王が狩をする時、四方から追わず、三方から追う。前方から逃げて行くものは逃がしてあげる。このように慈悲のある王なので、村人たちに対しても戒めない。村人たちも豊かに暮らすことができて吉である。

象伝

比を顯《あきら》かにすの吉は、位正中《せいちゅう》なればなり。逆を舎《す》て順を取るは、前禽《ぜんきん》を失うなり。邑人《ゆうじん》誡《いまし》めざるは、上《かみ》の使《つか》うこと中《ちゅう》なればなり。

占考

人が集まって来る時。しかし、好き嫌いで行動してはいけない。全部取ろうとしてはいけない。来る者は拒まず、去る者は追わず。
・恋愛は、出会いが多い時。・結婚は、吉。
・望み事は、叶います。・試験は、合格。

之《これ》に比《ひ》するに首《しゅ》なし。凶。

［爻辞の意味］首《しゅ》とは、頼りになる人のこと。上爻は卦の極で、郊外にいる。したがって、交際を求めても、頼りになる人がいない。本人も引っ込み思案で、親しむ積極さがないので凶である。

象伝　**之に比《ひ》するに首《しゅ》なきは、終わる所无《な》きなり。**

占考

良き人を得られない。
頼りとなる人を得られない。
逆に人に相手にされない時。
・恋愛は、良い人に恵まれない時。
・結婚は、止めて吉。
・望み事は、叶いません。
・試験は、学力不足で不合格。

9 風天小畜《ふうてんしょうちく》

䷈

彖辞《たんじ》
小畜は亨《とお》る、密雲《みつうん》雨ふらず。我が西郊《せいこう》よりす。

彖伝《たんでん》
小畜は柔位《くらい》を得て而《しこう》して上下これに応ずるを、小畜という。健《けん》にして巽《したが》い、剛中にして志行なわる。すなわち亨《とお》る。密雲《みつうん》雨ふらざるは、尚《たっと》び往《い》くなり。我が西郊《せいこう》よりすとは、施《ほどこ》し未だ行《おこ》なわれざるなり。

象伝《しょうでん》
風天上《てんじょう》を行くは小畜。君子以て文徳を懿《よく》す。

[卦の意] 小畜の卦は、少しく養う、少しく蓄える、少しくとどめるという意の卦です。
[卦名の由来] この卦は、内卦☰乾の強い人が昇り進もうとするのを、外卦☴巽の女性がそれを阻止する。しかし、女性の力で止めるので、そう長くとどめることができない。それで少しくとどめ

ると言う。

[彖辞の意味] 小畜は、少し止められるものの、そう長くはないので、そのうちスラスラと運ぶようになる。また、外卦☴巽の風が雲を運んで密雲となるが、今は少し止められて雨は降らない。しかし、自分（文王）の住む西の方から、もう天気が崩れて来る、雨が降って来るようになる。

占断のポイント

■物事は何かに止められて、順調に進められない時。強行に進むと凶を招く時。
■機がまだ熟していない。
■何事も思い止まって実力を養い、時機を待つべし。
■夫婦間にトラブルが生じやすい。
■（一陰五陽卦）モテる。人が集まる。世話苦労がある。骨が折れる。競争が激しい。
■（大離の似卦）明るい。明らかになる。「離」の象意を使って判断する。

[運勢] 運気は自重運。周囲の事情や環境によって、物事はとかく止められて、順調に運ばない。面白くない時ですが、強行突破を図ったりせず、今は実力を養いながらチャンスを待つことです。また、依頼事が多くあったり、人のために苦労することもあります。異性と縁がありますが、良い人一人に絞ることが大切です。

[業績] 横ばい。思うように上がりません。

【交渉・取引】スムーズに話が進まない。まとまるまでに時間がかかります。
【交際・恋愛】交際が実るまでに、時間を要します。
【結婚】止まるべし。
【病気】長引く傾向。今は小康状態の場合もあります。
【待ち人・待つ事】来ない。時にはかなり遅れます。
【紛失】すぐには見つけ出せません。
【天気】曇り。雨は降りません。
【株式】若干上向くが横ばいの様相。上げれば下げるといった保合い相場。

初爻

復《かえ》る道よりす。何《なん》ぞ其れ咎《とが》あらん。吉。

［爻辞の意味］初爻は最下位におり、あまり進む気がないのと、応爻の四爻に止められるのを知って、自ら進まずに引き返して来る。これは小畜の時故、何の咎なくして吉である。

象伝

復《かえ》る道よりするは、其の義《ぎ》吉なり。

占考

何事も進もうとしても進めない時。

何事も思い止まり、やりかけた事は早めに手を引くこと。

上司、目上の意見に従えば災いを免れる。分かっていても無理して進みやすい時。

・恋愛は、縁はあっても実らない時。

・結婚は、良くない。無理すると出戻りとなります。

・望み事は、あきらめた方が良いです。

・試験は、競争率が高く不合格。

二爻

牽《ひ》かれて復《かえ》る吉。

［爻辞の意味］二爻は乾の主爻であり位が正しくないので、小畜の時なのに進みたい気持ちが強い。しかし、中を得ているので、引っ返す初爻に引き連れられて戻るので吉である。

象伝

牽《ひ》かれて復《かえ》るは中《ちゅう》に在り。亦《また》自《みず》ら《か》失わざるなり。

占考

何事も進めず、思い止まるべし。すでに着手した事は早めに見切って手を引くこと。

仲間と一緒に帰る。

欲に走らぬこと。

・恋愛は、縁があっても止めるべし。
・結婚は、気が合わず良くないです。
・望み事は、叶いません。
・試験は、不合格。

輿《よ》、輻《ふく》を説《と》く。
夫妻反目《ふさいはんもく》す。

［爻辞の意味］輿《よ》は車。輻《ふく》とは車軸の矢。説《と》くとは外すこと。車軸の矢を外すと車は動けない。三爻は乾の極で進みたい気持ちが一番強いが、進めない。また、三爻と四爻とは陰陽の比爻関係にあって夫婦に当て、夫が進もうとするのを妻が止める。そこで喧嘩となり反目する。

象伝

夫妻反目《ふさいはんもく》すとは、室《しつ》を正《ただ》す能《あた》わざるなり。

占考

何事も支障が生じて進めない時。進めば凶となる。また、自信過剰で失敗する時。争い事を起こす。夫婦は夫婦喧嘩。

・恋愛は、口喧嘩を起こして交際に亀裂が生じる時。
・結婚は、夫婦喧嘩を起こすので凶。
・望み事は、あきらめた方が良いです。
・試験は、力及ばず不合格。

四爻

孚《まこと》有り。
血去《さ》り惕《おそ》れ出《い》ず。
咎《とが》なし。

［爻辞の意味］ 四爻は、内卦の三陽爻が進もうとするのを阻止する主《ぬし》。それは妨害するのではなく、時機を待たせる誠からの行為です。しかし、力弱い者が陽剛なる三陽爻を止めるので危険があるも、誠が通じてその危険が去り、恐れもなくなり、咎なくて済む。

象伝

孚《まこと》有り惕《おそ》れ出《い》ずるは、上志《かみ》を合わすればなり。

占考

人のためにやってあげた事が、恨まれたり、非難を受ける。
危険な面があっても、後に吉を得る。
今まで努力して来た事がようやく周囲から認められる時。積極的行動は凶。
・恋愛は、選り好みして実らない時。
・結婚は、移り気を起こし良くないです。
・望み事は、叶うまでかなり時間がかかる時。
・試験は、不合格。

孚《まこと》有り攣如《れんじょ》。富《とみ》、其の隣《となり》を以《もっ》てす。

［爻辞の意味］攣《れん》とは相連なること。誠をもって止める四爻と連係し協力して行う。また、その四爻によって富むことができる。

象伝

孚《まこと》有り攣如《れんじょ》たるは、独《ひと》り富まざるなり。

占考

何事も人と協力した方が良い。物事によっては代理人に任せた方が良い。利益など富んだものは一人占めにせず、分配すること。

・恋愛は、縁があって良好です。
・結婚は、深い関係にあって吉です。
・望み事は、周囲の助けを得て叶います。
・試験は、競争率が高く一歩及ばず不合格。

上爻

既《すで》に雨ふり既に處《とど》まる。
徳を尚《たっと》びて載《の》す。
婦《ふ》貞《ただし》けれども厲《あやう》うし。
月望《つきぼう》に幾《ちか》し。君子征《い》けば凶。

［爻辞の意味］今まで止められていた雨が降ってきて満足している。また、今まで養い蓄えていた徳が車に乗せるぐらいに大きくなった。しかし、女性は力を蓄えると主人を凌《しの》いでしまうので凶である。また、君子は充実するのはよいが、君主を凌ぐようになっては凶である。

象伝

既《すで》に雨ふり既に處《とど》まるは、徳を積んで載すなり。君子征《い》けば凶とは、疑う所有るなり。

占考

今まで順調を得られなかったもの、今まで努力してきた事は、道が開けて吉となる。これから新規に始める事は凶。一段落したものは、これ以上追わない。女性は勢いが強くなる時。

・恋愛は、縁はあっても実りにくい時。
・結婚は、良くない。女性が強くなる。
・望み事は、叶う可能性が大。
・試験は、ギリギリ合格。

10 天澤履《てんたくり》 ䷉

彖辞《たんじ》 虎の尾を履《ふ》む。人を咥《くら》わず。亨《とお》る。

彖伝《たんでん》 履《り》は柔・剛を履《ふ》むなり。説《よろこ》びて乾に応ず。是れを以て虎の尾を踏《ふ》むも人を咥《くら》わず、亨《とお》る。剛にして中正、帝位《ていい》を履《ふ》みて疚《やま》しからず、光《こう》明《めい》なり。

象伝《しょうでん》 上《かみ》天下《しも》澤は履《り》。君子以て上下を辯《べん》じ、民の志を定《さだ》む。

［卦の意］ 履の卦は、踏み行うで、順を踏む、礼を踏む、人の道を踏むという意の卦です。

［卦名の由来］ この卦は、外卦☰乾の強い人、偉い人、社長の後を内卦☱兌の少女、弱い人、新入社員がそそうのないよう、失敗しないよう、怒られないようにビクビクしながら付き従っている象です。

［彖辞の意味］虎の尾の後を礼儀を正しくしてこわごわ付いて行く。しかし、どんなにこわい虎・人でも、礼を尽くして従えば取って食べてしまうようなことはない。逆に礼儀が正しければ目をかけてくれたりで、物事も順調に運ぶ。しかし、道を外れた事をすれば虎は怒り出す。礼儀というのは、簡単な事ですが最も大切なことです。

占断のポイント

■（虎の尾を履む）ビクビクするような非常に危険や不安がある時。警戒し、慎重に行なうこと。
■（礼儀の卦）何事も順を踏み、また礼儀を怠ってはならない。
■従う事は吉。出しゃ張った事や積極的に進む事は凶。
■（一陰五陽卦）モテる。人が集まる。世話苦労がある。骨が折れる。競争が激しい。
■（女子裸身の象）性的欲望が高まり、異性を求める気持ちが強まる時。
■（大離の似卦）明るい。明らかになる等、「離」の象意を使って判断する。

［運勢］運気は慎重運。ビクビクするような非常に危険な状態や不安に陥る事がある時で、慎重に行動すること。物事は順を踏み、礼儀を正して行なえば問題ないが、それを怠りやすい時です。人からの依頼事や世話で苦労したり、性的欲望が強まって、それで失敗しやすいです。

［業績］上がります。

【交渉・取引】相手が強くて調いにくいです。

【交際・恋愛】時間はかかるが順を踏めば叶います。時には性欲だけの交際だったりもします。

【結婚】ビクビクして暮らすことになるので凶。また、他の異性関係を調べること。

【病気】不安を感じることがあっても、医師の指示に従って治療すれば、快方に向かいます。

【待ち人・待つ事】遅れてきます。かなりイライラして待つことになります。

【紛失】すぐには見つかりません。後で見つかります。

【天気】曇りのち晴れ。

【株式】下げから上昇。時には上昇の中に下げる場面があります。

初爻

素履《そり》。
往《い》きて咎《とが》なし。

［爻辞の意味］　素は素質のこと。小細工したり、飾ったりせず、ありのままの素質で付き従う。そのような姿勢で行けば、咎めを受けることはない。

象伝　**素履《そり》の往《い》くは、独《ひと》り願いを行なうなり。**

占考

飾らず、自分の持っているものをそのまま行なって吉を得る時。
援助者もなく、引き立てもない時。
一人で行なう。人と一緒にやる事は凶。
・恋愛は、片思いで終わりがちです。
・結婚は、良くない。性欲だけの場合が多いです。
・望み事は、叶いません。
・試験は、不合格。

道を履《ふ》む坦坦《たんたん》。幽人貞吉《ゆうじんていきち》。

[爻辞の意味] 坦坦《たんたん》は平らな。幽人《ゆうじん》は静かに暮らしている人のこと。二爻は五爻と不応であり、上からの助けがなくて用いられないが、中庸の徳を備えているので、平らな危険のない道を進むことができる。また、欲に惑わされないで静かにしている事を固く守ることが吉である。

象伝

幽人《ゆうじん》貞吉とは、中《ちゅう》自《みずか》ら乱れざるなり。

占考

表面に立たず、静かにしていて吉の時。孤独であるが静かに時期を待つ。田舎に帰るなど引っ込む事には吉。

- 恋愛は、情欲に走る時、注意。
- 結婚は、気は合うが性欲だけで良くないです。
- 望み事は、あきらめた方が良いです。
- 試験は、競争率が激しく不合格。

天澤履

三爻

眇《すがめ》能《よ》く視《み》るとし、
跛《あしなえ》能《よ》く履《ふ》むとす。
虎の尾を履めば、
人を咥《くら》う、凶。
武人大君《ぶじんたいくん》たらんとす。

［爻辞の意味］眇《すがめ》は目が不自由。跛《あしなえ》は足が不自由のこと。目が不自由なのによく見えると言い、足が不自由なのに自分はよく歩けると言い張る。礼を踏み行う卦なのに危険を冒してしまい、虎に噛まれてしまう者なので凶。武人が調子に乗って大君のような振る舞いをする。

象伝　**眇《すがめ》能《よ》く視《み》るも、以て明《めい》有るに足《た》らざるなり。跛《あしなえ》能《よ》く履《ふ》むも、以て與《とも》に行くに足《た》らざるなり。人を咥《くら》う凶は、位当らざるなり。武人大君《たいくん》たらんとするは、志剛なるなり。**

占考　正しい状態ではない。よからぬ事をしている。良くない人と関係している。凶の占断。
・恋愛は、良い縁がない時。性欲に注意。
・結婚は、凶。腐れ縁になりがちです。
・望み事は、あきらめること。
・試験は、力足りず不合格。

四爻

虎の尾を履《ふ》む。
愬愬《さくさく》たれば終《つい》に吉。

［爻辞の意味］ 愬愬《さくさく》は恐れ慎むこと。四爻は臣で五爻の君主に仕える身なので、虎のあとから付いて行く。しかし今、陰の位に陽でいるので心配はあるが、自ら恐れ慎めば吉を得られる。

象伝 **愬愬《さくさく》たれば終《つい》に吉は、志行なわるるなり。**

占考

大変危険な所にいる時。
何事も慎重にし、十分警戒して掛からなければならない時。
自分の力以上の事はやらないこと。
礼を怠らず、柔順に従えば吉。
・恋愛は、性欲にかられている時で注意。
・結婚は、性的欲望が強く、良くないです。
・望み事は、うまく行かないです。
・試験は、今一歩及ばず不合格。

五爻

履《ふ》むことを夬《さだ》む。
貞《ただし》けれども厲《あや》うし。

[爻辞の意味] 夬《さだ》むは決断すること。五爻は君主の位で人の踏むべきところを決める。ただ、応爻も比爻もないので、独断強行に傾きやすく、たとえ正しい事でも不満が出たりの危うさがある。

象伝 **履《ふ》むことを夬《さだ》む。貞《ただし》けれども厲《あや》うしとは、位正当なればなり。**

占考 正しい事をして、それで怨みを買ったりの危うさがある時。
自分の思う事に固執し過ぎたり、行き過ぎたり、やり過ぎで失敗する。
頑固は凶を招く。

- 恋愛は、良い相手に恵まれない時。性欲に注意。
- 結婚は、気が合わず良くないです。
- 望み事は、相手が怖がっている傾向。
- 試験は、ギリギリ合格。

上爻

履《ふ》むことを視《み》て祥《しょう》を考《かんが》う。

其れ旋《めぐ》れば元吉《げんきつ》。

［爻辞の意味］自分が踏み行なって来たことを詳《つまび》らかに考え、良ければそれを守り、間違った事をやっていたら、やり直すようにし、再び過ちを起させないように反省すれば大いに吉である。

象伝

元吉上《げんきつかみ》に在り。大いに慶《よろこ》びあるなり。

占考

自分の行動を反省する時。

前の失敗を繰り返さないようにする。

また、自分の考えだけで行なうのではなく、先輩の意見や前人の行ないを参考にする事。

独断は凶。

・恋愛は、同じ過ちをしがちな時。
・結婚は、良くない。同じ失敗をしやすい。
・望み事は、叶いません。
・試験は、不合格。浪人は合格の可能性大。

11 地《ち》天《てん》泰《たい》

䷊

彖辞《たんじ》

泰《たい》は、小往《しょうい》き大來《だいき》たる。吉にして亨《とお》る。

彖伝《たんでん》

泰は、小往《しょうい》き大來《だいき》たる、吉にして亨《とお》るとは、則《すなわ》ち是れ天地交わりて万物通ずるなり。上下交わりて其の志同《おな》じきなり。内《うち》陽にして外《そと》陰、内《うち》健にして外《そと》順、内《うち》君子にして外《そと》小人。君子の道長《ちょう》じ、小人の道消《しょう》するなり。

象伝《しょうでん》

天地交わるは泰。后《きみ》以て天地の道裁成《さいせい》し、天地の宜《ぎ》を輔相《ほしょう》し、以て民を左右す。

[卦の意] 泰の卦は、やすし、安泰、ゆったりしている、通ずるという意の卦です。

[卦名の由来] この卦は、天に居るべき☰乾が地に下り、地に居るべき☷坤が天に上がり、陰陽交わりて和合し、天地の往来は安泰を得ます。つまり、内卦乾は経営者、外卦坤は従業員で、経営者

と従業員が和合すれば、仕事も楽しく、能率も上がり、両者ともに安泰を得ます。

［象辞の意味］下に居るべき地（陰で小）が上に往き、上に居るべき天（陽で大）が下に来た。これは天の陽気と地の陰気が交わった象で、二気が交わり通じて調和し和合するということは、何事も吉であり、物事もスラスラと運ぶ。

占断のポイント

■今は非常に安泰な時。あるいは、これから安泰になる。
■（通ずる）今まで塞がって通じなかったものは、通ずるようになる。
■安泰を永く維持するように努める。
■（十二消長卦）陽が長じる。伸びる、発展する。
■（三陰三陽卦）異性に縁あり。

［運勢］運気は良好運。良好で安泰な時。今まで不調であった人は順調を得ます。物事は共同で行なった方が良い時。投資で儲かったりしますが、調子に乗らず安泰を維持するように努めること。異性に縁があって、恋人がいなかった人も縁が生じますし、既婚者は浮気の心が動く時。

［業績］上がります。

［交渉・取引］少々時間がかかりますが、まとまります。

[交際・恋愛] 交際は叶います。腰を落ち着けてしまう傾向もあり、チャンスを逸しないこと。
[結婚] 良縁ですし、まとまります。まとまるまでに時間がかかる事もあります。
[病気] だんだんと悪化します。したがって、しっかりと治療すること。
[待ち人・待つ事] 来ます。
[紛失] 手に戻りにくいです。
[天気] 晴れ時々曇り。
[株式] 上下往来しながらも、若干上がります。

初爻

茅《ちがや》を抜《ぬ》くに茹《じょ》たり。
其の彙《たぐい》を以てす。
征《ゆ》けば吉。

［爻辞の意味］彙《たぐい》は仲間のこと。茅を一本を抜き取ろうとすると、陽爻の仲間が一緒に抜けてくる。また、仲間と一緒に進んで行けば吉を得る。

象伝

茅《ちがや》を抜《ぬ》く征《ゆ》けば吉とは、志外に在るなり。

占考

何事も一人でなく、他の人と一緒に行なえば吉の時。
何人かが関係している事が多い。
また、何事も進んで行って吉を得る。
何人か連れだって来る。

・恋愛は、気の合う人と縁があって良好。
・結婚は、良縁です。親または子連れの場合もあります。
・望み事は、積極的に求めていって叶う。
・試験は、ギリギリ合格。

二爻

荒《こう》を包《か》ぬ。馮河《ひょうが》を用《もち》う。
遐遺《かい》せず。朋亡《ともほろ》ぶれば
中行《ちゅうこう》に尚《あ》うことを得《う》。

［爻辞の意味］荒《こう》は荒れた地、馮河《ひょうが》は大河を徒歩で渡る、遐《か》は遠い、遺《い》せずは忘れないこと。荒れた地を耕すように目の届かないところも包み込むようにする器量。大河を徒歩で渡るような勇気。遠くにいる人を忘れないようにする配慮。親しい人だけではなく、幅広く人と接するという公平さ。これらは中道にかなったもので、安泰を永続させる。

象伝

荒《こう》を包《か》ぬ中行《ちゅうこう》に尚《あ》うことを得《う》るは、光大《こうだい》なるを以てなり。

占考

非常に安泰な時。ただし、安泰を維持するために甘い考え、贅沢、楽観視しないように気を引き締め、注意を払うこと。

・恋愛は、良い人と縁があり、交際も順調。
・結婚は、気が合い良縁です。
・望み事は、積極さから思い通り叶います。
・試験は、能力もあり合格。

平《たいら》にして陂《かたむ》かざる无《な》く、往《い》きて復《かえ》らざる无し。難貞《かんてい》なれば咎《とが》无し。恤《うれ》うる勿《なか》れ。其れ孚《まこと》ならば食《しょく》に于《おい》て福《ふく》あり。

［爻辞の意味］ 三爻は泰の盛んな所で内卦の極。平らなものは必ず傾くで、泰平はいつまでも続かない。往ったものは必ず帰って来るので、またいつか泰の時が来る。悩み苦しみの中で正しさを固く守っていれば咎はない。心配するな。誠をもってそれを行っていれば、日食、月食のように欠けた中、衰えた中にも福があるものだ。

象伝

往《い》きて復《かえ》らざる无《な》きは、天地際《まじ》わればなり。

占考

今は安泰で順調。しかし、近い将来崩れて来る。うまく行かなくなる。何事も進む事は控えること。早めにまとめること。

- 恋愛は、縁があって良好。
- 結婚は、良縁だが、移り気を起こしやすい。
- 望み事は、叶うが時間がかかると無理。
- 試験は、ギリギリ合格。

四爻

翩翩《へんぺん》と富まず。其の鄰《とな》りを以てす。戒《いまし》めずして以て孚《まこと》あり。

［爻辞の意味］ 翩翩《へんぺん》は蝶がヒラヒラと身軽に飛ぶ様のこと。鄰《とな》りは五爻を指す。蝶が飛ぶようにヒラヒラとして自分の富を少しも意識しないで五爻のために尽くす。また、下のものを用いるに疑ったり警戒したりせず、誠をもって対処する。

象伝

翩翩《へんぺん》と富まざるは、皆実《じつ》を失うなり。戒《いまし》めずして以て孚《まこと》あるは、中心願《ちゅうしん》うなり。

運気に陰りが出てきている時で、それに気が付かずに突き進むと失敗。自ら富もうとせず、目上や上司に尽くすべし。また、部下や年下を疑ったりせず信頼して好結果を得る。

占考

・恋愛は、縁がある時。
・結婚は、富まない夫婦になりやすく止めた方が良いです。
・望み事は、叶いにくい時。
・試験は、今一歩及ばず不合格。

五爻

帝乙《ていおつ》妹《まい》を歸《とつ》がしむ。
以て祉《さいわい》あり。
元吉《げんきち》。

［爻辞の意味］帝乙は殷の時代の王であり紂王の父。歸は嫁ぐこと。帝乙が自分の娘を優秀な部下に嫁がして、安泰を長く続けるように計った。また、その部下は王を助けるだけの能力を有しているので、福を得られて大いに吉である。

象伝

以て祉《さい》あり元吉とは、中《ちゅう》以て願いを行なうなり。

占考

泰の終りに近づき、運気が下り坂の時。新規に始める事や積極的行動は手控える事。物事によっては、部下など代理人に任せて吉を得る。

・恋愛は、縁がある時。他の紹介が有利。
・結婚は、良縁です。身分など多少差がある傾向。
・望み事は、品物を贈ると叶う可能性大。
・試験は、ギリギリ合格。

上爻

城隍《しろからぼり》に復《かえ》る。
師《し》を用《もち》うる勿《なか》れ。
邑《ゆう》より命《めい》を告《つ》ぐ。
貞《てい》なれば吝《りん》。

［爻辞の意味］隍《からぼり》は平地のようになった堀。師《し》は軍隊のこと。上爻は泰卦の極で安泰の終わり。城壁が崩れて堀を埋めてしまい、堀が平地のようになってしまった。このように運気が衰えた時に軍隊を動かしてもどうしようもない。また、泰の時が極まり、城が崩れ乱世となると、王の命令も全く統制がとれず、各村々から命令が発せられて、正しい道を固く守ろうとしても守れるものではなく、全く吝である。

象伝　城隍《しろからぼり》に復《かえ》るは、其の命《めい》乱れるなり。

占考　運気衰退で、落ちぶれる時。崩れる時。つぶれる時。統制が取れない時。
・恋愛は、うまく行かない時。
・結婚は、凶です。話が駄目になります。
・望み事は、叶いません。
・試験は、実力不足で不合格。

12 天《てん》地《ち》否《ひ》 ䷋

彖辞《たんじ》 否《ひ》は之《こ》れ人《ひと》に匪《あら》ず。君子の貞《てい》に利《よ》ろしからず。大往《だいい》き小來《しょうき》たる。

彖伝《たんでん》 否《ひ》は之《こ》れ人《ひと》に匪《あら》ず、君子の貞《てい》に利《よ》ろしからず、大往《だいい》き小來《しょうき》たるとは、則ち是れ天地交わらずして万物通《つう》ぜざるなり。上下交わらずして天下に邦《くに》なきなり。内《うち》陰にして外《そと》陽、内《うち》柔にして外《そと》剛、内《うち》小人にして外《そと》君子。小人の道長《ちょう》じ、君子の道消《しょう》するなり。

象伝《しょうでん》 天地交わざるは否。君子以て徳を倹《つつ》ましくして難を辟《さ》く。栄《えい》するに禄《ろく》を以てすべからず。

[卦の意] 否の卦は、あらず、塞がって通じないという意の卦です。

[卦名の由来] この卦は、☰乾の天は高くして上

に居り、☷坤の地は低くして下に居る。したがって、両者の間に隔たりが大きくて交わりがない。何かを言っても通じない、届かない。それで塞がって通じないという意となります。

［彖辞の意味］ 否の時、塞がって通じない時は、人としての正しい道を行うことができない。君子といえども、正しい道を固く守っても無理である。否の時は、自然の力は大きく、人間の力が及ばない。また、「泰」の卦から、内卦の☰乾の陽（大）が外卦に往き、外卦の☷坤の陰（小）が内卦に来て、「否」の卦になったところを見て、大が往き、小が来ると言う。それに十二消長卦から、君子の道が衰え、小人の道が盛んになるという意です。

占断のポイント

■塞がって通じない時。物事はうまく行かない。
■（天と地の隔たり）距離がある。離れ離れ。
■（大往き小来る）大きな投資をしても、利益は少ない。出費が多く収入が少ない。
■（十二消長卦）陰が長じる。
■三陰三陽卦ではあるが、異性に縁がない。実を結ばない。
■（対処策）時を待つしかない。

［運勢］ 運気は衰退運。何事も順調を得られない時ですから、新規の事や積極策などすべて隠忍自重して、時運の転換を待つべきです。また、収入よりも出費が多くなる時ですし、

天地否

異性との縁にも恵まれません。
［業績］横ばいの若干下がります。伸びません。
［交渉・取引］まとまりません。
［交際・恋愛］叶いません。相応しい相手でもありません。
［結婚］良縁ではありません。
［病気］長引きますが、次第に快方に向かいます。
［待ち人・待つ事］来ません。
［紛失］手に戻りません。
［天気］雲は出やすいが、おおむね晴れ。
［株式］横ばい。上がるものと下がるものと極端に分かれます。

初爻

茅《ちがや》を抜《ぬ》くに茹《じょ》たり。
其の彙《たぐい》を以てす。
貞吉《ていきち》にして亨《とお》る。

［爻辞の意味］ 彙《たぐい》は仲間のこと。茅を一本抜こうとすると二爻、三爻の陰の仲間も一緒に抜ける。また、否の時は、何事も動かずに正しい道を固く守っていれば吉で、将来必ず通るようになる。

象伝　**茅《ちがや》を抜《ぬ》く貞吉とは、志君《きみ》に在るなり。**

占考

積極的行動や新規に始める事は凶。
物事は人と一緒に行なう。
一つの問題に連なって他の問題も出てくる。
・恋愛は、不調の時。
・結婚は、凶です。次の芽が出るまで待つべし。
・望み事は、叶いません。
・試験は、実力なく不合格。

二爻

包承《ほうしょう》す。小人《しょうじん》は吉。
大人《たいじん》は否《ひ》にして亨《とお》る。

［爻辞の意味］承《しょう》は従うこと。否の時は、人に包まれたり、意見や物事を包み隠したり、人に従って行く。そして、小人は素直に従っていけるので吉である。大人たるも否の時に順応して自ら包み隠し、時の至るのを待てば、将来通る。

象伝

大人は否《ひ》にして亨《とお》るは、群を乱れざるなり。

占考

すべて包み隠して従うこと。
積極策は失敗する。
概《おおむ》ね凶占。
・恋愛は、良い縁に恵まれない時。
・結婚は、止めておいて吉です。
・望み事は、うまく行かないです。
・試験は、実力が及ばず不合格。

三爻

羞《はじ》を包《つつ》む。

［爻辞の意味］ 羞《はじ》は恥のこと。三爻は陰柔不正で力も弱く志も弱い。したがって、何か恥ずかしい事、やましい事を包み隠している。

象伝 **羞《はじ》を包《つつ》むとは、位当らざればなり。**

占考

何かを隠している時。

人に言えない恥ずかしい事、やましい事を隠している。

すべて凶占。

・恋愛は、飾ってもうまく行かない時。

・結婚は、凶です。よからぬ事を考えていたりします。

・望み事は、静かにしていた方が無難。

・試験は、不合格。

四爻

命《めい》有り咎《とが》无《な》し。
疇《たぐい》祉《さいわ》いに離《つ》く。

［爻辞の意味］ 命《めい》は天命。疇《たぐい》は仲間。祉《さいわい》は福のこと。四爻は外卦に移り、否の半ばを過ぎて一歩好転の兆しが表れて来た。その天命の自然に従えば咎を受けることはない。また、君主のために努力する。それによって自分だけが幸福を得るのではなく、仲間も幸福を得られる。

象伝

命《めい》有り咎《とが》无《な》きは、志行なわるるなり。

占考

否の時が峠を越え、塞がって通じなかった事もそろそろ明るく開けてくる。
幸福が自分だけでなく、仲間にも及ぶ。
まだ否の時。積極的に進む事は控えること。

・恋愛は、縁があっても良くない人です。
・結婚は、見送って吉です。
・望み事は、すぐには叶いません。
・試験は、不合格。

五爻

否を休《きゅう》す。大人《たいじん》は吉。
其れ亡《ほろ》びん其れ亡びんとす。
苞桑《ほうそう》に繋《つな》ぐ。

［爻辞の意味］ 苞桑《ほうそう》は桑の細い枝のこと。五爻は剛健中正であり、したがって塞がって通じない状態が一時休止する。それで大人は停止できるので吉であるが、小人は停止できないので凶。また、否の時が終わったわけではないので、亡びるかも知れないと恐れ慎み、桑の細い木に繋がれているようなものと、まだまだ危険な時だと戒めている。

象伝 **大人の吉は、位《くらい》正当なればなり。**

占考

順調を得られなかった事も次第に良くなってくる。明るい見通しが出てくる時。まだ否の時なので危険があり、安心するのは早い。積極的行動は控えること。
・恋愛は、不調の時。
・結婚は、良くない相手です。
・望み事は、今はうまく行かない時。
・試験は、不合格。

上爻

否《ひ》を傾《かたむ》く。先《さき》には否《ふさ》がり後《のち》には喜ぶ。

［爻辞の意味］上爻は否の卦の極であって、否の終わりである。しかし、今すぐは塞がって通じないが、まもなく開けて喜びを得る。

象伝

否《ひ》終われば則ち傾《かたむ》く。何ぞ長《なが》かる可《べ》けんや。

占考

もう少し経てば、今まで塞がって通じなかったものは順調を得る。苦労が報われる時。

・恋愛は、不調。時を待つべし。
・結婚は、良くないです。次の芽が出るのを待つこと。
・望み事は、すぐは難しいです。
・試験は、不合格。

13 天火同人《てんかどうじん》

人と同じくする

彖辞《たんじ》

同人野《や》に于《おい》てす。亨《とお》る。大川《たいせん》を渉《わた》るに利《よ》ろし。君子の貞《てい》に利《よ》ろし。

彖伝《たんでん》

同人は柔・位を得、中を得て、乾に応ずるを同人という。同人野《や》に于《おい》てす、亨《とお》る、大川を渉《わた》るに利ろしとは、乾の行《おこ》ないなり。文明にして以て健、中正にして応ずるは、君子の正なり。ただ君子のみ能《よ》く天下の志を通ずるを為《な》す。

象伝《しょうでん》

天と火とは同人。君子以て族を類《るい》し物を辯《べん》ず。

[卦の意] 同人の卦は、人と同じくする、人と同じという意の卦です。

[卦名の由来] この卦は外卦☰乾の天は上に昇り進み、内卦☲離の火も上に昇り進もうとする性質で、お互い同じ性質から同人というのです。

［彖辞の意味］人と和合するのに蔭でコソコソするのではなく、野原のように広々とした所で公明正大にしてすべきである。そうすれば通る。また、一致協力してやるのであれば、大川を渉るような命懸けの事など大きな事をしてもよろしい。ただし、その行なう事は君子の正しき道を固く守る事が大切であるという。

占断のポイント

■人と一緒にやる事は吉。単独で行なう事は凶。また、人と協力し合って為せば成功する。
■（人と同じ）あまり変わった事をしない方が良い。
■我がままや偏愛を慎み、公平、公明正大を旨とする。
■（一陰五陽卦）モテる。人気を得る。人が集まる。世話苦労が多い。骨が折れる。競争が激しい。

［運勢］運気は良好運。人と調和し、人と協力するように努めれば、順調で吉を得ます。また、良き友人を得たり、良き異性との縁もあります。ただ、人からの依頼事や相談事が多い時で、それで苦労します。

［業績］一致協力して上がります。

［交渉・取引］まとまります。場合によっては、一人よりも複数で当たると良いです。

［交際・恋愛］実ります。恋愛は競争が激しい場合もあります。

［結婚］良縁です。ただし、相手に交際している人がいる場合もあります。

［病気］徐々に快方に向かいます。

［待ち人・待つ事］来ます。待ち合わせの場合、友達と一緒に来たりもします。

［紛失］手に戻りません。

［天気］おおむね晴れ。

［株式］上昇します。

初爻

同人門《もん》に于《おい》てす。咎《とが》なし。

［爻辞の意味］ 人と同じくするには、家の中に居てはいけない。進んで門を出て人と接する事である。また、家の中に居ると私情に偏るが、外に出て和合すれば、その咎はなくなる。

象伝 **門を出《い》でて人と同じくするは、又誰か咎めん。**

占考 内にこもらず、外に進み出て行って吉を得る時。独りよがりでいると凶。他の意見や知識を得るようにすること。人と交わって交際すること。

・恋愛は、一人の異性に固執せず多くの異性と接するべし。
・結婚は、止めておいて吉。もっと多くの異性と接すること。
・望み事は、丁重に依頼すること。
・試験は、競争率が高く不合格。

二爻

同人宗《そう》に于《お》いてす。吝《りん》。

［爻辞の意味］宗《そう》は仲間のこと。人と同じくする時に、自分の仲間だけと和合するのでは吝である。

象伝 **同人宗《そう》に于《お》いてするは、吝道《りんどう》なり。**

占考

人と交際するに、自分の好む人だけと片寄りやすく、それで失敗したり、他の大事なことをおろそかにしがちである。

また、移り気や浮気心を起こしやすい時。

・恋愛は、出会いが多くある時。

・結婚は、社内など身近な人とは良くないです。

・望み事は、一つに絞れば叶います。

・試験は、今一歩実力が足らず不合格。

戎《つわもの》を莽《くさむら》に伏《ふ》せ、
其の高陵《こうりょう》に升《のぼ》る。
三歳《さんさい》興《おこ》らず。

［爻辞の意味］ 戎《つわもの》は兵士。莽《くさむら》は草むらのこと。三爻は二爻と比していて好意を寄せているが、その二爻は五爻と応爻関係にあり、そこで競争相手の五爻を討とうと草むらに兵士を置き、高い丘の上に登って五爻の様子をうかがう。しかし、相手の五爻は剛健中正で強くて隙もない。そして三年という長い間待っても、伏せた兵を挙げることができない。

象伝 **戎《つわもの》を莽《くさむら》に伏するのは、敵剛《ごう》なればなり。三歳興《おこ》らずは、安《いず》くんぞ行《い》かん。**

占考 計り事、いかさま事がある時。欲のために計略を用いる。しかし、うまく行かない時。

・恋愛は、相手を長く待っても期待外れ。
・結婚は、良くない。不倫の場合もある。
・望み事は、勝手な望みで叶いません。
・試験は、競争が厳しく不合格。

四爻

其の墉《かき》に乗るも、攻《せ》むる克《あた》わず。吉。

［爻辞の意味］　墉《かき》は城壁のこと。四爻も三爻と同じく二爻を自分のものにしようと思っている。そこで競争相手である五爻を討とうと城壁に乗って様子をうかがう。しかし、五爻は剛健中正で強いし、守りも固く、なかなか攻めることができない。そこで諦めたので吉である。

象伝　**其の墉《かき》に乗るは、義《ぎ》克《あた》わざるなり。其の吉は、則《すなわ》ち困《くる》しみて則《のり》に反《かえ》るなり。**

占考　今、手がけている事は無理が多い時。いくら努力しても良い結果は得られない。早く諦めた方が吉である。思い切って目的を変えた方が良い。

・恋愛は、ライバルがいたりする時。
・結婚は、望みなし。失恋で終わります。
・望み事は、邪魔が入る時。
・試験は、競争率が高く不合格。

五爻

同人、先《さき》には號咷《ごうとう》し後《のち》には笑う。大師《たいし》克《か》ちて相遇《あいあ》う。

［爻辞の意味］號咷《ごうとう》は大声で叫ぶ。大師《たいし》は大軍。克《か》つは勝つこと。五爻は応爻の二爻と和合したいと思っているが、三爻、四爻がそれを妨害するため、初めは大声で泣き叫んだ。しかし後に、邪魔者たちは勝てないと退散し、五爻は邪魔者たちに勝つことができて喜び笑う。だが、残兵がいるので大軍を動かして征伐し、それらにも勝って二爻と和合できた。

象伝　**同人の先《さき》は、中直《ちゅうちょく》を以てなり。大師相遇《たいしあいあ》うは、相克《か》つを言うなり。**

占考　最初は妨害、障害にあって思うように行かない時。しかし、その困難を打破するように強気・積極的に当たれば、必ず勝つ事ができる。初めは苦労しても後に笑う。
・恋愛は、あきらめずに追いかければ実る。
・結婚は、支障が生じるが目的達成する時。
・望み事は、じっくり待てば叶う時。
・試験は、実力もあり合格。

上爻

同人郊《こう》に于《おい》てす。悔《くい》无《な》し。

[爻辞の意味]　郊《こう》は郊外のこと。上爻は遠く離れた人の少ない郊外で人と接する。人と和合することが少ない。したがって、二爻と遠く離れているし、応爻でも比爻でもないので、あまり興味を持たないので争う事もなく、それなので悔いる事がない。

象伝　**同人郊《こう》に于《おい》てするは、志未《いま》だ得ざるなり。**

占考　何事も意欲的に行動したり、積極的に出たりせず、退いて安泰を得るように努める事。遠く離れて静かにしている時。応援援助がない時。

・恋愛は、交際を求めても応じてくれない時。
・結婚は、凶です。他の縁を探すこと。
・望み事は、叶いません。
・試験は、実力不足で不合格。

14 火天大有《かてんたいゆう》

彖辞《たんじ》 大有《たいゆう》は元《おお》いに亨《とお》る。

彖伝《たんでん》 大有は柔・尊位《そんい》大中を得、而《しこう》して上下これに応ずるを、大有という。其の徳剛健にして文明、天に応じて時に行なう。是れを以て元いに亨《とお》る。

象伝《しょうでん》 火・天上に在るは大有。君子以て悪を遏《とど》め善を揚《あ》げて、天の休命《きゅうめい》に順《したが》う。

［卦の意］ 大有の卦は、大いに有する、大いなるものを保有する、保つこと大なりという意の卦です。
［卦名の由来］ この卦は一陰五陽卦で、その一陰が五爻の君主（社長）の位にいて、五陽の賢い男性を保有し支配しているところからの卦名です。また、太陽が天上にあって輝き、四方を照らす象です。

［彖辞の意味］一陰の君主に五陽の賢い部下が服従している。大いなるものを有しているので、大変盛大で豊富な時で、このような時は物事はすべてうまく運び、物事は成就する。

占断のポイント

■非常に盛んな時。または、これから盛んになる。
■何事もうまく行く。思い通りになる。
■天からの恵みがある時。自然に任せて吉を得る。
■（大いに保有する）大金を得る。
■（一陰五陽卦）モテる。人気が出る。世話苦労がある。競争が激しい。

［運勢］運気は盛運。物事は順調を得ますし、人気を集めたり、良き援助者を得たり、異性との縁も多い時です。臨時収入も多く、思わぬ大金を掴んだりもします。物質面に恵まれ、それで精神的にも余裕ができます。ただ、好調のあまり気が大きくなりやすく、それでの失敗が心配となります。

［業績］順調。上がります。

［交渉・取引］まとまります。

［交際・恋愛］良いです。

［結婚］良縁です。ただし、女性が男性をコントロールする場合があります。

火天大有

［病気］長引きます。重症者は命が危ないと見ます。
［待ち人・待つ事］かなり遅れて来ます。
［紛失］家の中の場合は、かなり後に見つかりますが、外の場合は無理です。
［天気］晴れ。
［株式］上昇します。

初爻

害《がい》に交《まじ》わる无《な》し。
咎《とが》に匪《あら》ず。
艱《なや》めば則《すなわ》ち咎《とが》なし。

［爻辞の意味］ 初爻は、応爻比爻がないので、もっぱらに大いに保つ事に努力し、害となる他のものと交わらない。それによって好調に任せての失敗をしないで済む。また、本来進みたいところを悩み苦しんで、進むのを止めれば咎はない。

象伝 **大有の初九は、害に交《まじ》わるなきなり。**

占考 進みたい気持ちを抑える時。他からの誘い、誘惑があっても乗らないこと。

・恋愛は、不調。誘いには断るべし。
・結婚は、気も合わず止《や》めるべきです。
・望み事は、あきらめて吉。
・試験は、競争が厳しく不合格。

大車《たいしゃ》以て載《の》す。往《い》く攸《ところ》あり。咎《とが》无《な》し。

〔爻辞の意味〕二爻は唯一《ゆいいつ》五爻に応じている。大有の時で、たくさんの荷物を大きな車に乗せる。大きな車なので、進んで事を行なってもよろしい。災いなどの咎めを受けることはない。

象伝 **大車《たいしゃ》以て載《の》するは、中に積《つ》みて敗《やぶ》れざるなり。**

占考

何事も積極的に進むべき時。
消極的はチャンスを逃す。
・恋愛は、良い人と出会いがある時。
・結婚は、良縁です。早く話をまとめる事。
・望み事は、積極的に動いて叶う時。
・試験は、実力もあり合格。

三爻

公用《こうも》って天子《てんし》に享《きょう》す。小人は克《あた》わず。

［爻辞の意味］ 富裕の時。公で仕えるものであって自分のものとせず、すべてを五爻の君主（天子）に捧げる。しかし、小人は損得を考えたりして、君主に捧げるということはしない。

象伝 **公《こう》用って天子《てんし》に享《きょう》すは、小人は害あり。**

占考

運気は盛大の時。

ただし、私欲に走ったり、出し惜しみは凶。協調性を図ること。相手のためにする事は後に吉を得る。しかし、見返りや損得を考えてするのは無理。

・恋愛は、縁はあっても相手に付き合う人がいることが多いです。

・結婚は、見送って吉。新たな人を探す事。

・望み事は、高望みは無理です。

・試験は、背伸びしていて不合格。

四爻

其の彭《ほう》たるに匪《あら》ざれば、咎《とが》无《な》し。

〔爻辞の意味〕彭《ほう》は張る意で盛んなこと。今、勢い盛んであるが、五爻の君主をしのぐ勢いであり、それを抑えて咎がない。勢いに任せて進むと凶となる。

象伝

其の彭《ほう》たるに匪《あら》ざれば咎《とが》无《な》きは、明辯晳《めいべんせき》たるなり。

占考

非常に運気の強い時。物事はうまく運ぶ。しかし、調子に乗って出過ぎた事、行き過ぎ・やり過ぎに要注意。

・恋愛は、縁があり積極さを出すこと。
・結婚は、気が合って良い相手だが強気が心配です。
・望み事は、小さい事は叶うが大きい事は無理です。
・試験は、強気で合格。

五爻

厥《そ》の孚《まこと》、交如《こうじょ》、威如《いじょ》たれば、吉。

［爻辞の意味］陽の位に陰でいる。大有の時を長く持続したいと誠をもって願う。そのためには人と交わりなさい。部下を用いなさい。また、柔中の君主なので、威厳を持てば吉を得る。

象伝

厥《そ》の孚《まこと》、交如《こうじょ》は、信以て志を發《はっ》するなり。威《い》如《じょ》の吉は、易《あなど》りて備え无《な》きなり。

占考

盛運の時。何事も順調に運ぶ。物事によっては人の力を借りること。強力なる部下を用いること。何事にも相手につけこまれないためにも威厳を持つこと。

・恋愛は、縁が多い時。
・結婚は、良縁です。気移りに注意。
・望み事は、叶う時。
・試験は、合格。

天より之《これ》を祐《たす》く。吉にして利《よ》ろしからざるなし。

［爻辞の意味］祐《たす》くは助ける意。大有の時は、天からの恵みがあって助けてくれるからである。したがって、吉にしてよろしくないことはない。

象伝

大有の上の吉は、天より之《これ》を祐《たす》くるなり。

占考

運気は盛んな時。
天からの恵みを受ける時。
思わぬ助けや幸せを得る時。
・恋愛は、良い人に恵まれる時。
・結婚は、良縁です。気が合い良い相手です。
・望み事は、うまく行く時。
・試験は、合格。

15 地山謙《ちざんけん》

䷎

彖辞《たんじ》 謙は亨《とお》る。君子終り有り。

彖伝《たんでん》 謙は亨《とお》る。天道は下済《かせい》して光明《こうめい》。地道は卑《ひく》くして上行《じょうこう》す。天道は盈《み》つるを虧《か》きて謙に益《ま》し、地道は盈つるを変じて謙《けん》に流《し》き、鬼神《きじん》は盈つるを害して謙に福《さいわ》いし、人道は盈つるを悪《にく》みて謙を好《この》む。謙は尊《たっと》くして光《ひか》り、卑《ひく》くして踰《こ》ゆべからず。君子の終りなり。

象伝《しょうでん》 地中に山あるは謙。君子以て多きを裒《あつ》め寡《すく》なきを益《ま》し、物を稱《はか》り施《ほどこ》しを平らかにす。

［卦の意］ 謙の卦は、へりくだる、謙遜するという意の卦です。

［卦名の由来］ この卦は、内卦☶艮は山で、外卦☷坤は地であり、本来地上に高くそびえ立つ山が、

地の下に潜った象から、へりくだっているということです。
[象辞の意味] 謙遜の時で、今は優れた力を有しながら、人の下にへりくだって入る。謙遜の道はやがて通ることになる。しかし、謙遜の道を最後まで遂げられるのは君子で吉を得る。小人は最初はできても、途中でばかばかしくなって挫折してしまう。

占断のポイント

■今は、何事もへりくだって、控え目にすべし。
■実力があっても発揮できない時。
■表面に立つよりも、人に従ってついて行く方が良い。
■(一陽五陰卦)モテる。人が集まる、人気が出る。世話苦労がある。骨が折れる。競争が激しい。
■(大坎の似卦) 悩み、苦労、色難など「坎」の象意を使って判断する。
■(男子裸身の象) 性的欲望にかられる時。

[運勢] 運気は平運。積極的行動を抑え、人の表面に立たず、謙遜を旨として人に従えば無難な時。実力が発揮できない時なので、少々面白くありませんが、今は我慢して運気好転のチャンスを待つべし。また、性欲が強まる時ですが、問題を起こさないよう要注意です。
[業績] 横ばいの若干下がります。

［交渉・取引］まとまりません。

［交際・恋愛］交際は謙虚な姿勢で臨むこと。恋愛は性交だけが目的のことが多いです。

［結婚］良縁ではありません。他に異性がいることもあります。

［病気］長引きます。

［待ち人・待つ事］来ません。

［紛失］発見できません。

［天気］曇りで雨も降ります。

［株式］弱含みの横ばい傾向です。

謙謙《けんけん》。君子用《もっ》て大川《たいせん》を渉《わた》る。吉。

［爻辞の意味］ 初爻は謙の最下位にあり、謙遜の上にも謙遜というところです。君子は態度を慎み、謙の道を踏み行えば、大川を渉るような大きな事、冒険を行っても吉を得られる。

象伝

謙謙《けんけん》たるは、君子卑《ひく》くして以て自らを牧《ぼく》するなり。

占考

へりくだったり、下手に出たり、それで吉を得る時。

また、一般的には今まで通りにコツコツと努力してやって行くのが良い。

・恋愛は、止めておいて無難。性欲で走りやすい時。

・結婚は、見送って吉。性的関係で終わります。

・望み事は、あきらめることです。

・試験は、実力不足で不合格。

二爻

鳴謙《めいけん》。貞吉《ていきち》。

［爻辞の意味］二爻は陰で、三爻の一陽と比している。これを鳥の雌雄に当てて、二爻と三爻とが鳴き交わす。つまり、二爻は三爻に従い習って謙の道を行なう。また正しくして吉である。

象伝

鳴謙《めいけん》貞吉は、中心得るなり。

占考

謙虚にして、人の後から付き従えば吉の時。分外の事に手を出さず、今までやって来た事を堅持してよろしきを得る時。

・恋愛は、交際は避けて無難。性欲にかられている時。
・結婚は、良くないです。性欲に走っている時。
・望み事は、期待通りには行きません。
・試験は、競争が激しく不合格。

三爻

労謙《ろうけん》。君子終り有り。吉。

［爻辞の意味］ 労《ろう》は疲れる意。三爻は一陽五陰卦の主の爻であり、自分だけでなく他の爻を引き連れて謙遜の道に励まねばならないので、責任が重く骨が折れ、疲れる。また、卦辞と同じで、君子は謙遜の道を最後まで貫き通すことができるので、吉を得る。

象伝 **労謙《ろうけん》君子は、萬民《ばんみん》服するなり。**

占考 骨折りや苦労が多い時。しかし、途中でへこたれずに最後までやり抜くこと。
また謙遜して吉を得る時。
男子裸身の象から性的欲望に走る時。
・恋愛は、縁は多いが移り気を起こす時。
・結婚は、身体だけの関係で終わりやすいです。
・望み事は、叶いません。
・試験は、競争率が高く不合格。

四爻

利《よ》ろしからざるなし。
謙を撝《まね》く。

[爻辞の意味] 撝《まね》くは挙げ用いる意。四爻は陰で位が正しいので、へりくだる時にそれができるので利ろしい。また自分を立てず、へりくだって下位の優れた者（三爻）を引き立て挙げ用いる。

象伝

利《よ》ろしからざるなし。謙を撝《まね》くは、則《のり》に違《たが》わざるなり。

占考

何事も控え目にして出しゃ張らず、他を押して良い結果を得る。
・恋愛は、出会いはあるが順調に進まない時。
・結婚は、良くないです。無理しない方が良いです。
・望み事は、叶いそうで叶いません。
・試験は、実力不足で不合格。

富《と》まず。其の鄰《となり》を以《もち》ゆ。用《もち》いて侵伐《しんばつ》するに利《よ》ろし。利ろしからざるなし。

［爻辞の意味］　侵伐《しんばつ》は相手に攻め込む意。五爻は君主の位ですが、自分だけ富もうとしない。また、物事を決めるにも側近の意見を聞く。しかし、あまり謙虚過ぎると馬鹿にされる恐れがある。それで悔って服従しないものがあれば、その時は侵伐すべきである。それでよろしい。

象伝　**用いて侵伐《しんばつ》するに利《よ》ろしきは、服《ふく》せざるを征《せい》するなり。**

占考　いろいろと苦労がある時。
積極的行動は手控え、謙虚・謙遜すべきであるが、あまり消極的過ぎると馬鹿にされることがある。
・恋愛は、交際は避けて無難。後悔となる。
・結婚は、性欲だけ。止めて吉です。
・望み事は、あきらめた方が良いです。
・試験は、実力を発揮できず不合格。

上爻

鳴謙《めいけん》。
用《もち》いて師《し》を行《や》り
邑国《ゆうこく》を征《せい》するに利《よ》ろし。

〔爻辞の意味〕 師は軍隊、邑国は部落の意。上爻は三爻と応爻関係から、鳥の雌雄が鳴き交わす如く謙の道を真似て行なう。それに対し、謙道に不服の部落があれば征伐しなければならない。

象伝

鳴謙《めいけん》は、志未《いま》だ得ざるなり。用いて師《し》を行《や》り邑国《ゆうこく》を征《せい》すべきなり。

占考

何かをしようとすると周囲に反対、妨害するものが現われる。他から疑われる事がある。それに対して強行策や積極的姿勢で解決を図ること。

・恋愛は、性欲にかられていて注意。
・結婚は、性欲だけで結婚後は喧嘩を起こすので凶。
・望み事は、強硬策に出てみること。
・試験は、不合格。

16 雷《らい》地《ち》予《よ》 ䷏

彖辞《たんじ》 予《よ》は侯《こう》を建《た》て師《し》を行《や》るに利《よ》ろし

彖伝《たんでん》 予は剛応じて志行なわれる。順《じゅん》以て動くは予。予は順にして以て動く。故に天地之《かく》の如《ごと》し。而《しか》るに況《いわ》んや侯《こう》を建《た》て師《し》を行《や》るをや。天地順を以て動く、故に日月過《あやま》らずして四時《しじ》たがわず。聖人順を以て動く、即ち刑罰清《きよ》くして民服《たみふく》す。予の時義《じぎ》大いなる哉。

象伝《しょうでん》 雷・地を出《い》でて奮《ふる》うは予。先王以て楽《がく》を作り徳を崇《たっと》び、殷《さか》んに之を上帝《じょうてい》に推《すす》め、以て祖考《そこう》を配《はい》す。

［卦の意］ 予は(1)喜び楽しむ、(2)予め準備せよ、(3)怠るな、という意の卦です。
［卦名の由来］ この卦は、内卦☷坤で地、外卦☳震で春。地上に春が来た、それで「喜び楽しむ」。

また、衣更えなどは冬物から春物に「予め準備する」。また、春を迎えてポカポカ陽気となると気の緩みが生ずるので「怠るな」と戒めています。

[象辞の意味] 平和の時こそ油断して危ない。そこで、各地域を守る大名を用いて、不意に襲ってくる外部からの侵略者に対し、予め軍隊を備え、訓練しておくことがよろしい。

占断のポイント

■喜び楽しむ。予め準備せよ。怠るなの意。

■(地上に春、地上に奮う雷)芽が出る、世に出る時。今まで下積み生活をしていた人は世に認められる。

■新規計画は実行に移して吉。

■趣味や楽しさに溺れる危険がある時。

■(侯を建て)代理人を用いて吉を得る。

■(一陽五陰卦)モテる。人が集まる。人気が出る。世話苦労がある。競争が激しい。

■(大坎の似卦)悩み、苦労、色難など「坎」の象意を使って判断。

[運勢] 運気は良好運。明るく楽しい時。また、今まで不調であった人、下積みで努力して来た人は、運気が明るく開けて発展します。地位や給料が上がったり、恋人を得たり、喜び楽しい事が多い時。ただし、調子に乗り過ぎたり、遊びに溺れての失敗もしやす

い時です。
［業績］上がります。
［交渉・取引］まとまります。代理人に任せるのも一策です。
［交際・恋愛］叶います。楽しい交際ができます。
［結婚］良縁です。ただし、他に異性がいる場合もあります。
［病気］次第に悪化します。
［待ち人・待つ事］家を出ていますが遅れます。
［紛失］手に戻りません。
［天気］曇りのち晴れ。
［株式］上昇します。

初爻

鳴予《めいよ》、凶。

［爻辞の意味］初爻は応爻の四爻を真似て鳴く。しかし、最下位で未熟なので、真似て行なおうとしても無理であり凶となる。

象伝 **初六の鳴予《めいよ》は、志窮《きわ》まりて凶なり。**

占考

何事も時期尚早。未熟のため良い結果は得られない。

付き従いたくなる人が現われるが、凶。見込み違いを起こす時。

・恋愛は、うまく行きそうでも、裏切られたりします。

・結婚は、気が合っていてもよくない。裏切られたりします。

・望み事は、高望みしていて叶いません。

・試験は、背伸びしていて不合格。

石に介《かい》す。日を終えず、貞吉《ていきち》。

[爻辞の意味] 介《かい》は境、ここでは身を守る意。楽しさに溺れないように石の如く固く身を守る。また、歓楽に入った時は、それに気付いて一日が終わらないうちに速やかに離れ去る。そのように正しさを固く守って吉である。

象伝 **日を終えず貞吉は、中正を以てなり。**

占考 余計な手だしや口出しをせず、守るところを守って吉。

間違った事に気づいた時は、グズグズしないで速やかに改めること。

・恋愛は、出会いはあっても手控えて無難。

・結婚は、良くない。手を引いた方が良いです。

・望み事は、分外の望みで叶いません。

・試験は、実力不足で不合格。

三爻

盱《みあげ》て予《たの》しむ。悔《く》ゆること遅《おそ》ければ悔い有《あ》らん。

［爻辞の意味］盱《みあげ》ては上を望み見る意。三爻は四爻と比しているところから、四爻の真似をしようと上を望み見る。しかし、自分にはまだ無理だと過ちに気付くのが遅れれば後悔する事になる。

象伝　**盱《みあげ》て予《たの》しむ悔《く》いあるは、位《くらい》当らざるなり。**

占考

望んでいる事は背伸びをしている時。間違っている事が多い。それに早く気づいて改めないと後悔する事になる。

・恋愛は、理想が高すぎて叶いません。
・結婚は、気は合っても身を引いた方が良い相手です。
・望み事は、高望みの傾向で叶いません。
・試験は、高望みで不合格。

由《よ》りて予《たの》しむ。
大《おお》いに得《う》るあり。
疑《うたが》う勿《なか》れ。
朋《とも》盍《あい》簪《あつま》る。

［爻辞の意味］ 簪《あつま》るはかんざしで髪を束ねる意。四爻の一陽に陰が寄り集まって楽しむ。また、大いに得るものがある。しかし、王をしのぐほどの勢いを増すと自分が王になってはという欲・疑惑を抱きやすいが、今はかんざしで髪を束ねるように、衆陰を集めるだけである。

象伝

由《よ》りて予《たの》しむ大いに得るあるは、志大いに行なわるるなり。

人が集まって来たり、人気が出る時。楽しい時。

占考

得るものが多い時。野望は抱かない事。世に出る時。

・恋愛は、縁が多くある時。
・結婚は、良縁でも移り気に注意。
・望み事は、気移りしなければ叶います。
・試験は、合格。

五爻

貞疾《ていしつ》。恒《つね》に死《し》せず。

［爻辞の意味］ 五爻は陽の位に陰でいるので力が弱く、楽しむに当たって四爻に心を煩わされて大変不愉快である。しかし、今はその運気を悟って常にすれば、自らを失うことはない。

象伝

六五の貞疾《ていしつ》は剛に乗るなり。恒《つね》に死《し》せざるは、中《ちゅう》未だ亡《ほろ》びざるなり。

占考

何事も思い通りに行かない時。

しかし、思い通りに行かないことが、かえって失敗や破滅しないですむ時。

積極的に出ると凶。

・恋愛は、邪魔者や支障が生じて苦労します。
・結婚は、良くないです。相手の遊びや浮気で苦労します。
・望み事は、支障が生じて叶いません。
・試験は、競争が激しく不合格。

上爻

冥予《めいよ》。
成《な》れども渝《かわ》り有れば
咎《とが》なし。

［爻辞の意味］　冥《めい》は暗い、渝《かわ》りは変わる意。上爻は悦楽の極で楽しみに耽って心が暗くなっている。しかし、楽しさに溺れた心から善に気持ちが変われば、災いから逃れることができる。

象伝　**冥予《めいよ》上《かみ》に在り。何ぞ長かるべけんや。**

占考

遊びに耽ったり、好むものに溺れて身の破れを招く時。
今やっている事を見直して改めること。新規に行なう事は凶。

・恋愛は、楽しむ事に溺れやすく凶。
・結婚は、良くないです。他の縁を求めるべきです。
・望み事は、叶いません。方針を改めるべきです。
・試験は、実力不足で不合格。

17 澤《たく》雷《らい》隨《ずい》 ䷐

彖辞《たんじ》

隨《ずい》は、元《おお》いに亨《とお》る貞《てい》に利《よ》ろし。咎《とが》なし。

彖伝《たんでん》

隨《ずい》は、剛来たりて而《しこう》して柔に下《くだ》る。動きて説《よろこ》ぶは隨《ずい》。大いに亨る貞にして咎なし、而《しこう》して天下・時に隨《したが》う。隨時《ずいじ》の義《ぎ》大いなる哉《かな》。

象伝《しょうでん》

澤中《たくちゅう》に雷《らい》有るは隨《ずい》。君子以て晦《くら》きに嚮《むか》い入りて宴息《えんそく》す。


［卦の意］隨の卦は、従うという意です。

［卦名の由来］この卦は、今季節が外卦☱兌の秋になって、内卦☳震の雷は勢いを弱めて潜んでいる。雷が時に従っている象。

［彖辞の意味］今は時に従っておとなしくしているしかないが、また時を得て、つまり秋が過ぎ、冬が過ぎ、そして春になれば雷は本来の勢いを発揮できる。従うべき時は従わなければならない、

それで咎なしである。

占断のポイント

■人に従い、事に従い、時に従って吉を得る。それに逆らうと凶を招く。
■流行に従うなど臨機応変に行なうこと。
■従わさせられてしまう事もある。
■勢いが弱い時。何事も進出、積極策より退き守った方が良い。
■(三陰三陽卦)異性に縁がある時。

［運勢］運気は良好運。悪い運勢ではありませんが、勢いが弱い時。何事も人の先頭に立ったり積極的行動は慎んで、人の意見に従っていて吉を得ます。また従わさせられる事がありますが、それに逆らうと凶。異性に縁がある時です。

［業績］横ばいです。

［交渉・取引］気長に対応する事。相手に従わさせられる事もあります。

［交際・恋愛］相手のペースに従えば実を結びます。

［結婚］女性は吉です。男性は従わさせられる点から少々面白くないところがあります。

［病気］長引きます。

［待ち人・待つ事］遅れて来ます。

［紛失］手に戻りません。
［天気］晴れのち曇り。
［株式］横ばいです。

澤雷随

初爻

官渝《かんかわ》るあり。
貞《てい》にして吉。
門を出《い》でて交《まじ》われば
功《こう》あり。

［爻辞の意味］ 官《かん》は役人、渝《かわ》るは変わる意。役人は、そう簡単に仕事を変えるべきではないが、時に従って変わる事もある。変わる事に正しく従って吉である。また、家に引っ込んでいないで外に出て行って他の人と交際すれば良い事がある。

象伝

官渝《かんかわ》るあるは、正《せい》に従えば吉なり。門を出《い》でて交《まじ》われば功《こう》あるは、失わざるなり。

占考

いろいろと変化がある時。
門を出て世間・市場を知ること。
広く交際するようにすること。

・恋愛は、殻を破って積極的に動いて吉。
・結婚は、今の人に固執せず相手を変えて吉です。
・望み事は、ジッと待っていては叶いません。
・試験は、受ける所を変えて吉です。

二爻

小子《しょうし》に係《かか》わりて、丈夫《じょうふ》を失《うしな》う。

［爻辞の意味］小子《しょうし》は初爻の事で力の弱い者、丈夫《じょうふ》は五爻の事で力の強い者の意。二爻は、従うものが比している初爻と応爻の五爻の二つあって、どちらにするか迷う。しかし、どうしても身近にいる初爻に引かれてしまって、本来の正しい相手を失うことになる。

象伝 **小子《しょうし》に係《かか》わるは、兼《かね》・與《とも》にせざるなり。**

占考

小さい事に係わって大きい事を失う時。小利を追って大利を失う。

・恋愛は、よく相手を見定めること。

・結婚は、身近な人に走っていて、これから現われる良い人を逃す時。

・望み事は、小さい事は叶うが大きい事は叶いません。

・試験は、不合格。

丈夫《じょうふ》に係《かか》わりて、小子《しょうし》を失う。随《したが》いて求《もと》むるあれば得《う》。貞《てい》に居《お》るに利《よ》ろし。

［爻辞の意味］三爻は、五爻・初爻とは応でも比でもない。従うに当たって、五爻に従うのが当然なので、初爻を失うことになる。また、五爻へ従い求めて行けば叶う。正しい方に従うべし。

象伝

丈夫《じょうふ》に係《かか》わるは、志下《しも》を舎《す》つるなり。

占考

大きい方に従い、小さい方を捨てる。上位に従い、下位の方をあきらめる。道理に従い、私情を捨てる。

- 恋愛は、二人と付き合って、どちらにするか迷います。
- 結婚は、年が上、家柄が上の人に積極的に求めること。
- 望み事は、一つに絞ること。
- 試験は、力及ばず不合格。

四爻

随《したが》いて獲《う》る有り。
貞《ただ》しけれども凶。
孚《まこと》有り道に在り。
以て明《あき》らかならば
何《なん》ぞ咎《とが》あらん。

［爻辞の意味］獲《う》るは集まる意。今、自分のところに従い集まってくる人が多い。五爻をしのぐ勢いであるが、四爻は臣の位にあり、集まって来る人を自分の内に包み容れて地位を固めたりすると、臣の道に反して凶である。したがって四爻はおごらず、五爻の君に誠を尽くし、従う姿勢を明らかにして示せば何の咎めはない。

象伝

随《したが》いて獲《う》る有るは、其の義凶なり。孚《まこと》有り道に在るは、明《めい》の功《こう》なり。

占考

いろいろなものが集まって来る時。
調子に乗って威張ったりするのは凶。
目上や上司から疑われる事あり。疑いの目で見られる事がある。
・恋愛は、出会いが多い時。
・結婚は、あまり良くない。筋を通すこと。
・望み事は、誠心誠意をもって頼むこと。
・試験は、不合格。

五爻

嘉《よ》きに孚《まこと》あり。吉。

［爻辞の意味］随の従うに当たって、誠を以て従うので吉である。

象伝

嘉《よ》きに孚《まこと》あり吉は、位《くらい》正中なればなり。

占考

目上や部下から信頼を得ますし、皆が誠意をもって従う時。

何事も順調を得る。

物事によっては、一人で行なうより協力者と一緒に行なうと良い。

・恋愛は、良い相手に恵まれる時。

・結婚は、気も合い誠の心があって良縁です。

・望み事は、誠意をもって頼めば叶います。

・試験は、ギリギリ不合格。補欠。

上爻

之《これ》拘係《こうけい》す。
乃《すなわ》ち従《したが》いて之《これ》を維《つな》ぐ。
王用って西山《せいざん》に享《きょう》す。

［爻辞の意味］ 之《これ》は庶民の心を指す。拘係《こうけい》は繋ぎとめておく意。庶民の心を綱で縛って動かないようにする。それは実際に縛らなくても、目に見えない糸のようなもので繋がっている。その意味で、王は西山に祖先の墓を祀った。

象伝 **之《これ》拘係《こうけい》するは、上窮《かみきわ》まるなり。**

占考 義理など何かに心が繋がれていて自由に動けない時。反面、部下や協力者が自分のために団結して働いてくれる。

・恋愛は、心が縛られていて離れられない状態になります。
・結婚は、離れられない人だが良くない。
・望み事は、なかなか叶いません。
・試験は、力不足で不合格。

18 山風蠱《さんぷうこ》 ䷑

彖辞《たんじ》

蠱《こ》は元《おお》いに亨《とお》る。大川《たいせん》を渉《わた》るに利《よ》ろし。甲《こう》に先《さき》だつこと三日《さんじつ》。甲《こう》に後《おく》るること三日。

彖伝《たんでん》

蠱《こ》は剛上《のぼ》りて柔下《くだ》る。巽《したが》いて止まるは蠱。蠱は元《おお》いに亨《とお》りて天下治《おさ》まるなり。大川を渡《わた》るに利《よ》ろしとは、往《い》きて事あるなり。甲《こう》に先《さき》だつこと三日《さんじつ》。甲に後《おく》るること三日とは、終れば則《すなわ》ち始まり有り。天行なり。

象伝《しょうでん》

山下に風有るは蠱《こ》。君子以て民を振《ふ》るい徳を育《やしな》う。

［卦の意］蠱《こ》は、腐る、乱れる意であり、破れを繕《つくろ》い、再建するという卦です。

［卦名の由来］この卦は、内卦☴巽の風が、外卦☶艮の山に遮られて吹き抜けることができない状

態。風通しが悪いとカビがはえ、物が腐ることになり、それで蠱《こ》という。

［彖辞の意味］今の腐った状態、腐ったものを早く取り除けば、大いに通るようになる。順調に運ぶようになる。また、腐ったものを取り除くためには、大川を渉るように命懸けで行うこと。それを決するには三日前に準備して、実行し、三日後には成果をあげるように速やかに行うべきである。

占断のポイント

■腐った状態の時。
■物事は渋滞する。
■乱れが生じている時。
■再建に努めること。
■（三陰三陽卦）腐れ縁になりやすい。

［運勢］運気は自重運。良い運勢ではありません。物事も渋滞して思うように運びませんし、マンネリ化を来したり、気持ちも腐った状態に陥ります。
対処策としては、新しい事に挑戦したり、改革を行なって腐った状態を早く改める事です。よくない異性と縁がある時、要注意です。

［業績］下がります。

山風蠱

［交渉・取引］不調。腐った状態に陥ります。

［交際・恋愛］思い止まる事。嫌な関係となります。

［結婚］良くありません。腐れ縁になっている場合は、思い切って早く清算することです。

［病気］ジワジワと悪化します。早めに思い切った処置をすること。

［待ち人・待つ事］来ません。

［紛失］手に戻りません。

［天気］曇りで時々日が差す。風がなく蒸し暑い日。

［株式］横ばい。次第に下がります。

初爻

父の蠱《こ》を幹《かん》す。
子《こ》あれば考咎《ちちとが》なし。
厲《あやう》けれども終《つい》に吉。

［爻辞の意味］ 父の蠱は父の失敗。幹《かん》は中心になって処理する。考《ちち》は亡き父の意。父の作った債務を子が負って返済に当たる。父としては子がいたので咎めを受けずに済む。しかし、子としては初爻で力が弱いので骨が折れるが、終には吉を得る。

象伝 **父の蠱《こ》を幹《かん》するは、意《い》・考《ちち》に承《う》くるなり。**

占考

先の人が作った失敗や借金の後始末をさせられる時。

また、積極的に行動し努力すれば吉を得る。完済できる。

自分の失敗は、部下や子供に任せて退く。

・恋愛は、良くない人と縁がある時。
・結婚は、身を引くべし。
・望み事は、叶いません。
・試験は、壁が厚くて不合格。

山風蠱

母の蠱《こ》を幹《かん》す。
貞《てい》にすべからず。

〔爻辞の意味〕母の作った失敗に、もっぱら事に当たる。また、母は女性なので蠱《こ》を是正するには、あまり頑固さ強硬さ、きびしくしてはいけない。

象伝　**母の蠱《こ》を幹《かん》するは、中道を得るなり。**

占考

後始末をさせられる時。
母の代わりをする時。
腐敗を修復するのに強硬策・強硬的態度で行なってはならない。

・恋愛は、苦労するので交際は避けて無難。
・結婚は良くないです。母親とうまく行きません。
・望み事は、思い止まるべし。
・試験は、不合格。

三爻

父の蠱《こ》を幹《かん》す。小《すこ》しく悔《くい》あるも、大《だい》なる咎《とが》なし。

［爻辞の意味］ 父の作った失敗を繕うために、もっぱら事に当たるが、少し行き過ぎ・やり過ぎの傾向がある。それで少々後悔する事があるが、蠱《こ》を正す志があり、大きな災いを受けないで済む。

象伝 **父の蠱《こ》を幹《かん》するは、終《つい》に咎《とが》無《な》きなり。**

占考

腐敗が進んで大きくなって来ている時。それを是正するのに相当苦労する。小さな悔いもある時だが、途中で投げ出さないで最後までやり遂げること。

・恋愛は、良い人に恵まれない時。
・結婚は、良くないです。古い関係があって話が進みません。
・望み事は、叶いません。
・試験は、不合格。

四爻

父の蠱《こ》を裕《ゆた》かにす。
往《い》けば吝《りん》を見る。

［爻辞の意味］　四爻は陰柔不才のため、父の失敗を繕うどころか、その敗れを増大させてしまう。したがって、強いて進んで行けば吝をみる。

象伝　**父の蠱《こ》を裕《ゆた》かにするは、往《い》きて未《いま》だ得《え》ざるなり。**

占考

力が弱く、破れを大きくしてしまう時。無理して進めば凶。何事も退き守った方が良い。

・恋愛は、不調の時。
・結婚は、苦労するので身を引くべし。
・望み事は、叶いません。
・試験は、不合格。

五爻

父の蠱《こ》を幹《かん》す。
用《もっ》て誉《ほま》れあり。

〔爻辞の意味〕五爻は君主ですが、父の敗れを中心となってもっぱら事に当たる。また二爻と応爻であり、二爻の助けもあって、父の敗れを立派に成し遂げ、名誉を得る。

象伝 **父の蠱《こ》を幹《かん》し用《もっ》て誉《ほま》れあるは、承《う》くるに徳を以てすればなり。**

破れを繕う事ができる時。
腐敗が一掃して好転する。
新しい気分になる時。
物事によっては有力なる協力者の力を借りること。

占考

・恋愛は、縁はあっても良くない人です。
・結婚は、良くないです。腐れ縁は早く清算すべきです。
・望み事は、すぐには叶いません。
・試験は、力及ばず不合格。

上爻

王侯《おうこう》に事《つか》えず。
其《そ》の事《こと》を高尚《こうしょう》にす。

［爻辞の意味］事《つか》えずは王や侯に仕えない。其の事は自分のやりたい事の意。上爻は山風蠱《こ》の極であり、腐敗が整い治まった。したがって、もう王や諸侯に仕えずに、これからは自分がやりたい事を高く尚ぶ。

象伝

王侯《おうこう》に事《つか》えざるは、志則《のっと》るべきなり。

占考

煩わしい事や嫌な事から逃げ出したい時。
また逃げ出して吉。
引退占には良い。
・恋愛は、不調の時。無理しないこと。
・結婚は、良くないです。早く新しい相手を探すべし。
・望み事は、協力者も得られず叶いません。
・試験は、不合格。

19 地澤臨《ちたくりん》

䷒

彖辞《たんじ》 臨《りん》は、元《おお》いに亨《とお》る貞《てい》に利《よ》ろし。八月に至《いた》りて凶あらん。

彖伝《たんでん》 臨は、剛浸《すす》みて長《ちょう》ずるなり。説《よろこ》びて順《したが》い、剛中《ごうちゅう》にして応《おう》ず。大いに亨《とお》りて以て正しきは、天の道なり。八月に至《いた》りて凶あるとは、消《しょう》すること久《ひさ》しからざるなり。

象伝《しょうでん》 澤上に地あるは臨。君子以て教思《きょうし》すること窮《きわ》まりなく、民を容保《ようほ》すること疆《かぎ》りなし。

[卦の意] 臨の卦は、のぞむ、上から下をのぞみ見るという意の卦です。

[卦名の由来] この卦は、☷坤の地の下に☱兌の沼ある象で、沼の淵から沼の中に良い魚はいないか臨み見る。それで臨むという。

[彖辞の意味] 臨の卦は十二消長卦で陽が長じる

勢いから、物事が大いに通る、スラスラ運ぶという。しかし、八ヵ月後には、䷓観の卦となり、陰が強くなるので凶という。

占断のポイント

■（十二消長卦）陽が長じるところから勢いがある。伸びる。
■運気が上昇、盛運に向かう。
■（大震の象）進む、上がる、にぎやか等「震」の象意を使って判断。
■（上から下を臨む）目上や上司から目をかけられる。

［運勢］運気は発展運。運気上昇して、盛運に向かう時。勢いに乗って何事も順調を得ます。新しい事を始めたくなる時。また、目上や上司から引き立てを受けたり、地位や給料が上がったりします。

［業績］上がります。

［交渉・取引］まとまります。

［交際・恋愛］積極的に求めて行けば実ります。

［結婚］良縁です。相手があまり乗り気でない場合もあります。

［病気］徐々に悪化します。

［待ち人・待つ事］来ます。時には相手にその気がなくて、すぐに来ない事もあります。

［紛失］手に戻りません。道路で落としたか、乗物の中で無くしたとみられます。
［天気］おおむね晴れ。
［株式］上昇します。

咸《かん》じて臨《のぞ》む。貞《てい》にして吉《きち》。

［爻辞の意味］　咸は自然と感じること。皆が感じること。初爻は四爻と応爻であり、お互いに感応する。また、人に臨むに正しい道を行うので吉である。

象伝

咸臨貞吉《かんりんていきち》は、志正《ただ》しきを行《おこ》なうなり。

占考

何事も人と力を合わせて行なえば吉を得られる。

目上や上司から引き立てられる。

・恋愛は、求めて行けば吉を得ます。

・結婚は、気が合い良縁です。良い家庭を築けます。

・望み事は、叶います。

・試験は、合格。

二爻

咸《かん》じて臨《のぞ》む。吉《きち》。
利《よ》ろしからざる无《な》し。

［爻辞の意味］二爻は五爻に感応する。五爻の君主に信任されて、臨むところ吉にしてよろしい。

象伝

咸《かん》じて臨《のぞ》む吉《きち》にして利《よ》ろしからざる无《な》しとは、未だ命《めい》に順《したが》わざるなり。

占考

運気が強い時で盛運。
何事も積極的に行なって吉を得る。
目上や上司から引き立てを受ける。
・恋愛は、気の合う良い人と縁がある時。
・結婚は、気が合い良縁です。夫婦円満で発展します。
・望み事は、思い通りに叶う時。
・試験は、合格。

三爻

甘《あま》く臨《のぞ》む。
利《よ》ろしき攸《ところ》无《な》し。
既《すで》に之《これ》を憂《うれ》えれば咎《とが》なし。

［文辞の意味］　人と接するに口先がうまく、甘い言葉で取り繕うとするのでよろしくない。しかし、すでに心配して改心すれば咎はない。

象伝

甘《あま》く臨《のぞ》むとは、位《くらい》当《あた》らざるなり。既《すで》に之《これ》を憂《うれ》えれば、咎長《とがなが》からざるなり。

占考

人を甘く見たり、事を甘く見くびったり、口先だけで処理しようとする時で、それで失敗する。

巧言令色ではうまく行かない。

・恋愛は、縁はあっても甘い言葉を信じて後悔する時。
・結婚は、相手の口先に甘く臨んで失敗する時。
・望み事は、うまく行きそうで叶わない時。
・試験は、甘く臨んで不合格。

四爻

至《いた》りて臨《のぞ》む。
咎《とが》无《な》し。

［爻辞の意味］四爻は、応爻である位の一番低い初爻の所へ自ら至りて臨む。また、相臨み交わり親しむので咎はない。

象伝

至《いた》りて臨《のぞ》むの咎《とが》无《な》きは、位《くらい》当ればなり。

占考

何事も自分から進んで親しみ交わること。物事によっては部下や有能な人を用いて当たらせると良い結果を得られる。

・恋愛は、積極的に交際を求めて行けば叶う時。
・結婚は、気が合い良縁です。女性が男性を求める傾向。
・望み事は、思い通り叶います。
・試験は、ギリギリ補欠。

五爻

知《し》りて臨《のぞ》む。大君《たいくん》の宜《ぎ》。吉《きち》。

〔爻辞の意味〕知は知恵、大君は君主、宜はよろしい意。五爻の君主は、応爻の二爻の賢人の英知を臨む。君主としては、臨む道に於いて当然の事であり、よろしい。吉である。

象伝

大君《たいくん》の宜《ぎ》は、中《ちゅう》を行《おこ》なうを謂《い》うなり。

占考

順調な時。良き協力者を得る。

物事によっては自分が直接当たらず、部下など代理人を用いて吉を得られる。

・恋愛は、気の合う人と出会いがあって良好です。

・結婚は、気が合い良縁です。円満な家庭を築けます。

・望み事は、思い通りに叶います。

・試験は、ギリギリ合格。

上爻

敦《あつ》く臨《のぞ》む。吉《きち》。
咎《とが》なし。

［爻辞の意味］上爻は卦の極であり、臨むに当たって深くて厚い。三爻のように甘く臨んだりせず、慎重を期して臨むので吉であり、咎はない。

象伝

敦《あつ》く臨《のぞ》むの吉《きち》は、志内《うち》に在るなり。

占考

これ以上進む事は控えて、内部を整える時。何事も慎重を期して行なうこと。自分の意見に固執せず、部下など有能な人の意見を取り入れて吉。

・恋愛は、異性を求める気持ちは強いが不調です。
・結婚は、良くないです。新たな人を探すべし。
・望み事は、叶いません。
・試験は、ギリギリ不合格。

20 風《ふう》地《ち》観《かん》

䷓

彖辞《たんじ》 観《かん》は盥《てあら》いて薦《すす》めず。孚《まこと》ありて顒若《ぎょうじゃく》たり。

彖伝《たんでん》 大観上《たいかんかみ》にあり、順《じゅん》にして巽《そん》、中正《ちゅうせい》以て天下に観《しめ》す。観《かん》は盥《てあら》いて薦《すす》めず、孚《まこと》ありて顒若《ぎょうじゃく》たりとは、下《しも》観《み》て化《か》するなり。天の神道《しんどう》を観《み》るに四時《しじ》たがわず。聖人《せいじん》神道を以て教《おし》え設《もう》け、而《しこう》して天下服《ふく》す。

象伝《しょうでん》 風地上を行くは観《かん》。先王以て方《ほう》を省《かえり》み、民を観《み》て教《おし》え設《もう》く。

［卦の意］ 観《かん》の卦は、見る、観察する、下から上を仰ぎ見るという意の卦です。

［卦名の由来］ この卦は、☷坤の地に☴巽の大木がそびえ立ち、それを見上げ見る象であり、二陽が上にあって、それを四陰が仰ぎ見て、求めると

いう象です。

［象辞の意味］神に対し畏敬《いけい》を以て手を洗い清め、心を清めて対することで、神前にお供え物をする場合も、手を洗い心を清めるまではしてはいけない。また、お供え物もあまり飾り立てたりせず、誠を奉仕する。それに君主が神に対し畏敬を以て厳然《げんぜん》とした姿勢で行えば、民も君主を仰ぎ見て、これに従う。

占断のポイント

■精神的な面は吉ですが、物質的な事には凶である。
■（下から上を見上げる）目上や上司に従うこと。
■上位の者にとっては、人から尊敬される時。
■（大艮の象）何事も止まるべし。
■（十二消長卦）陰が長じる衰退の時。

［運勢］運気は慎重運。運気的には弱い時。積極的行動を手控えて現状を維持するように努めること。また、精神的な事には恵まれますが、物質面には恵まれない時。盗難に要注意です。

［業績］だんだんと下がって行きます。

［交渉・取引］不調。長引きます。

風地観

［交際・恋愛］一回では実りません。
［結婚］良縁ではありません。どちらかと言うと女性の方が強いです。
［病気］長引きます。
［待ち人・待つ事］かなり待たされます。来ない時もあります。
［紛失］手に戻らないです。一面、家の中にあります。
［天気］曇り。
［株式］あまり動きはありませんが、下がり気味。

初爻

童観《どうかん》。小人《しょうじん》は咎《とが》なし。君子《くんし》は吝《りん》。

［爻辞の意味］初爻は最下位であり、陰柔のところから、幼い見方、低級の観察をする。それは小人の見方であって、小人としては咎めを受けない。しかし、君子のような学識のある人は吝である。

象伝　**初六の童観《どうかん》は、小人の道なり。**

占考

見方や考え方が幼稚で正しくなく、それで失敗する。自分だけの判断で行なわず、他の意見を聞き入れること。

・恋愛は、良い相手との縁がない時。
・結婚は、良くないです。よく相手を見定めること。
・望み事は、叶いません。
・試験は、力不足で不合格。

闚《うかが》い観《み》る。女の貞《てい》に利《よ》ろし。

[爻辞の意味] 闚《うかが》いはのぞき見る意。家の障子の隙間から外の様子をのぞき見る。女性は女性らしくて良いが、男性としてはそのような狭い観察では、広く世の中の事を観察できない。

象伝 **闚《うかが》い観《み》る、女の貞《てい》は、亦《また》醜《は》ずべきなり。**

占考 何事も視野が狭く、事の一部しか見ずに行動して失敗する時。
世間の状態を知らない。
新規に行なう事は凶。
・恋愛は、縁はあっても消極的になって実りにくいです。
・結婚は、良くないです。よく相手を観察すること。
・望み事は、叶いません。
・試験は、実力不足で不合格。

三爻

我《わ》が生《せい》を観《み》て進退《しんたい》す。

［爻辞の意味］三爻は内卦の極。観の道に於いて自分をよく顧みて進むべきか、退くべきか、考える。

象伝 **我《わ》が生《せい》を観《み》て進退《しんたい》するは、未《いま》だ道を失わざるなり。**

占考

よく反省すること。

自分の殻の中にこもりたくなる傾向にある。分相応の事を行なうべきである。

・恋愛は、高望みし過ぎの傾向です。堅実な相手を探すべし。

・結婚は、良くないです。高望みをしています。

・望み事は、分相応の望みならば叶います。

・試験は、実力不足で不合格。

国の光《ひかり》を観《み》る。
用《もち》いて王の賓《ひん》たるに利《よ》ろし。

［爻辞の意味］ 賓《ひん》は大切な客の意。今、国が正しく治まっているか、国の状態をよく観察する。それで五爻の君主は、国を治めるに当たり、四爻に地域の統制を任せる。したがって、五爻は四爻を大切な賓客として優遇する。

象伝 **国の光《ひかり》を観《み》るは、賓《ひん》を尚《たっと》ぶなり。**

占考
優遇や歓待を受ける時。
上司や目上から引き立てを受けたりするが、物事に対してはよく観察すること。
軽率に行動すると失敗を招く時。
・恋愛は、不調。よく相手を見極めること。
・結婚は、話が進まなかったり、まとまらない時。
・望み事は、叶いません。
・試験は、今一歩及ばず不合格。

五爻

我《わ》が生《せい》を観《み》る。君子《くんし》は咎《とが》なし。

［爻辞の意味］五爻は君主の位であり、民は君主の鏡であるので、君主たる者は民の生活や風俗を観て、自分の行ない考えが正しいか正しくないかを判断する。そして天下を観て、君子の道に合致し正しければ咎なしである。

象伝　**我《わ》が生《せい》を観《み》るは、民を観るなり。**

占考　何事もよく反省して、自分の分に応じて事を行なうべし。
正しい事は成就する。
これ以上進んで事を行なってはならない。
下から仰ぎ見られる時。
・恋愛は、縁はあっても実りにくい時。
・結婚は、手控えた方が良いです。
・望み事は、うまく行きそうで叶いません。
・試験は、分相応の所は合格。

其《そ》の生《せい》を観《み》る。君子《くんし》は咎《とが》なし。

［爻辞の意味］其のは五爻を指す。上爻は五爻の行いを観察して、君主の教え行いがよく浸透しているかを見定める。それで君子の道に合致していれば、上爻としての任務を全うしたことなので、咎めはない。

象伝

其《そ》の生《せい》を観《み》るは、志未《いま》だ平《たい》らかならざるなり。

占考

気持ちにおいて不満がある時。いろいろな事で気苦労がある時。これ以上進んだり手出しする事は慎むこと。

・恋愛は、縁はあっても不満がある人で不調です。
・結婚は、見合わせて無難です。
・望み事は、叶いません。
・試験は、ギリギリ合格。

21 火雷噬嗑《からいぜいごう》 ䷔

彖辞《たんじ》

噬嗑《ぜいごう》は亨《とお》る。獄《ごく》を用《もち》うるに利《よ》ろし。

彖伝《たんでん》

頤中《いちゅう》に物あるを噬嗑《ぜいごう》という。噬《か》み嗑《あ》わせて亨《とお》る。剛柔分《わ》かれ、動にして明、雷電《らいでん》合《がっ》して章《あき》らかなり。柔・中《ちゅう》を得て上行《じょうこう》す。位《くらい》当《あ》たらずといえども、獄《ごく》を用《もち》うるに利ろしきなり。

象伝《しょうでん》

雷電《らいでん》は噬嗑《ぜいごう》。先王《せんおう》以て罰《ばつ》を明《あき》らかにして法《ほう》を勅《ととの》す。


［卦の意］噬嗑《ぜいごう》は、噛みあわせるという意の卦であり、噛み砕いて障害物を除去する意味です。

［卦名の由来］この卦は、頤（口）中に物ある象で、四爻の一陽がその物であり障害物とみて、それを以て口の中の障害物を噛み砕くということです。

［彖辞の意味］物事の障害物あるいは邪魔者は必ず噛み砕いて除去できて、スムーズに通るように

なる。また、社会において障害物となる悪者を除去するためには、刑罰を用いるしかない。

占断のポイント

■何事も支障が生じる時。
■邪魔者に阻まれてうまく運ばない時。
■ただし、その障害物は必ず除去できるものなので、サジを投げたりせず除去に努力すること。
■(頤中に物あり)食べて行ける。
■警察を用いる(連絡する)こと。あるいは刑罰を受ける事がある。
■(三陰三陽卦)異性に縁がある時。

[運勢]運気は自重運。物事が順調に進む中、何かと障害・支障が生じる時。また、物事が思うように運ばない時ではあるが、その問題解決に前向きに努力すれば、順調を得られます。


[業績]横ばいです。

[交渉・取引]支障が生じて話が進まないが、辛抱強く食い下がれば好結果を得られます。

[交際・恋愛]交際中にトラブルが生じたり、邪魔者が現われたりします。

[結婚]良くないです。他の異性がいたり、現われたりします。

[病気]治すためには手術などで取り除く荒治療が必要です。

［待ち人・待つ事］途中で障害に阻まれて来れないです。
［紛失］見つけ出せない。物によっては警察に届けると良いです。
［天気］晴れ時々曇り。
［株式］上下を繰り返して、最後は若干上がります。

校《こう》を履《は》きて趾《あし》を滅《めっ》す。咎《とが》なし。

［爻辞の意味］校《こう》は足枷（あしかせ）の事。初爻は噬《ぜい》嗑《ごう》の最初であり、悪者を除去するに刑罰を用いる中で、初爻は一番軽い刑で、足枷を履かせて自由に動かせなくする。軽い罪の時にしっかりと罰を与えて改心させれば、二度と悪い事をしなくなるので咎めはない。

象伝 **校《こう》を履《は》きて趾《あし》を滅《めっ》するは、行《い》かざるなり。**

占考

悪い方向に進む時。早く事を最小限に抑えること。

自由がきかなくなる。

・恋愛は、交際中トラブルが起きて不調。
・結婚は、良くないです。身を引くべし。
・望み事は、思うように行かず叶いません。
・試験は、実力不足で不合格。

二爻

膚《はだえ》を噬《か》みて鼻《はな》を滅《めっ》す。咎《とが》なし。

［爻辞の意味］膚《はだえ》は柔らかい肉の意。二爻は罪人を取り調べる官吏であり、罪人も鼻が隠れるような柔らかい肉を噛むようにスラスラと白状する。柔が、よく剛を制して咎なきを得る。

象伝　**膚《はだえ》を噬《か》みて鼻《はな》を滅《めっ》するは、剛《ごう》に乗《の》るなり。**

占考

何事も強硬な姿勢を避けて、柔軟な姿勢で当たれば順調に行く時。
ただし、強引・強行は凶。
- 恋愛は、気が合わず良くないです。
- 結婚は、良くないです。トラブルが生じて話が進みません。
- 望み事は、うまく行かないです。
- 試験は、不合格。

腊《せき》肉《にく》を噬《か》みて毒《どく》に遇《あ》う。小《すこ》しく吝《りん》なれども咎《とが》なし。

［爻辞の意味］ 腊《せき》肉《にく》は干《ほ》した硬い肉。毒《どく》に遇《あ》うは苦労する意。三爻も罪人を取り調べる官吏であるが、干した硬い肉を噛むように罪人が手強くなかなか白状しないので苦労し手こずるが、それに対して咎めは受けない。

象伝

毒《どく》に遇《あ》うは、位《くらい》当たらざればなり。

占考

何事も思うように行かずに苦労する時。困難でも頑張るしかない。
・恋愛は、支障が生じて不調です。
・結婚は、良くないです。喧嘩を起こします。
・望み事は、障害に阻まれて叶いません。
・試験は、実力不足で不合格。

四爻

乾胏《かんし》を噬《か》み金矢《きんし》を得《う》。艱貞《かんてい》に利《よ》ろし。吉《きち》。

［爻辞の意味］乾胏《かんし》は骨付きの硬い肉の意。四爻はさらに刑が重く、それで罪人も強情でなかなか白状せず苦労するが、骨付きの硬い肉を噛んで中から金の矢じりを得るが如く、ついには白状する。困難に耐えて正しい道を固く守れば吉を得る。

象伝 **艱貞《かんてい》に利《よ》ろしの吉《きち》は、未《いま》だ光《おおい》ならざるなり。**

占考 何事も大変苦労する時。しかし、苦労に耐えて努力すれば、それ相応の得るものがある。何事も最善の努力をする事によって、明るい見通しが出てくる。

・恋愛は、苦労するので避けて無難です。
・結婚は、トラブルが生じて苦労します。
・望み事は、かなり時間はかかるが叶う可能性はあります。
・試験は、残念ながら不合格。

五爻

乾肉《かんにく》を噬《か》みて黄金《おうごん》を得《う》。貞《ただ》しけれども厲《あや》うし。咎《とが》なし。

［爻辞の意味］　乾肉《かんにく》は干《ほ》した肉で腊肉《せきにく》や乾胏《かんし》より柔らかく噛みやすい。五爻は重大なる犯罪人に対し君主が直接取り調べに当たる。困難さはあるが四爻の補佐もあって罪人が白状する。しかし、君主が直接裁くような重大なる罪人が国にいる事は穏やかでない。だが、裁きは正しく行われるので咎めを受けない。

象伝　**貞《ただ》しけれども厲《あや》うし咎《とが》なきは、当《とう》を得《え》るなり。**

占考　多少困難が伴うが、それを覚悟して努力すれば好結果を得る。途中で投げ出さず、障害の除去に誠意を以て頑張り抜くこと。

・恋愛は、うまく行きそうで行かない時。
・結婚は、時間がかかるので手を引いた方が良いです。
・望み事は、すぐには叶いません。
・試験は、今一歩力が及ばず不合格。

上爻

校《こう》を何《にな》いて耳を滅《めっ》す。
凶。

［爻辞の意味］ここの校《こう》は首枷《くびかせ》。何《にな》うは、はめる意。上爻は卦の極で、罪人が刑を受ける。今、厚い首枷《くびかせ》をはめられて耳が隠れて聞こえない。もう救う手段はなく凶である。

象伝 **校《こう》を何《にな》いて耳を滅《めっ》するは、聡明《そうめい》ならざるなり。**

占考

悪い事、間違った事をしている時。
進退に窮する時。もう救う手段はない時。
警察沙汰の事を起こす。
・恋愛は、不調。今の相手はあきらめた方が良いです。
・結婚は、良くないです。遠ざかって吉。
・望み事は、無理です。
・試験は、不合格。

22 山火賁《さんかひ》

彖辞《たんじ》

賁《ひ》は亨《とお》る。小《すこ》しく往《い》く攸《ところ》あるに利《よ》ろし。

彖伝《たんでん》

賁《ひ》は亨《とお》るとは、柔來たりて剛《ごう》を文《かざ》る。故に亨る。剛分《わか》ち上《のぼ》りて柔を文る。故に小《すこ》しく往く攸《ところ》あるに利《よ》ろしきなり。天文なり。文明以て止まるは人文なり。天文を観《み》て時変《じへん》を察《さっ》し、人文を観て以て天下を化成《かせい》す。

象伝《しょうでん》

山下に火あるは賁。君子以て庶政《しょせい》を明らかにし、敢《あ》えて獄《ごく》を折《さだ》むるなし。

[卦の意] 賁の卦は、飾《かざ》るという意の卦です。
[卦名の由来] この卦は、☶艮の山の麓に夕暮れの☲離の太陽の象で、周囲は暗いが太陽の日が当たる周りの花や木々は明るく照らし出されて、昼とは違って一段と美しく見える。それで飾るとい

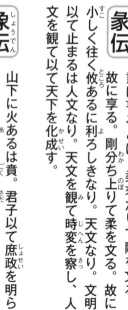

う。

［彖辞の意味］物には多少飾りがあったほうが良い。飾ることによって物事がうまく行くものである。しかし、少し飾るのは良いが、あまり飾り過ぎてはいけない。

占断のポイント

■飾りたくなる時。
■飾っている時。
■目の前ばかり見ていて、遠くが見えていない。
■偏った見方をする。
■（頤中に物あり）何事も障害に阻まれる時。
■小さい事は良いが、大きいことは止めた方が良い。
■（三陰三陽卦）異性に縁がある時。

［運勢］運気は平運。着飾ったり見栄を張ったりで、少々派手になる時。それで散財もしがちです。物事は途中で支障が生じやすいし、目の前ばかり見ていて遠くが見えていない時で、それで間違いを起こしやすいです。また異性に縁がある時で、未婚の人は恋人を得ますし、既婚の人も浮気心を起こしやすいです。

［業績］まあまあです。粉飾決算の場合もあります。

山火賁

【交渉・取引】目の前しか見えない時。今は避けて無難です。
【交際・恋愛】良好ですが、あまり見栄や虚勢を張ると後で苦労します。
【結婚】飾っている事が多いので、よく相手を見定めること。
【病気】少々長引きます。
【待ち人・待つ事】途中で支障が生じて、来ません。
【紛失】多くは家の中にあり、よく探せば見つかります。
【天気】おおむね晴れ。
【株式】若干上がります。

初爻

其《そ》の趾《あし》を賁《かざ》る。車を舎《す》て徒《かち》す。

[爻辞の意味] 初爻は、身体の部位から足であり、その足を飾る。つまり、車に乗るのではなく、自分の足で歩く事が自然の飾りである。

象伝 **車を舎《す》て徒《かち》するは、義《ぎ》乗《の》らざるなり。**

占考

本来持っているものを十分に生かして行くと良い時。
他からの有利な誘いには乗らない方が良い。

- 恋愛は、繕ったりせず、ありのままで付き合うこと。
- 結婚は、飾っている事が多いので、よく相手を見定めること。
- 望み事は、高望みしていて叶いません。
- 試験は、実力不足で不合格。

其《そ》の須《ひげ》を賁《かざ》る。

［爻辞の意味］ 須《ひげ》はあごひげの事。自分の元から備わっているあごひげを体裁よく飾る。

象伝 **其《そ》の須《ひげ》を賁《かざ》るは、上《かみ》と與《とも》に興《おこ》るなり。**

占考

自主的に行動せず、他に従って吉を得る時。外面を飾っている。見掛けは立派でも内容がない。

新規に始める事は控えるべし。

・恋愛は、飾りに注意。
・結婚は、外面は良いが中身が心配。
・望み事は、叶いそうだが後が面白くない時。
・試験は、今一歩及ばず不合格。

三爻

賁如《ひじょ》。濡如《じゅじょ》。
永貞《えいてい》にして吉。

［爻辞の意味］賁《ひ》は飾る、濡《じゅ》は美しくみずみずしい意。三爻は内卦離の極にあり、飾る事に盛んになりやすいが、賁の道を長く固く守れば吉である。

象伝

永貞《えいてい》の吉は、終《つい》に之《これ》を凌《しの》ぐ莫《な》きなり。

占考

飾りたくなる時。
飾りが多くて本当の姿がはっきりしない。だまされやすいので注意。
・恋愛は、縁はあってもだまされやすい時。
・結婚は、欲情だけで良くないです。
・望み事は、うまく行かない時。
・試験は、不合格。

四爻

賁《ひ》如《じょ》。皤《は》如《じょ》。白《はく》馬《ば》翰《かん》如《じょ》。
寇《あだ》するに匪《あら》ず婚《こん》媾《こう》せんとす。

［爻辞の意味］皤《は》如《じょ》は染めない生地の白い事。翰《かん》如《じょ》は早く飾りたい意。飾る時にまだ何も飾っていない。それですぐにでも飾りたいという。また、四爻は初爻と応じていて求婚すると、それを三爻が邪魔をする。三爻自身は四爻との結婚を求めているという。

象伝

六四は位当るも疑うなり。寇《あだ》するに匪《あら》ず婚《こん》媾《こう》せんとするは、終《つい》に尤《とがめ》なきなり。

占考

分外な事に心を奪われやすい時。他からの誘いに乗らないこと。
・恋愛は、縁はあっても他の人に気を引かれやすい時。
・結婚は、良くないです。他の人が現われて迷う時。
・望み事は、他の望みが生じる時。
・試験は、実力不足で不合格。

五爻

丘園《きゅうえん》を賁《かざ》る。
束帛《そくはく》戔戔《せんせん》。
吝《りん》なれども終《つい》に吉。

[爻辞の意味] 束帛《そくはく》は絹一束の事。戔戔《せんせん》は少ない事。
小高い山に自然の与えられた物を培い飾る。謝礼においては絹一束と少ない。それで非難を受けるが、礼の道はおごるよりも慎ましい方が良いので、終には吉を得る。

象伝 **六五の吉は、喜び有るなり。**

占考

飾りたくなる時であるが、何事も質素・慎ましい事が結果的に吉を得る。

- 恋愛は、交際はあまり装い飾り立てない方が吉を得ます。
- 結婚は、良くないです。相手の経済力が弱いです。
- 望み事は、叶うのにかなり時間がかかる。
- 試験は、実力不足で不合格。

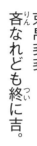

上爻

白《しろ》く賁《かざ》る。咎《とが》なし。

〔爻辞の意味〕 上爻は卦の極にあり、飾るべきものがない。飾らないところが却って美しい飾りとなる。

象伝 **白《しろ》く賁《かざ》る咎《とが》なしは、上《かみ》志を得るなり。**

占考

派手から地味に転換の時。積極的行動は凶。新規に始める事は不可。物質面も不良。

・恋愛は、縁はあっても不調。無理しない方が良いです。
・結婚は、良くないです。寂しい夫婦になります。
・望み事は、叶いません。
・試験は、不合格。

23 山《さん》地《ち》剥《はく》

䷖

彖辞《たんじ》

剥《はく》は、往く攸《ところ》有るに利《よ》ろしからず。

彖伝《たんでん》

剥《はく》は剥《はぐ》なり。柔《じゅう》・剛《ごう》を変《へん》ずるなり。往《い》く攸《ところ》有るに利《よ》ろしからずとは、小人長《ちょう》ずればなり。順《じゅん》にして之《これ》に止《とど》まるは、象《しょう》を観《み》るなり。君子消息盈虚《しょうそくえいきょ》を尚《たっと》ぶ、天行なればなり。

象伝《しょうでん》

山《やま》・地《ち》に附《つ》くは剥《はく》。上以て下を厚《あつ》くし宅《たく》を安《やす》んず。

［卦の意］　剥は剥ぎとる、剥ぎとられるという意の卦です。

［卦名の由来］　この卦は、十二消長卦で陰が長じて、上爻の最後の陽を剥ぎとろうとする象であり、逆に陽にとってはまさに崖淵です。それで剥ぐ、剥ぎとられるという。

［彖辞の意味］　小人が勢いを伸ばして君子に迫っ

てきている時なので、君子としては勢いに乗った小人と敢えて戦いを挑んだりせず、時勢が変わるまで静かに身を退いた方が良いという。

占断のポイント

■大方は、剝ぎ取られる状態の時としてみる。
■背水の陣。地位や仕事が不安定で非常に危険な時。
■小人にやられる時。
■詐欺や盗難に注意。
■(十二消長卦)陰が長じる衰退の時。
■(大艮の似卦)止まるの意。
■(一陽五陰卦)モテる。人気を得る。世話苦労がある。競争が激しい。
■一陽が五陰の民の上に乗っている象で、担がれる時。

［運勢］運気は衰退運。物事は思うように行かない時。人からのいじめにあったり、会社では異動があったり、ポストが危うくなったり不安な時。財産を減らしたりもします。

［業績］下がります。

［交渉・取引］不調です。無理すると大損します。

［交際・恋愛］避けて無難。だまされそう。

［結婚］良くありません。財産など何かを狙っている場合もあります。

［病気］回復に向かいます。手術して良くなる事もあります。ただし、重症者は生命が危ない。

［待ち人・待つ事］来ません。

［紛失］外で無くした場合は手に戻りません。

［天気］曇り。

［株式］下落、暴落の時もあります。

山地剝

牀《しょう》を剝《はく》すに足を以てす。
貞《てい》を蔑《ほろぼ》す。凶。

[爻辞の意味] 牀《しょう》はベットの事。小人がベットの足を壊しにかかってきている。まだ、体から遠いので、直接の危害はないが、正道を滅ぼして行くものなので、無視すると凶である。

象伝

牀《しょう》を剝《はく》すに足を以てするは、以て下《しも》を滅《めっ》するなり。

占考

大変危険な芽が生じ始めた時。油断は大敵、小人と侮っていると取り返しのつかない事になる。新規に始める事・進む事は良くない。

・恋愛は、不調。無理すると後悔となる時。
・結婚は、良くないです。早く手を引くべきです。
・望み事は、あきらめること。
・試験は、力不足で不合格。

二爻

牀《しょう》を剝《はく》すに辨《べん》を以てす。貞《てい》を蔑《ほろぼ》す。凶。

［爻辞の意味］ 辨《べん》はベットの脚の付け根の事。二爻は初爻よりさらに進んで、小人がベットの脚の付け根を壊しにかかってきている。正道を滅ぼすので凶である。

象伝

牀《しょう》を剝《はく》すに辨《べん》を以てするは、未だ與《くみ》する有らざるなり。

占考

一段と危険が迫って来ている時。
物事を侮ってはいけない。
・恋愛は、良い相手に恵まれない時。
・結婚は、気も合わず、早く手を引くこと。
・望み事は、あきらめること。
・試験は実力不足で不合格。

三爻

之《これ》を剝《はく》す。咎なし。

［爻辞の意味］今、陰が陽を剝ぎとる中、三爻は上爻の陽と応じているところから、剝すことをしない。正道に戻るので咎めを受けない。

象伝　**之《これ》を剝《はく》して咎なきは、上下を失えばなり。**

占考

今やろうとしている事が間違っているので、それを強い意志をもって止めれば難を逃れられる。

時には仲間と別れる覚悟も要する。

・恋愛は、縁はあっても避けて無難。
・結婚は、早く身を退いて吉です。
・望み事は、うまく行きそうで行かない時。
・試験は、実力不足で不合格。

山地剥

四爻

牀《しょう》を剝《はく》すに膚《はだえ》を以てす。凶。

［爻辞の意味］　いよいよベットを壊しにかかって、肌に触れるほどまでに身に危険が迫っているので、凶である。

象伝

牀《しょう》を剝《はく》すに膚《はだえ》を以てするは、災いに切近《せっきん》するなり。

占考

危険が身に迫っている時。逃げるに逃げられない状況。
・恋愛は、不調の時。
・結婚は、良くないです。身を引けない状態だが何とか別れること。
・望み事は、叶いません。
・試験は、実力不足で不合格。

魚《うお》を貫《つらぬ》く。宮人《きゅうじん》の寵《ちょう》を以てす。利《よ》ろしからざるなし。

[爻辞の意味] 宮人《きゅうじん》は宮中に仕える人、寵《ちょう》は可愛がる意。目刺しのように五陰の魚を貫いている象。五爻は上爻の陽に寵愛される。それで剝すのではなく柔順に従うようであれば、よろしい。

象伝　**宮人《きゅうじん》の寵《ちょう》を以てするは、終《つい》に尤《とがめ》なきなり。**

占考

剝す時で、仲間が従って来る時。また目上や上司から愛顧を受ける時である。

- 恋愛は、縁はあっても良くない人。
- 結婚は、良くないです。無理して追わないこと。
- 望み事は、思うように行かないです。
- 試験は、実力不足で不合格。

上爻

碩果《せっか》食《く》らわれず。君子《くんし》は輿《よ》を得《う》。小人《しょうじん》は廬《ろ》を剝《はく》す。

［爻辞の意味］　碩果《せっか》は大きな果実、輿《よ》は車、廬《ろ》は小屋の意。大きな果実が食べられないで木に残っている。陰の全盛で、国が乱れれば民が困るので、このような地位に居るのが君子であれば、民衆は君子を車に乗せるように担ぎ上げる。しかし、小人が君子を剝ぎ落としたりすると、自分たちの住むべき所が無くなる。

象伝　**君子は輿《よ》を得《う》るは、民の載《の》する所なり。小人は廬《ろ》を剝《はく》するは、終《つい》に用《もち》う可《べ》からざるなり。**

占考　非常に危険な時。すべて行き止まり。落ちる時。
・恋愛は、縁はあっても交際は避けて無難。
・結婚は、良くない相手です。
・望み事は、叶いません。
・試験は、不合格。

24 地《ち》雷《らい》復《ふく》

䷗

彖《たん》辞《じ》

復《ふく》は亨《とお》る。出入疾《やま》い無《な》く。朋《とも》來たるに咎《とが》なし。反復《はんぷく》の其の道、七日《しちじつ》にして來復《らいふく》す。往《い》く攸《ところ》あるに利《よ》ろし。

彖《たん》伝《でん》

復《ふく》は亨《とお》るとは、剛反《ごうかえ》るなり。動きて以て順行《じゅんこう》す。是《これ》を以て出入疾《やま》い無《な》く、朋《とも》來たるに咎《とが》なし。反復《はんぷく》の其の道、七日《しちじつ》にして來復《らいふく》するは、天行《てんこう》なり。往《い》く攸《ところ》あるに利《よ》ろしとは、剛長《ちょう》ずるなり。復《ふく》は其《そ》れ天地の心を見るか。

象《しょう》伝《でん》

雷《らい》・地中《ちちゅう》に在るは復《ふく》。先王《せんおう》以て至日《しじつ》に関《せき》を閉《と》じ、商旅《しょうりょ》行かず、后《きみ》は方《ほう》を省《かえり》みず。

[卦の意] 復の卦は、かえる、元に復するという意の卦です。

[卦名の由来] この卦は十二消長卦であり、䷗

坤為地から陰が極まって一陽が戻って来た。陽の明るいもの、正しいものが戻って来た。それで復るというのです。

[彖辞の意味] 陽が再び次第に発展するので、物事もスラスラと運ぶ。今、陰が内に入り陽が外に出て健やかに伸びようとする。また、陽の仲間が来て正しい陽が長じるに咎めを受けるはずがない。十二消長卦の陰の長じる六卦を過ぎ、七卦目で陽の長じるこの復の卦に戻って来た。これからは陽が長じるので、進んで事を行ってよろしい。

占断のポイント

■新しい出発の時。再出発。
■帰る。元に復する時。
■(十二消長卦) 陽が長じる発展の意。
■(大震の似卦) 進む、伸びる等「震」の象意を使って判断。
■(一陽五陰卦) モテる、人が集まる、人気が出る、世話苦労がある、競争が激しい。

[運勢] 運気は良好運。運気良好で、徐々に発展する時。何か新しい事を始めたくなります。ただし、調子に乗り過ぎないようにすることが大切です。さもないと元の木阿弥と化してしまいます。

[業績] 上がります。

［交渉・取引］相手が乗り気でないので急ぐと調いにくいです。あまり強気にならないこと。

［交際・恋愛］新しい交際が芽生えますが、慎重を要します。

［結婚］良くないです。

［病気］快方に向かいますし、回復します。

［待ち人・待つ事］来ます。

［紛失］手に戻ります。

［天気］薄曇り。

［株式］次第に上がります。

初爻

遠《とお》からずして復《かえ》る。悔《く》いに祇《いた》る无《な》し。元吉。

［爻辞の意味］遠くまで行かないうちに復るので、悔いに至ることなく、元《おお》いに吉である。

象伝　**遠《とお》からざるの復《かえ》るは、以て身を修《おさ》むるなり。**

占考

積極的に行動することは良くない。何事もよく反省して行動すること。元に戻る時。

・恋愛は、気の合う良い人と出会える時。
・結婚は、良くないです。無理すると出戻りとなります。
・望み事は、強気に過ぎて叶いません。
・試験は、今一歩及ばず不合格。浪人は合格。

二爻

休《よ》く復《かえ》る。吉。

［爻辞の意味］二爻は初爻と比していて、初爻に従いよく善に復るので吉である。

象伝　**休《よ》く復《かえ》るの吉は、以て仁《じん》に下《くだ》るなり。**

占考　身近のよき人の意見に従えば吉を得る。何事も堅実に事を進める時。
・恋愛は、縁はあるも、うまく行かない時。
・結婚は、良くないです。無理すると出戻りとなります。
・望み事は、積極的に出ると叶う可能性があります。
・試験は、力及ばず不合格。

三爻

頻《しき》りに復《かえ》る。厲《あや》うけれども咎《とが》なし。

［爻辞の意味］陰柔で位が正しくないので、復るに迷う。しかし、正しい所に復《かえ》りたいという心があるので咎はない。

象伝　**頻《しき》りに復《かえ》るの厲《あや》うきは、義《ぎ》咎《とが》なきなり。**

占考

意志や信念が弱い時。迷いやすい時でもある。

・恋愛は、良くない相手です。
・結婚は、良くないです。別れようとしても別れられない時。
・望み事は、思うように行かないです。
・試験は、実力不足で不合格。

中《ちゅう》行《こう》獨《ひと》り復《かえ》る。

〔爻辞の意味〕 四爻は初爻とひとり応じている。したがって仲間と進む中、途中で仲間と別れて独りで正しい道に復る。

象伝 **中《ちゅう》行《こう》獨《ひと》り復るは、道に従うを以てなり。**

占考

正しい事を行なうためには、今までの仲間と離れて行なう。

共同作業は良くない。

・恋愛は、縁はあっても相手に他の異性がいることが多いです。

・結婚は、良くないです。無理すると出戻りになります。

・望み事は、かなり時間がかかります。

・試験は、実力不足で不合格。

五爻

復《かえ》るに敦《あつ》し。悔《く》いなし。

[爻辞の意味] 正しい道に復ることに敦《あつ》いので、悔《く》いる事がない。

象伝

復《かえ》るに敦《あつ》く悔《く》いなきは、中を以て自らを考《な》すなり。

占考

プライドや面子を考えずに元に戻る。新規に行なう事は凶。

・恋愛は、良い人に恵まれない時。
・結婚は、良くないです。止めておいて無難です。
・望み事は、叶うのにかなり時間がかかります。
・試験は、不合格。

復《かえ》るに迷《まよ》う。凶。災眚《さいせい》あり。用《もち》いて師《し》を行《や》れば終《つい》に大《たい》敗《はい》あり。其《そ》の國君《こくくん》を以てするも凶。十年に至《いた》るも征《せい》する克《あた》わず。

［文辞の意味］正道に復る道が分からなくなって災いあり。このような時、軍隊を出して戦っても大敗する。それも国君の力を借りても勝つ事はできず、十年経っても敵を征伐できない。

象伝

復《かえ》るに迷《まよ》うの凶は、君の道に反《はん》すればなり。

占考

言う事を聞かないで迷い、孤立して災いを招く時。

喧嘩に注意の時。

また、何事も勝つことができない時。

・恋愛は、縁はあっても良い相手ではない時です。

・結婚は、気が合わず良くないです。

・望み事は、いつまで経ってもうまく行きません。

・試験は、実力不足で不合格。

25 天雷无妄《てんらいむもう》 ䷘

彖辞《たんじ》

无妄《むもう》は、元《おお》いに亨《とお》る貞《てい》に利《よ》ろし。其《そ》の正《せい》に匪《あら》ざれば眚《わざわ》いあり。往《い》く攸《ところ》あるに利《よ》ろしからず。

彖伝《たんでん》

无妄《むもう》は剛外《そと》より來たりて内に主と為《な》る。動にして健。剛中にして応《おう》ず。大いに亨《とお》りて以て正しきは、天命《てんめい》なり。其れ正《せい》にあらざれば眚《わざわ》いあり。往《い》く攸《ところ》あるに利ろしからずとは、无妄《むもう》の往くは何《いず》くに之《ゆ》かん。天命祐《たす》けず、行《い》かんや。

象伝《しょうでん》

天下に雷《らい》行くは、物みな无妄《むもう》。先王以て茂《さか》んに時に対して万物を育《やしな》う。

［卦の意］　无妄は、自然の成り行きに任せる、小細工をせずにあるがままで行くという意の卦です。

［卦名の由来］　この卦は、☰天と☳雷の自然の作用を見たもので、天は健やかに動き、雷も勢いよ

く動く。それは自然のままの動きであり、自然の成行きです。

［象辞の意味］无妄は、欲望を持たず自然に則《のっと》って行動すれば、物事がスラスラと運ぶ。ただし。正しきを固く守るべきである。しかし、その正道に則《のっと》らない場合は災いを招くことになる。したがって、進んで行くことはよろしくない。

占断のポイント

■何事も自然の成行きに任せて良い結果を得ます。

■欲張ったり、小細工すると凶となります。

■無欲の勝利。

■養子、或いは相続することがあります。

■（大離の似卦）明るい、明らかになる等「離」の象意を使って判断。

［運勢］運気は良好運。何事も欲に走らず、積極的行動に出たりしないで、自然のままに成行きに任せて対処すれば、よろしきを得ます。

［業績］従来通りの方針で、上がります。

［交渉・取引］順調には行きません。特にこちら側から強気に出る事に要注意です。

［交際・恋愛］思いがけない出会いがあったりします。交際も成行きに任せて吉です。

［結婚］あまり良くありません。

［病気］次第に快方に向かいます。あまり治療法を変えると、かえって悪化させてしまいます。

［待ち人・待つ事］自然任せで待てば来ます。

［紛失］すぐには発見しにくいです。自然に出てくるのを待つしかありません。

［天気］おおむね晴れ。

［株式］上がります。

无妄《むもう》にして往《い》けば吉。

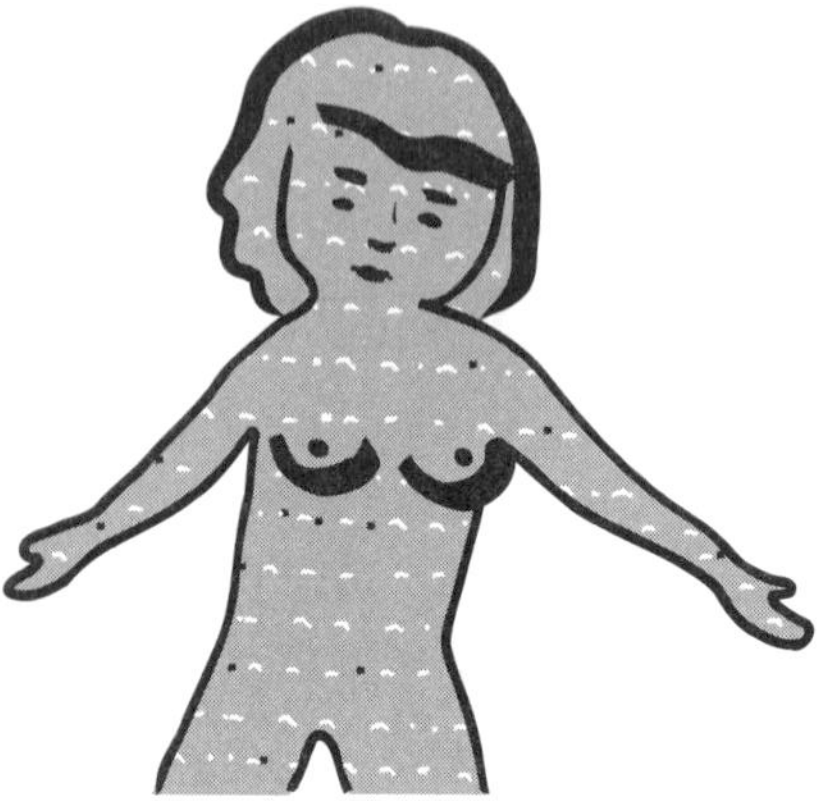

［爻辞の意味］ 欲を持たず自然の成り行きに任せて行けば、吉を得る。

象伝

无妄《むもう》の往《い》くは、志を得《う》るなり。

占考

欲を出さず、小細工を用いず、何事も自然のままで行けば吉を得る。自分の利益ではなく他人のためにする事は、おおむねうまく運ぶ。

・恋愛は、思いがけない出会いがある時。
・結婚は、今は成り行きに任せること。
・望み事は、焦らず成行きに任せること。
・試験は、力及ばず不合格。

二爻

穫《か》るに耕《たがや》さず。
菑《こなたつく》るに畬《あらきばり》せず。
則《すなわ》ち往《い》く攸《ところ》あるに利《よ》ろし。

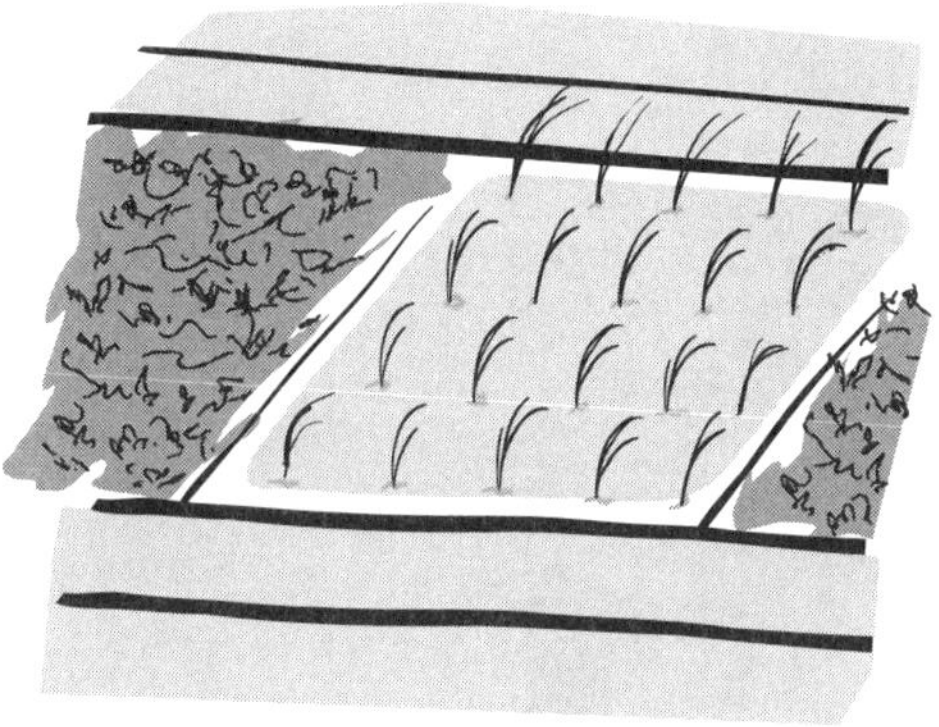

［爻辞の意味］ 菑《こなた》は熟田、畬《あらきばり》は開墾した田の意。多くの収入を得ようとして耕作するのではなく、田を耕さないのに収穫を得られ、開墾もしないのに熟田を得られる。これは天運であり無欲の利であって、このような時には進んで事を行ってよろしい。

象伝

穫《か》るに耕《たがや》さずとは、未《いま》だ富まざるなり。

占考

何事も無欲で行なえば、思いもよらぬ利益を得る時。

・恋愛は、成行きに任せて静観していた方が良いです。
・結婚は、気は合うが今は成行きに任せること。
・望み事は、すぐには叶いません。
・試験は、不合格。

三爻

无妄《むもう》の災《わざわ》い。
或いは牛を繋《つな》ぐ。
行人《こうじん》の得《う》るは、邑人《ゆうじん》の災《わざわ》い。

［文辞の意味］ 予期しない災難に遭う。行人《こうじん》は通行人。邑人《ゆうじん》は村人の意。ある人が道端の木に牛を繋いで置いたところ、通行人がその牛を連れ去ってしまった。それを知らない持ち主は、近所の村人たちに盗みの疑いをかける。これが牛の持ち主と村人たちが、无妄の災いを受けることである。

象伝

行人《こうじん》牛を得るは、邑人《ゆうじん》の災《わざわ》いなり。

占考

予期しない災難に遭う時。
何かと行き違いが多い時。

・恋愛は、良い相手には恵まれない時。交際は避けて無難です。
・結婚は、止めておいて無難です。
・望み事は、あきらめた方が良いです。
・試験は、実力不足で不合格。

四爻

貞《てい》にすべし。咎《とが》なし。

［爻辞の意味］　四爻は陰の位に陽でいるため、妄りに動き進みやすい。そこで固く正しさを守っていれば災いを受けない。

象伝

貞《てい》にすべし咎《とが》なしとは、固《かた》く之《これ》を有《ゆう》するなり。

占考

思いがけない災難に遭う時。
動く事・進む事は良くない。
現状維持に徹するべし。
・恋愛は、静観した方が良い時。
・結婚は、気が合わず良くないです。
・望み事は、叶わない時。
・試験は、高望みしていて不合格。

五爻

无《む》妄《もう》の疾《やま》い、薬《くすり》なくして喜びあり。

［爻辞の意味］思わぬ病気になったとしても、薬を用いなくても自然に治って喜びを得られる。

象伝 **无《む》妄《もう》の疾《やま》い、試《こころ》む可《べ》からざるなり。**

占考 思わぬ失敗をする事があるが、弁解したり失敗を繕ったりせず、成行きに任せて良い結果を得られる時。
心配事は自然に解消する。
・恋愛は、縁がある時。成行きに任せて吉。
・結婚は、今は成行きに任せる時。
・望み事は、うまく行きません。
・試験は、ギリギリ合格。補欠。

上爻

无《む》妄《もう》行けば眚《わざわ》いあり。利《よ》ろしき攸《ところ》なし。

［爻辞の意味］卦の終わりにあり、進んで行けば災いを受けることとなる。よろしいところはない。

象伝　**无妄の行くは、窮《きわ》まるの災《わざわ》いなり。**

占考

積極的に行動して失敗する時。何事も退き守ること。

・恋愛は、縁があっても避けて無難です。
・結婚は、良くないです。無理すると凶。
・望み事は、あきらめること。
・試験は、不合格。

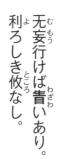

26 山天大畜《さんてんたいちく》

彖辞《たんじ》

大畜《たいちく》は、貞《てい》に利《よ》ろし。家食《かしょく》せずして吉《きち》。大川《たいせん》を渉《わた》るに利《よ》ろし。

彖伝《たんでん》

大畜は剛健篤実《ごうけんとくじつ》にして輝光《きこう》あり。日《ひび》に其の徳を新《あら》たにす。剛上《ごううえ》にして賢《けん》を尚《たっと》び、能《よ》く健を止《とど》むるは、大正《たいせい》なり。家食《かしょく》せずして吉とは、賢《けん》を養えばなり。大川《たいせん》を渡るに利《よ》ろしとは、天に応ずればなり。

象伝《しょうでん》

天・山中に在るは大畜。君子以て多く前《ぜん》言往行《げんおうこう》を識《し》りて、以て其の徳を畜《やしな》う。

[卦の意] 大畜は、大いに養う。大いに蓄《たく》わえる大いに止《とど》めるという意の卦です。

[卦名の由来] この卦は、内卦の大いなる☰乾を、外卦☶艮の山が止めているので大畜というのです。

[彖辞の意味] 大畜は大いに止めて蓄え養うので

すが、それは正しいものでなければならない。そして学問や知識や実力が身につき、養い育ったならば、家に閉じこもっているのではなく家を出て、それを国家・社会のために役立てれば吉を得られる。また、力が備わったならば、大川を渉るような大きな事などを進んで行ってよろしい。

占断のポイント

■何事も大いに止まるべし。
■物事は妨害や支障が生じて、大いに止められる時。
■今は強行に進んだりせず、チャンスを待ちつつ力を養い蓄えること。
■(大離の似卦) 明るい、明らかになる等「離」の象意を使って判断。

［運勢］運気は平運。物事は何かと妨害や支障が生じて思うように行かない時。強行策を図ると凶を招くので手控えること。逆に自分に十分に実力を蓄えるよう勉強や技術を磨くことに励むと良いです。

［業績］まあまあです。

［交渉・取引］難航し調いにくいですが、根気よく努力を積む事が大切です。

［交際・恋愛］順調には行きません。気長に求めること。

［結婚］良くありません。

［病気］すぐには治りません。長引きます。

山天大畜

［待ち人・待つ事］来ません。
［紛失］すぐには見つけ出せません。
［天気］おおむね晴れ。
［株式］上昇傾向ですが、伸び悩んで若干上がります。

初爻

厲《あや》うき有り。已《や》むに利《よ》ろし。

[爻辞の意味] 已《や》むは止める意。初爻は陽の位に陽でいるので進む気が強いが、今進めば危ういので止める方が良い。

象伝

厲《あや》うき有り已《や》むに利《よ》ろしとは、災いを犯《おか》さざるなり。

占考

進みたくなったり、やりたくなる気持ちが強い時ですが、何事もとどまり手控えるべし。

・恋愛は、異性を求める気持ちが強まるも交際は注意を要する時。
・結婚は、見送って無難です。
・望み事は、望まない方が良いです。
・試験は、不合格。

山天大畜

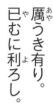

輿《よ》・輹《ふく》を説《と》く。

［爻辞の意味］輹《ふく》は車のとこしばりの意。今、車のとこしばりを外す。このとこしばりを外すと車は進めなくなる。それで進めさせないという意。

象伝　**輿《よ》・輹《ふく》を説《と》くは、中にして尤《とがめ》なきなり。**

占考

今は何事も進まない方が良い時。
・恋愛は、異性を求めない方が良い時。
・結婚は、良くない。他の人を探した方が良いです。
・望み事は、叶いそうで叶わない時。
・試験は、今一歩及ばず不合格。

三爻

良馬《りょうば》遂《お》う。
艱貞《かんてい》に利《よ》ろし。
日《ひび》に輿衛《よえい》を閑《なら》う。
往《い》く攸《ところ》あるに利《よ》ろし。

［爻辞の意味］閑《なら》うは習うの意。三爻は駿馬の如く、早く進みたい気持ちが強い。しかし今は、耐えて正しさを固く守るが良い。ただ、固く守っているだけでなく、毎日、車の操縦や防衛のための技術を習うことが大切である。そのように実力をつけたならば、進んでもよろしい。

象伝

往《い》く攸《ところ》あるに利《よ》ろしきは、上《かみ》志を合すなり。

占考

すべて進む事は良くない。
今は進出の時に備えて、力を蓄えるよう練習に励むこと。
・恋愛は、焦らず良い人との出会いを待つ。
・結婚は、焦らず将来的に見て止めておいた方が良いです。
・望み事は、すぐには叶いません。
・試験は、実力不足で不合格。

童牛《どうぎゅう》の牿《こく》。元吉《げんきち》。

［爻辞の意味］ 牿《こく》は角につける横木の事。仔牛はまだ角が柔らかいので、角を強くこすったりすると傷つけやすい。そこで未然に防ぐために横木を付ける。防止するので大いに吉である。

象伝　**六四の元吉は、喜びあるなり。**

占考

何事も防止を心がけると良い。強気は凶となる。

・恋愛は、よく相手を見定めて吉です。
・結婚は、愛を育んで良縁です。
・望み事は、時間がかかるが叶う可能性大。
・試験は、ギリギリ不合格。補欠。

五爻

豶豕《ふんし》の牙《が》。吉。

［爻辞の意味］豶豕《ふんし》は去勢された豕の意。去勢された豕なので、牙《きば》があっても勢いは弱い。しかし、大いに止まる時なので、それで吉を得る。

象伝　**六五の吉は、慶《よろこ》びあるなり。**

占考

力が弱い時。

新規に行なう事は、もう少し時期を待った方が良い。

・恋愛は、良い相手には恵まれない時。
・結婚は、良くない。男性が弱いです。
・望み事は、じっくり待つしかないです。
・試験は、補欠。

上爻

何天《かてん》の衢《く》。亨《とお》る。

［爻辞の意味］ 衢《く》はちまたであり、大通りの意。上爻は卦の極であり、天は妨げ止めるものがなく、大いに通る。

象伝 **何天《かてん》の衢《く》は、道大《おお》いに行《おこ》なわるるなり。**

占考

今まで蓄え養って来たものが役立つ時。希望が通達する時。

・恋愛は、うまく行きそうで行かない時。

・結婚は、長く恋愛していた場合は結婚に至ります。今、起きた縁は不調です。

・望み事は、長く待っていたものは叶います。今、望んだものは叶わないです。

・試験は、不合格。浪人は合格。

27 山《さん》雷《らい》頤《い》 ䷚

彖辞《たんじ》

頤《い》は貞《ただ》しければ吉。頤《い》を観《み》て自《みずか》ら口実《こうじつ》を求《もと》む。

彖伝《たんでん》

頤《い》は貞《ただ》しければ吉とは、正《せい》を養《やしな》えば則《すなわ》ち吉なり。頤《い》を観《み》るとは、其の養う所を観《み》るなり。自《みずか》ら口実《こうじつ》を求《もと》むるとは、其の自ら養うを観《み》るなり。天地は万物を養い、聖人は賢を養いて、以て万民に及《およ》ぼす。頤の時大いなる哉《かな》。

象伝《しょうでん》

山下に雷あるは頤。君子以て言語《げんご》を慎《つつし》み、飲食《いんしょく》を節《せつ》す。

［卦の意］ 頤は、養うという意です。

［卦名の由来］ この卦は、口の象であって、内卦☳震が下アゴで動き、外卦☶艮が上アゴで止める。また口は、自分の身を養うべく食べ物を入れるところであって、それで養うという。

［彖辞の意味］ 身を養うものが良いものであれば

吉を得る。したがって、自分でよく観て正しいものを求めていかなければならない。

占断のポイント

■人の世話をする。人の世話になる。
■言葉に気をつけること。
■(大離の似卦)見栄、体裁を飾る。虚勢を張る。明るい。明らかになる等「離」の象意を使って判断。
■表面は良さそうでも、中身が良くない。
■両者の噛み合う象。

【運勢】運気は良好運。強い運気ではないが、表面的には明るく華やいだ気分の時。物事も良好を得ます。ただ、見栄や体裁を飾る傾向にあり、中身の充実を図るように努めること。それに言葉遣いには要注意です。

【業績】まあまあです。

【交渉・取引】積極的に出ると不調。喧嘩になりやすい。

【交際・恋愛】お互いに進み合って和合します。

【結婚】飾りに注意。見かけにとらわれず、もう一度よく調べること。

【病気】長引きます。食事療法が効果がある時。

【待ち人・待つ事】遅れるが来ます。
【紛失】発見できます。
【天気】雲は出やすいが、おおむね晴れ。または晴れ時々曇り。
【株式】上がっても伸び悩み、若干上がります。

爾《なんじ》の霊亀《れいき》を舎《す》て、我《われ》を観《み》て頤《おとがい》を朶《た》る。凶。

［爻辞の意味］霊亀《れいき》は立派なもの、尊いものの意。自分には立派なものを持っていながら、他のものを欲しがる。したがって、凶である。

象伝

我《われ》を観《み》て頤《おとがい》を朶《た》るは、また貴《たっと》ぶに足《た》らざるなり。

占考

目移りしやすい時。
他のものが欲しくなる時。
新規に始める事は凶。
・恋愛は、縁はあっても移り気を起こしやすい時。
・結婚は、良くないです。移り気を起こして凶。
・望み事は、欲張った望みで叶いません。
・試験は、気持ちだけ先走っていて不合格。

二爻

顚《さかしま》に頤《やしな》う。経《つね》に拂《もと》る丘《おか》において頤《やしな》う。征《い》けば凶。

［爻辞の意味］顚《さかしま》は、さかさまの意。二爻は陰なので力弱く、下位の初爻に養ってもらう。しかし、逆なので従来に戻る。そして上位の上爻に養いを求めて行くと、上爻とは応爻でも比爻でもないので凶である。

象伝 **六二の征《い》けば凶とは、行きて類《るい》を失うなり。**

占考

援助を求めても頼りになる人がいない。いても正当なる人ではない。見当外れの事をして失敗する。

・恋愛は、縁があって良好。年下と交際を始めたりします。
・結婚は、女性が男性の面倒を見る傾向。
・望み事は、方針の変更となる傾向。
・試験は、不合格。方針の変更が生じます。

三爻

頤《やしな》いに拂《もと》る。
貞《かた》くすれば凶。
十年用《もち》うる勿《なか》れ。
利《よ》ろしき攸《ところ》なし。

[爻辞の意味] 本来、五爻に養いを求めるところを、三爻は応爻である上爻に養いを求める。しかし、正道ではないので戻るべきである。それに反し、三爻が固く守ると凶である。そのような者は十年までも用いるべきでない。よろしいところがない。

象伝 **十年用《もち》うる勿《なか》れとは、道大《おお》いに悖《もと》ればなり。**

占考

何事も退き守る時。間違った方向に進む。

・恋愛は、縁はあっても良くない相手の時。
・結婚は、思いあきらめて他の人を求めるべきです。
・望み事は、叶っても後悔となります。
・試験は、実力不足で不合格。

四爻

顚《さかしま》に頤《やしな》う。吉《きち》。
虎《こ》視《し》眈眈《たんたん》。其《そ》の欲《よく》逐逐《ちくちく》。
咎《とが》なし。

[爻辞の意味] 四爻は養いの道に基づき、下位の初爻を引き上げて養うので吉である。下位の賢人を探すには虎が獲物を狙うように鋭い目でうかがう。また、その獲物をどこまでも追求する。それは養い育てるためであって咎めはない。

象伝 **顚《さかしま》に頤《やしな》うの吉《きち》は、上《かみ》の施《ほどこし》光《おおい》なるなり。**

占考 目的を定めて機会をうかがう。何事も根気よく努力すれば良い結果を得られる。

・恋愛は、狙いを定めて積極的に交際を求めること。
・結婚は吉。女性が男性の面倒を見る傾向。
・望み事は、小さい望みは叶うが大きな望みは叶いません。
・試験は、力不足でギリギリ不合格。

経《つね》に拂《もと》る。
貞《てい》に居《お》るに吉《きち》。
大川《たいせん》を渉《わた》る可《べ》からず。

［爻辞の意味］ 今、君主たるに陽の位に陰であり、養う力が不足。それに上爻に養われている状態なので、従来に戻るべきである。そして正しい道を固く守っていれば吉を得られる。このような時は、大きい事を行うべきではない。

象伝 **貞《てい》に居《お》るの吉《きち》は、順《じゅん》以て上《かみ》に従うなり。**

占考

一時的に人の世話になる。何事も積極的行動を慎み、現状維持を心がける時。
・恋愛は、良い人に恵まれない時。
・結婚は、良くないです。止めておいて無難です。
・望み事は、すぐには叶いません。
・試験は、力及ばず不合格。

上爻

由《よ》りて頤《やしな》う。
厲《あや》うけれども吉《きち》。
大川《たいせん》を渉《わた》るに利《よ》ろし。

［爻辞の意味］ 上爻によって皆養われる。しかし、信頼が上爻に集まるので、上爻としては五爻を凌ぐ危険もあるが、上爻はそのような事をしないので吉。また、信頼があるならば大きな事をしてもよろしい。

象伝

由《よ》りて頤《やしな》う。厲《あや》うけれども吉《きち》とは、大いに慶びあるなり。

占考

人から頼られる時。
人の面倒や世話をする事がある。苦労が多い時。
・恋愛は、積極的に求めれば望みは叶う時。
・結婚は、良縁です。
・望み事は、積極的に頼めば叶う時。
・試験は、ギリギリ合格。補欠。

28

澤《たく》風《ふう》大《たい》過《か》

䷛

彖《たん》辞《じ》

大過《たいか》は棟《むなぎ》撓《たわ》む。往《い》く攸《ところ》あるに利《よ》ろし。亨《とお》る。

彖《たん》伝《でん》

大過《たいか》は、大いなる者の過ぎたるなり。棟《むなぎ》撓《たわ》むとは、本末《ほんまつ》弱《よわ》きなり。剛過《す》ぎたれども中、巽《したが》いて説《よろこ》び行く。往く攸《ところ》あるに利《よ》ろしく、すなわち亨《とお》る。大過《たいか》の時大いなる哉《かな》。

象《しょう》伝《でん》

澤・木を滅《めっ》するは大過《たいか》。君子以て独《ひと》り立ちて懼《おそ》れず、世《よ》を遯《のが》れて悶《うれ》うるなし。

［卦の意］　大過の卦は、大いに過ぎる、大いなる過ちという意の卦です。

［卦名の由来］　この卦は、二陰四陽の卦であり、三陰三陽のバランスから陽が一つ多い。したがって、陽の大が過ぎるので大過というのです。

［彖辞の意味］　大過の卦は初爻と上爻の陰の間に

四陽爻がある象。それを棟《むなぎ》に当てると、棟の中央が重くて本末が弱いので、棟が中央の重さに耐えかねて曲がってしまう。それで進んで修理するのによろしい、安全であるという意です。

占断のポイント

■大いに過ぎる。荷が重い。
■大いなる過ち。見込み違いがある時。
■物事が延びる。
■（大坎の似卦）悩み、苦労する等「坎」の象意を使って判断。
■（背反の象）そむく、仲違いがある。

［運勢］運気は慎重運。見込み違いなどミスや失敗をしやすい時。荷が重い事を引き受けて苦労したりします。また、喧嘩や仲違いを起こしやすいので注意の時です。新規に始める事や積極的行動は凶です。

［業績］下がります。

［交渉・取引］まとまりません。

［交際・恋愛］付き合っても喧嘩別れとなります。

［結婚］良縁ではありません。

［病気］長引きます。重症の場合は命が危ないです。

澤風大過

［待ち人・待つ事］来ません。
［紛失］手に戻りません。
［天気］曇りのち雨。
［株式］下落。時には暴落。

初爻

藉《し》くに白茅《はくぼう》を用《もち》う。咎《とが》なし。

［爻辞の意味］藉《し》くは敷く意。初爻は重い四陽爻を載せている。そこで白い茅《ちがや》のような柔らかいものを下に敷く。それで咎めはない。

象伝　**藉《し》くに白茅《はくぼう》を用《もち》うるは、柔・下《しも》に在るなり。**

占考

何事も受け身となり、大事をとって慎重に扱わなければならない。

・恋愛は、相手に従い尽くせば交際は叶うが、止めておいて無難。

・結婚は、良くないです。常に尽くさなければならず、面白くない結婚となります。

・望み事は、下手に出て尽くせば、叶う可能性があります。

・試験は、実力不足で不合格。

枯《こ》楊《よう》稊《てい》を生《しょう》ず。
老《ろう》夫《ふ》其《そ》の女妻《じょさい》を得《う》。
利《よ》ろしからざるなし。

［爻辞の意味］ 稊《てい》は切り株から生えた芽の意。枯れた柳も完全に枯れずに、新しい芽が生じる。それは老夫が若い女性を得るようなもの。また、子を産み育てることができるので、よろしくないことはない。

象伝

老《ろう》夫《ふ》其《そ》の女妻《じょさい》は、過ぎて以て相與《あいとも》にするなり。

占考

新しい芽が出る。あきらめていたものに望みが出てくる時。復活させる事には良い判断。

・恋愛は、今まで恋人がいなかった人には新しい恋人が生じる時。
・結婚は、今の人と別れると新しい相手を得られる時。
・望み事は、今の望みは叶いません。
・試験は、不合格。

三爻

棟《むなぎ》撓《たわ》む。凶《きょう》。

［爻辞の意味］三爻は陽の位に陽でいるので非常に重い。それで棟《むなぎ》は曲がってしまい、凶である。

象伝 **棟《むなぎ》撓《たわ》むの凶《きょう》は、以て輔《たす》け有る可《べか》らざるなり。**

占考

何事もうまく行かず失敗する。助けてくれる人もいない。
・恋愛は、縁はあっても良い人には恵まれない時。
・結婚は、良くないです。喧嘩を起こして背く相手で凶。
・望み事は、あきらめること。
・試験は、不合格。

四爻

棟《むなぎ》隆《たか》し。吉《きち》。
它《た》あれば吝《りん》。

〔爻辞の意味〕四爻は応爻である初爻の助けを得て、棟《むなぎ》が曲がることなく、しっかりしていて吉である。しかし、上爻に気持ちを移すと吝である。

象伝

棟《むなぎ》隆《たか》きの吉《きち》は、下《しも》に撓《たわ》まざるなり。

占考

大過の時故、非常に重大であり、骨が折れる時。
他に心を動かすと凶。
新規の事は凶。

・恋愛は、不調。縁はあっても強引になる傾向。
・結婚は、無理せず他の人を探すべし。
・望み事は、熱心に願うと叶う可能性あり。
・試験は、今一歩及ばず不合格。

五爻

枯楊《こよう》に華《はな》が生《しょう》ず。老婦《ろうふ》其《そ》の士夫《しふ》を得《う》。咎《とが》なく誉《ほま》れなし。

［爻辞の意味］枯れた柳に花が咲いたように老婦が若い男性を得て結婚する。それは咎めることはないが、しかし、女性はすでに子を産めないので誉れはない。

象伝

枯楊《こよう》に華《はな》が生《しょう》ずるは、何《なん》ぞ久《ひさ》しかる可《べ》けんや。老婦《ろうふ》其《そ》の士夫《しふ》は、また醜《は》ず可《べ》きなり。

占考

一時的に華やかさはあるが、長持ちしない。積極的に進む事や行動は良くない。

・恋愛は、縁はあっても一時的で終わりやすい時。
・結婚は、見合わせた方が良いです。
・望み事は、結果的に叶わない方が良いです。
・試験は、不合格。

過《す》ぎて渉《わた》る。頂《いただ》きを滅《めっ》す凶《きょう》。咎《とが》なし。

［文辞の意味］ 自分の力の弱いのを顧みず、川を渉って溺れてしまうので凶。しかし、止むを得ず川を渉らなければならない時は、そういう事態になっても咎めを受けない。

象伝 **過《す》ぎて渉《わた》るの凶《きょう》は、咎《とが》む可《べか》らざるなり。**

占考

自分の力量以上の事をして失敗する時。

・恋愛は、不調。良い相手には恵まれない時です。
・結婚は、良くないです。腐れ縁となります。
・望み事は、あきらめること。
・試験は、不合格。

29 坎《かん》為《い》水《すい》

䷜

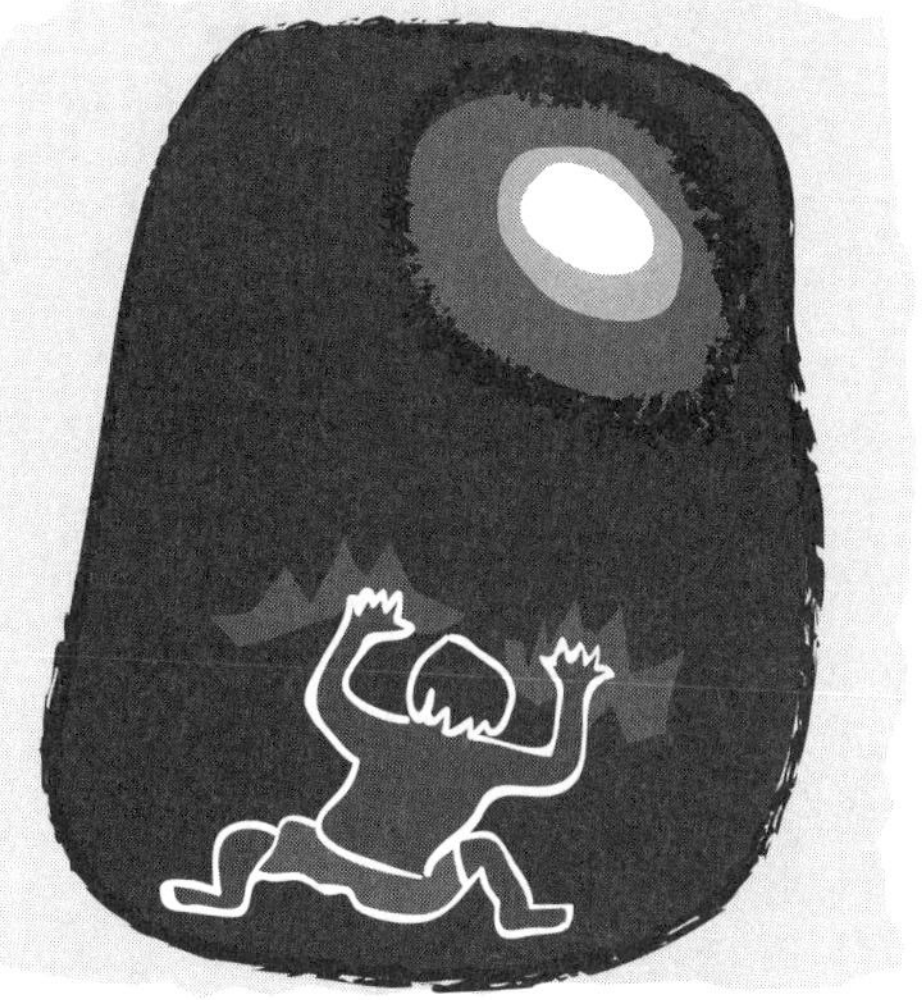

彖辞《たんじ》

習坎《しゅうかん》。孚《まこと》有り。維《こ》れ心亨《とお》る。行きて尚《たっと》ばるるあり。

彖伝《たんでん》

習坎《しゅうかん》は重険《じゅうけん》なり。水は流れて盈《み》たず、険《けん》を行《おこな》いて其の信を失わず。維《こ》れ心亨《とお》るとは、すなわち剛中を以てなり。行《い》きて尚《たっと》ばるるありとは、往《い》きて功《こう》あるなり。天の険《けん》は升《のぼ》るべからざるなり。地の険《けん》は山川《さんせん》丘陵《きゅうりょう》なり。王公《おうこう》は険《けん》を設《もう》けて、以て其の国を守る。険《けん》の時用大いなる哉。

象伝《しょうでん》

水洊《ふたた》び至《いた》るは習坎《しゅうかん》なり。君子以て徳行《とっこう》を常《つね》にして、教事《きょうじ》を習う。

［卦の意］坎の卦は、悩み、苦しみ、険しい、陥る、苦労が多いという意の卦です。

［卦名の由来］この卦は、小成卦の「坎」を重ねた八純卦であります。

［彖辞の意味］坎を重ねた。今、苦しい状態にあっ

ても心には誠がある。信ずるものを変えなければ、その一心は通ずるものである。また、自分から進んで通じさせなければならない。

占断のポイント

■四難卦の一つ（水山蹇、澤水困、水雷屯）
■困難な時。非常に苦しい時。好むものに溺れる時。
■（八純卦）同じ事を繰り返す。一難去ってまた一難の時。
■強い信念を持って耐える。
■「坎」の象意を使って判断。

［運勢］運気は低迷運。運気は悪く、頭を痛める問題が舞い込んで来たり、嫌な問題に巻き込まれたり、ミスや失敗を犯したりで悩み、苦しい状況に陥ります。打開策を用いず、苦難に耐えて静かに時の至るのを待つしかない時。

［業績］下がります。

［交渉・取引］まとまりません。

［交際・恋愛］良くありません。恋愛は性に溺れやすいです。

［結婚］良縁ではありません。

［病気］痛み苦しみ、長引きます。

［待ち人・待つ事］来ません。
［紛失］あきらめるしかありません。
［天気］雨。
［株式］下落、時には暴落。

坎為水

初爻

習坎《しゅうかん》。坎窞《かんたん》に入《はい》る。凶《きょう》。

［爻辞の意味］窞《たん》は小さい穴の意。初爻で最下位におり、穴の中のさらに小さな穴に陥っている。出るに出られず凶である。

象伝　**習坎《しゅうかん》。坎窞《かんたん》に入るは、道を失いて凶なり。**

占考　どん底に落ち込んでいる時。非常に苦しい時。
・恋愛は、不調。無理して付き合うと泥沼化するので凶。
・結婚は、凶です。早く身を引くこと。
・望み事は、叶いません。
・試験は、実力不足で不合格。

二爻

坎《かん》に険《けん》あり。求めて小《すこ》しく得《う》。

〔爻辞の意味〕険の中におり、さらに上に坎がある。しかし、艱難から脱出することは出来ないが、身近なものに求めると、願い事は少しは得られる。

象伝 **求めて小《すこ》しく得《う》るは、未《いま》だ中《ちゅう》を出《い》でざるなり。**

占考 非常に苦しい中にいる。しかし、多少の救いはある時。新規に始める事は凶。

・恋愛は、縁はあっても良くない人です。
・結婚は、止めておいて無難です。
・望み事は、あきらめた方が良いです。
・試験は、不合格。

坎為水

三爻

來《く》るも之《ゆ》くも坎坎《かんかん》。
険《けん》にして且《か》つ枕《まくら》す。
坎窞《かんたん》に入《はい》る。用《もち》うる勿《なか》れ。

［爻辞の意味］三爻は、上下に坎があり、退こうとしても進もうとしても、坎険に阻まれる。そこで止まろうとすれば、険しくて安らぎを得ない所である。それで穴の中の小さい穴に落ち込む。

象伝　**來《く》るも之《ゆ》くも坎坎《かんかん》たるは、終《つい》に功《こう》なきなり。**

占考

進むも退くもできない時。非常に困苦の時。

・恋愛は、深みに陥る時。交際は避けて無難です。
・結婚は、良くないです。他の人を探して吉です。
・望み事は、叶わない方が良い時。
・試験は、不合格。

四爻

樽《そん》酒《しゅ》簋《き》貳《じ》。缶《ふ》を用《もち》う。
約《やく》を納《い》るるに牖《まど》よりす。
終《つい》に咎《とが》なし。

［爻辞の意味］非常に苦しい時であるので、君主に差し上げるに樽酒《たるざけ》と副《そ》えものと徳利《とっくり》の簡単質素な物。質素な物なので正面からではなく明かり窓から入れる。しかし、形式ばらず誠が通じれば、終に咎なきを得る。

象伝

樽《そん》酒《しゅ》簋《き》貳《じ》は、剛柔際《まじわ》ればなり。

占考

苦しい時。形式ばらず質素に行なう。誠を尽くすが良い。

・恋愛は、避けて無難です。相手に貢ぐような事になる、凶。
・結婚は、良くないです。隠れた交際で終わる、凶。
・望み事は、品物を差し上げると叶う可能性あり。
・試験は、不合格。

五爻

坎《かん》盈《み》たず。既《すで》に平《たいら》かなるに祇《いた》る。咎《とが》なし。

〔爻辞の意味〕川は流れ、止まって満ちることはない。また、水は流れながらも水平を得ようとする。したがって、平らかさを得て終には咎なきを得る。

象伝 **坎《かん》盈《み》たざるは、中未《いま》だ大《おお》いならざるなり。**

占考

苦しい時。苦労が多い時。しかし、苦難の底をつき前途に明るさが見えてくる気運。

・恋愛は、交際は避けて無難です。
・結婚は、手を引いて吉です。
・望み事は、あきらめるか、辛抱強く待つしかないです。
・試験は、不合格。

上爻

係《つな》ぐに徽纆《きぼく》を用《もち》う。
叢棘《そうきょく》に寘《お》く。
三歳《さんさい》得《え》ず。凶《きょう》。

［爻辞の意味］徽纆《きぼく》は丈夫な縄。叢棘《そうぎょく》はいばらの繁みで牢獄の意。上爻は苦難に耐えることが出来ず、穴に陥ってしまう。例えば罪を犯して丈夫な縄で繋がれて牢獄に入れられ、三年経っても心を改めることが出来ず、再び世に出れないので凶である。

象伝　**上六道《みち》を失う。凶なること三歳《さんさい》なり。**

占考　非常に苦しい時。ヤケを起こしたりせず、静観して再生を図るべし。
・恋愛は、不調。良くない相手です。
・結婚は、良くないです。こういう時はどうなってもいいと無理して結婚しやすい時です。
・望み事は、叶いません。
・試験は、不合格。

30 離《り》為《い》火《か》

䷝

彖辞《たんじ》 離《り》は貞《てい》に利《よ》ろし。亨《とお》る。牝牛《ひんぎゅう》を畜《やしな》えば吉。

彖伝《たんでん》 離《り》は麗《つ》くなり。日月は天に麗《つ》き、百穀草木は土に麗《つ》く。重明《ちょうめい》以て正《せい》に麗《つ》き、すなわち天下を化成《かせい》す。柔・中正《ちゅうせい》に麗《つ》く。故に亨《とお》る。是《これ》を以て牝牛《ひんぎゅう》を畜《やしな》えば吉なり。

象伝《しょうでん》 明両《めいふた》つ作《おこ》るは離《り》。大人《たいじん》以て明《めい》を継《つ》ぎ、四《し》方《ほう》を照《て》らす。

［卦の意］ 離の卦は、明るい、明らかになる、付くとし離れるという意の卦です。

［卦名の由来］ この卦は、小成卦「離」の卦を重ねた八純卦です。

［彖辞の意味］ 離は付くの意。付くに当たって、正しいものに付くこと。そうすれば何事もうまく

運ぶ。また、火は限度を超えて燃え上がると災いを生じる。したがって、牝牛のようにおとなしく柔順さを養えば吉である。

占断のポイント

■燃え上がる時。情熱を燃やす。表面を飾る時。
■しかし、燃え上がらずに慎重に処すべし。
■移り動いて変化が多く、不安定な状態。
■付くとし、離れる。熱しやすく冷めやすい。
■(八純卦)複数ある。同じ事を繰り返す。
■明るい、明らかになる等「離」の象意を使って判断。

[運勢] 運気は良好運。気持は明るく、情熱を燃やす時です。派手になったり見栄や体裁を飾りやすい時。反面、感情的になりやすく喧嘩に注意です。それに移り気を起こしがちです。火難に注意です。

[業績] 上がります。

[交渉・取引] 不調です。お互いに感情的になって喧嘩になりやすいです。

[交際・恋愛] 情熱を燃やす交際。しかし、熱しやすく冷めやすいです。

[結婚] 良くありません。

離為火

［病気］長引きます。急激に悪化したりします。
［待ち人・待つ事］期待外れとなります。
［紛失］早く探せば見つかります。
［天気］晴れ。
［株式］上がります。

初爻

履《ふ》むこと錯然《さくぜん》たり。之《これ》を敬《けい》すれば咎《とが》なし。

［爻辞の意味］　初爻は夜明けであって、まだ周りがはっきりしていない。そのような時なので、行動する事を慎めば災いを受けない。

象伝

履《ふ》むこと錯《さく》たるの敬《けい》は、以て咎を辟《さ》くるなり。

占考

何事も先の見通しがつけにくい時。軽率に動かず、しばらく待つこと。
・恋愛は、無理しないこと。
・結婚は、気が合わず良くない。外見にとらわれている時。
・望み事は、叶いません。
・試験は、今一歩及ばず不合格。

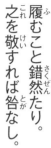

黄離《こうり》。元吉《げんきつ》。

[爻辞の意味] 二爻は、柔順中正を得ている。したがって、大いに吉である。

象伝

黄離《こうり》の元吉《げんきつ》は、中道《ちゅうどう》を得《う》ればなり。

占考

何事も有利に展開し、成就する。
・恋愛は、縁がある時。燃え上がる時。
・結婚は、良くないです。気が合わず意見の対立を起こす。
・望み事は、叶う可能性あり。相手に従うこと。
・試験は、ギリギリ合格。

三爻

日昃《ひかたむ》くの離《り》。缶《ふ》を鼓《う》ちて歌《うた》わず。則《すなわ》ち大耋《だいてつ》の嗟《なげき》あり。凶。

［爻辞の意味］大耋《たいてつ》は年をとった人の意。三爻は夕方。日暮れであり、人生でいうと年老いて一代が終わるところ。それで年老いた事を嘆き悲しむばかりで、徳利をたたいて歌わない。楽しむようにしないので凶である。

象伝　**日昃《ひかたむ》くの離《り》は、何《なん》ぞ久《ひさ》しかるべけんや。**

占考

物事に日暮れが迫っている時。ひと区切りすべき時。未練を持つと凶。

- 恋愛は、順調には運ばないです。
- 結婚は、良くないです。ひと区切りすること。
- 望み事は、うまく行きそうで行かない時。
- 試験は、力及ばず不合格。

突如《とつじょ》其《そ》れ來如《らいじょ》。焚如《ふんじょ》。死如《しじょ》。棄如《きじょ》。

［爻辞の意味］四爻は、外卦離の始まり。内卦離の火が下火になったところ、突然火がやって来て、焼き尽くし、死んで、棄てられる。

象伝

突如《とつじょ》其《そ》れ來如《らいじょ》たるは、容《い》るる所なきなり。

占考

思いがけない災難に遭う時。棄てられる恐れがある。

・恋愛は、良くない相手。交際すると棄てられます。
・結婚は、良くないです。無理すると離婚となります。
・望み事は、あきらめること。
・試験は、不合格。

五爻

涕《なみだ》を出して沱若《だじゃく》たり。戚《いた》みて嗟若《さじゃく》たり。吉。

［文辞の意味］ 君の位におり中を得ているが、陰柔で力がない。そこで側近の陽が迫ってくるので、涙を流して憂い恐れ、嘆き悲しんでいる。しかし、牝牛のようにおとなしくしているので吉を得る。

象伝

六五の吉は、王公《おうこう》に離《つ》けばなり。

占考

何事も力不足の時。周囲から妨げがあって、思うように行かない時。嘆き悲しむ事がある。

- 恋愛は、避けて無難。悲しむ結果となります。
- 結婚は、良くないです。泣き暮らすことになります。
- 望み事は、叶いません。
- 試験は、不合格。

王用《もち》いて出《いで》て征《せい》す。嘉《よ》きあり。首《かしら》を折《お》る。獲《う》るは其《そ》の醜《たぐい》に匪《あら》ず。咎《とが》なし。

［爻辞の意味］醜《たぐい》は仲間の意。上爻は卦の極にあり、火の勢いが強い。今、王の命令を受けて天下の悪いものを征伐に出かけ、そして功績を収めることができた。また、首領の首を落とすだけで、雑兵を殺したり捕らえたりしない。したがって、咎めを受けることがない。

象伝

王用《もち》いて出《いで》て征《せい》するは、以て邦《くに》を正《ただ》すなり。

占考

障害を除去するためには強硬手段を用いるしかない時。

新規の事に積極的になるのは良くない。

・恋愛は、縁はあっても良い人ではない時。
・結婚は、良くない。喧嘩を起こします。
・望み事は、叶いません。強気に出てみるのも一法です。
・試験は、自信を持てばギリギリ合格。

31 澤山咸《たくざんかん》

䷞

彖辞《たんじ》　咸《かん》は亨《とお》る。貞《てい》に利《よ》ろし。女《じょ》を取《と》るに吉。

彖伝《たんでん》　咸《かん》は感なり。柔上《のぼ》りて剛下《くだ》り、二気感応《かんおう》して以て相與《あいとも》にす。止《とど》まりて説《よろこ》び、男は女に下《くだ》る。是《これ》を以て亨《とお》る、貞《てい》に利《よ》ろし、女《じょ》を取《と》るに吉なるなり。天地感じて万物化生《かせい》し、聖人《せいじん》・人心《じんしん》に感じて、天下和平《わへい》す。其の感ずる所を観《み》て、天地万物の情《じょう》見るべし。

象伝《しょうでん》　山上《さんじょう》に澤あるは咸《かん》。君子以て虚《きょ》にして人を受く。

［卦の意］　咸の卦は、感じる、感じるままに、感応するという意の卦です。

［卦名の由来］　この卦は、内卦☶艮の少年が外卦☱兌の少女を追い求め、またお互いに感応するところから咸《かん》というのです。

[彖辞の意味] 皆と感応すれば物事はスラスラと運ぶ。しかし、その感じるものが正しいものでなければならない。また、正しくして男女が感応するのであれば、女性を嫁として迎えて吉であるという。

占断のポイント

■お互いに感じ合う。和合する。
■感じるままに動く時。
■他のものに敏感に影響されやすい時。
■恋愛の卦。
■(大坎の似卦) 悩み、苦労する等「坎」の象意を使って判断。
■(坤を以て乾を包む、包卦) 坤の中に乾が入っている。
■(三陰三陽卦) 異性に縁がある時。

[運勢] 運気は良好運。運気良好で人とも和合して楽しい時。また、感じるままに行動しやすい時ですが、正しいものと悪いものを良く見極めることが大切です。異性に縁がある時でもあり、若い人には良いですが、既婚者は浮気心に注意です。
[業績] 若干上がります。
[交渉・取引] まとまります。

［交際・恋愛］気が合い、楽しい交際となります。
［結婚］良縁です。
［病気］初期の事が多く、早く治療すれば治ります。
［待ち人・待つ事］来ます。
［紛失］何かに包まれています。外の場合、盗まれて手に戻りません。
［天気］おおむね曇り。
［株式］上下往来します。

初爻

其《そ》の拇《ぼ》に咸《かん》ず。

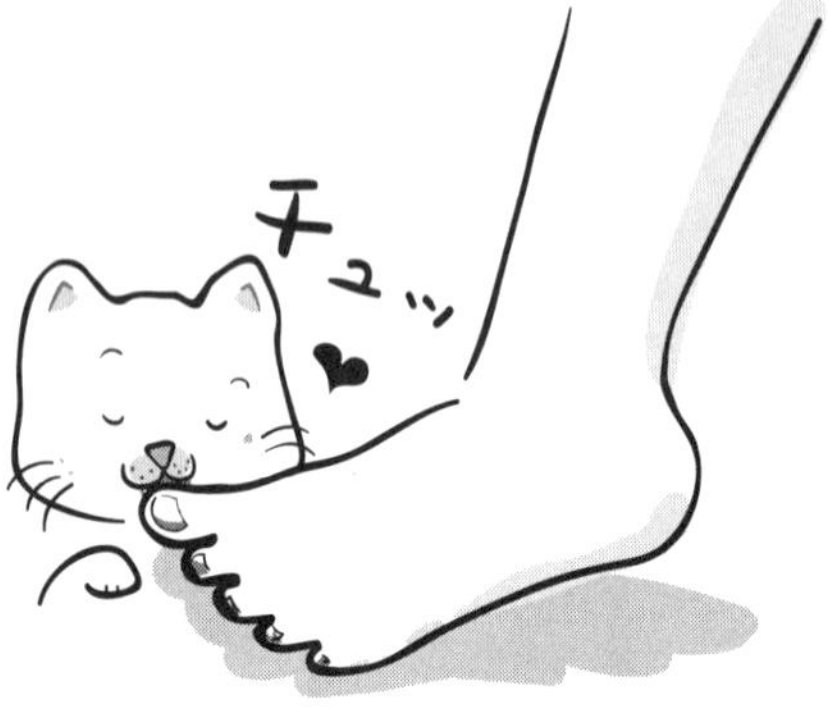

［爻辞の意味］ 拇《ぼ》は親指の意。今、親指に感じる程度で、感じ方がまだ浅い。

象伝 **其《そ》の拇《ぼ》に咸《かん》ずるは、志外《そと》に在るなり。**

占考

感じ方が鈍い、まだ浅い。新しい事を始めたくなるが、実行はもう少し待つべし。

・恋愛は、気を惹かれる相手が現われる時。
・結婚は、良いが邪魔が入る時。機が熟すのを待つべし。
・望み事は、叶うのに時間がかかります。
・試験は、実力不足で不合格。

二爻

其《そ》の腓《ひ》に咸《かん》ず。凶。居《お》れば吉。

［爻辞の意味］　腓《ひ》はふくらはぎの意。ふくらはぎは股の動きに従って動く。二爻は三爻に従って動いてしまうので凶。正しい相手ではないのでジッとしていれば吉である。

象伝

凶と雖《いえど》も居《お》れば吉とは、順《したが》えば害《がい》あらざるなり。

占考

余計な事に従って失敗する時。動き進む事は凶。現状維持が吉を得る。

・恋愛は、出会いが芽生える時です。急がない事。

・結婚は、気は合うが良くない。他の相手が現われます。

・望み事は、待つしかないです。

・試験は、不合格。

其《そ》の股《また》に咸《かん》ず。其《そ》の随《したが》うを執《と》る。往《い》けば吝《りん》。

［爻辞の意味］ 三爻も足の下の部分に従って動く。しかし、二爻や初爻に従う事を固執して進んで行けば吝である。

象伝

其《そ》の股《また》に咸《かん》ずるは、また處《お》らざるなり。志人《ひと》に随《したが》うに在り。執《と》る所下《しも》なり。

占考

他に従って動き、それに固執する事は凶。下に係わって上を失う。

・恋愛は、縁はあっても欲情にかられている時、注意すること。

・結婚は、良くないです。性欲だけで走っている時。

・望み事は、叶いません。

・試験は、不合格。

四爻

**貞吉《ていきつ》。悔《く》い亡《ほろ》ぶ。
憧憧《しょうしょう》として往来《おうらい》すれば、
朋爾《ともなんじ》の思《おも》いに従《したが》う。**

［爻辞の意味］ 感じるのが貞正ならば後悔することはない。四爻は応爻の初爻とお互いに感じ合う。仲間も自分の思うものに従う。

象伝

貞吉悔《ていきつく》い亡《ほろ》ぶるは、未だ感・害せられざるなり。憧憧《しょうしょう》として往来《おうらい》すれば、未だ光大《こうだい》ならざるなり。

占考

新しいものに手を出したくなる時。正しさを守れば吉を得る。

・恋愛は、縁があって良好です。交際は発展しそう。
・結婚は、良いですが、邪魔が入るか、移り気に注意です。
・望み事は、時間はかかるが叶います。
・試験は、ギリギリ合格。

五爻

其《そ》の脢《ばい》に咸《かん》ずる。悔《く》いなし。

［爻辞の意味］脢《ばい》は背中の肉の意。背中は感じ方が鈍い所で感じるので、正しくないものに感応しても後悔しないで済む。

象伝

其《そ》の脢《ばい》に咸《かん》ずるは、志末《すえ》なり。

占考

感じ方が鈍い。欲に引かれたり、心を引かれるものに動かされては凶。

・恋愛は、良い相手と縁がある時。しかし、あまり気乗りしない傾向。
・結婚は、良くないです。あまり気乗りしていないです。
・望み事は、思うように行かないです。
・試験は、ギリギリ合格。あまり行きたくない所。

上爻

其《そ》の輔《ほ》頰《きょう》舌《ぜつ》に咸《かん》ず。

［爻辞の意味］ 輔頰舌は口や舌の意。口先に感じる。誠ではなく口先で感じさせる。

象伝 **其《そ》の輔《ほ》頰《きょう》舌《ぜつ》に咸《かん》ずるは、口説《こうぜつ》を滕《あ》ぐるなり。**

占考

口先だけの時。

体裁は良いが内実が伴わない。

・恋愛は、相手のうまい口先の言葉に注意。

・結婚は、あまり良いとは言えません。相手の言葉に酔ったり、性欲にかられている時です。

・望み事は、叶いません。

・試験は、不合格。

32 雷風恒《らいふうこう》

彖辞《たんじ》

恒《こう》は亨《とお》る。咎《とが》なし。貞《てい》に利《よ》ろし。往《い》く攸《ところ》あるに利《よ》ろし。

彖伝《たんでん》

恒《こう》は久《きゅう》なり。剛上《のぼ》りて柔下《くだ》る。雷風相与《らいふうあいくみ》し、巽《したが》いて動き、剛柔《ごうじゅう》皆応《おう》ずるは恒《こう》。恒は亨《とお》りて咎《とが》なし、貞《てい》に利《よ》ろしとは、其の道を久《ひさ》しうするなり。天地の道は恒久《こうきゅう》にして已《や》まざるなり。往《い》く攸《ところ》あるに利《よ》ろしとは、終れば則《すなわ》ち始まり有るなり。日月天を得て能《よ》く久《ひさ》しく照らし、四時《しじ》変化して能《よ》く久しく成《な》す。聖人《せいじん》其の道久《ひさ》しくして天下化成《かせい》す。其の恒《つね》とする所を観《み》て天地万物の情《じょう》見るなり。

象伝《しょうでん》

雷風は恒。君子以て立てて方《ほう》を易《か》えず。

［卦の意］恒の卦は、常なり、恒久、久しく変わらないという意の卦です。

【卦名の由来】この卦は、内卦☴巽の女性が外卦☳震の男性に従っている象。それは夫婦の象で、人間の恒久の道でもあり、それで恒というのです。

【彖辞の意味】恒は、一つの事を変えずに専念すれば、必ず通る。咎めを受けることはない。しかし、それは正しいものでなければならない。また、恒久の道は止むことはない。

占断のポイント

■従来通り。従来の事を守ること。
■新規に始めることは不可。
■今までやって来た事を変えたり、方針の変更は不可。
■夫婦の卦
■大坎の似卦
■坤を以て乾を包む、包卦。
■(三陰三陽卦)異性に縁がある。

【運勢】運気は良好運。新しい事を始めたり、変化を求めたりしないで、今までの事をそのままやっていれば吉を得ますし、次第に発展します。異性への関心が高まる時でもあり、異性と縁がある時です。

【業績】若干上がります。

［交渉・取引］時間はかかりますが、まとまります。
［交際・恋愛］気の合った良い交際ができます。
［結婚］良縁です。
［病気］長引きます。次第に慢性化する傾向。
［待ち人・待つ事］遅れて来ます。
［紛失］物の間に紛れ込んでいます。外の場合は、手に戻りません。
［天気］おおむね曇り。午後は多少晴れ間が見えます。
［株式］若干上がります。

初爻

恒《つね》を浚《ふか》くする。貞《ただ》しけれども凶。利《よ》ろしき攸《ところ》なし。

［爻辞の意味］ 浚《ふか》くは深くするの意。初爻なので恒の道を徐々に進めるべきなのに、最初から深くするのは凶である。よろしきところがない。

象伝

恒《つね》を浚《ふか》くするの凶は、始めに求めること深《ふか》きなり。

占考

分不相応な事をしたり、性急なため失敗する。
深入りして失敗する。
・恋愛は、交際が芽生える時。
・結婚は、あまり良いとは言えません。性欲願望が強い時。
・望み事は、思い通りには叶いません。
・試験は、実力不足で不合格。

二爻

悔《く》い亡《ほろ》ぶ。

［爻辞の意味］二爻は位は正しくないが、中を得ているので悔いるような失敗がなくなる。

象伝

九二の悔《く》い亡《ほろ》ぶるは、能《よ》く中《ちゅう》に久《ひさ》しければなり。

占考

今までの事を遂行する。他に心を動かすと失敗する。

・恋愛は出会いがあって良好。移り気には注意。
・結婚は、良いです。話がまとまるまでに時間がかかります。
・望み事は、叶うまでに時間がかかります。
・試験は、力及ばず不合格。

三爻

其《そ》の徳《とく》を恒《つね》にせず。或《ある》いは之《これ》に羞《はじ》を承《う》く。貞吝《ていりん》。

[爻辞の意味] 三爻は恒の道に反して動いてしまう。夫婦でいうと婦人が一人の夫を守ることができず、恥をかくこととなる。このようでは吝である。

象伝 **其《そ》の徳《とく》を恒《つね》にせざるは、容《い》るる所なきなり。**

占考

従来の事を守る時。
軽挙妄動して失敗する。
好むものに引かれて道を誤る。
・恋愛は、縁はあっても移り気を起こす時。
・結婚は、移り気を起こして良くないです。
・望み事は、叶いそうで叶いません。
・試験は、不合格。

田《かり》して禽《きん》なし。

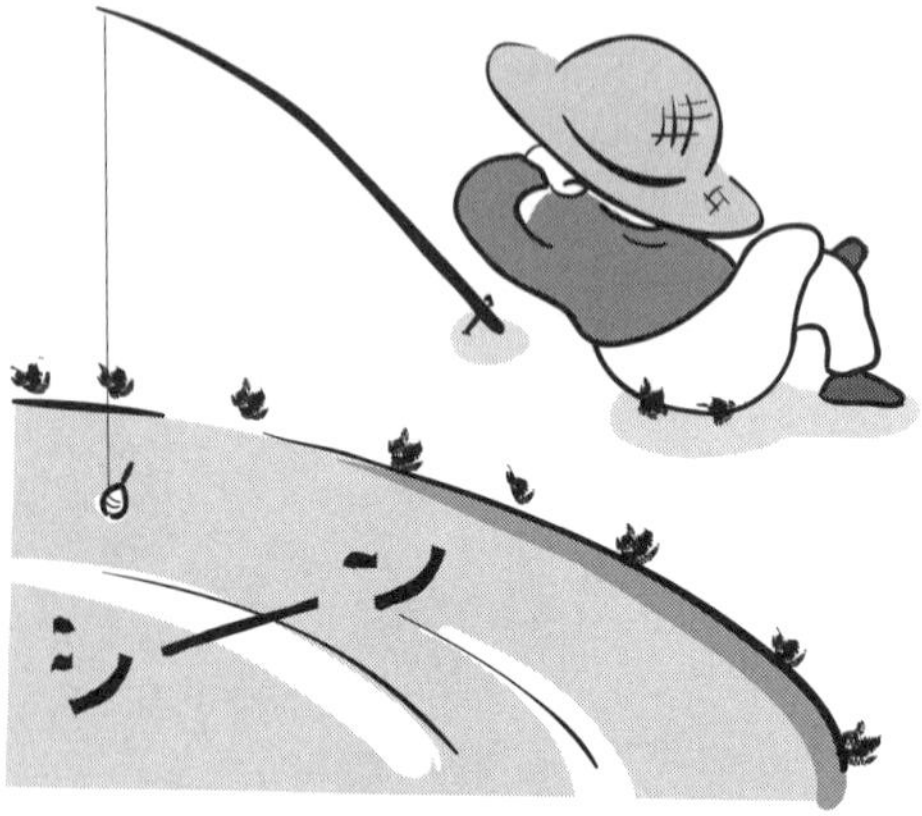

［爻辞の意味］田《かり》は狩り、禽《きん》は獲物の意。狩りに出かけても獲物なし。

象伝

久《ひさ》しく其の位《くらい》に非《あら》ず。安《いずく》んぞ禽《きん》を得《え》んや。

占考

得るものがない時。

無駄な努力で終わる時。

見込み違いがある時。

・恋愛は、不調。見込み違いがあって、うまく行かないです。

・結婚は、折り合いが良くなく止めて吉。

・望み事は、うまく行かないです。

・試験は、実力不足で不合格。

其《そ》の徳《とく》を恒《つね》にす。
貞《かた》くするは婦人《ふじん》は吉。
夫子《ふし》は凶。

［爻辞の意味］五爻は陰柔であるが中を得ているので、恒の道の徳を常に守る。それを固く守る婦人は吉である。しかし、男子は柔順を固く守っているようでは凶である。

象伝 **婦人貞吉《ていきつ》は、一《ひとつ》に従いて終《おわ》るなり。夫子《ふし》は義《ぎ》を征《せい》す。婦《ふ》に従うは凶なり。**

占考

今まで通りにやって行けば安泰を得る。
・恋愛は、良い相手と巡り合える時。話も発展します。
・結婚は、良い相手で吉です。
・望み事は、気長に待てば叶います。
・試験は、力及ばず不合格。

恒《こう》を振《ふる》う。凶。

［爻辞の意味］恒の卦の極にあり、奮い動く事を常とするので凶である。

象伝 **恒《こう》を振《ふる》うて上《かみ》に在り。大いに功《こう》なきなり。**

占考 無駄な努力をして骨を折る時。ジッとしていられず凶を見る。

・恋愛は、縁はあっても実らない時。
・結婚は、見合わせて無難です。他の人を探すべし。
・望み事は、思い通りに行かないです。
・試験は、不合格。

天山遯

33 天《てん》山《ざん》遯《とん》

䷠

彖辞《たんじ》 遯《とん》は亨《とお》る。小《しょう》は貞《てい》に利《よ》ろし。

彖伝《たんでん》 遯《とん》は亨《とお》るとは、遯《のが》れて亨《とお》るなり。剛位《くらい》に当《あ》たりて応《おう》じ、時《とき》とともに行《おこ》なうなり。小《しょう》は貞《てい》に利《よ》ろしとは、浸《すす》みて長《ちょう》ずるなり。遯《とん》の時義《じぎ》大いなる哉《かな》。

象伝《しょうでん》 天下に山あるは遯《とん》。君子以て小人を遠《とお》ざけ、悪《にく》まずして厳《きび》しくす。

[卦の意] 遯の卦は、逃れる、退くという意の卦です。

[卦名の由来] この卦は、十二消長卦の陰の勢いが益してきているので、陽にとっては、ひとまず逃れるべきである。

[彖辞の意味] 今は遯の逃れる時であるが、将来、陰の道が消滅し陽の時代がやって来るので、それ

まで退き守れば通ることができる。また、遯の時は小さい事は差し支えない。

占断のポイント

■（十二消長卦）陰が長じる衰退の時。
■何事も逃れる、逃げる、退くこと。
■足元から崩れ始まっている。身近に危険が迫っている。
■引退占には吉として見る。
■（大巽の象）従う、迷う、伏入等「巽」の象意を使って判断。

［運勢］運気は衰退運。何事も思うように行かない時。目下や部下の事で苦労したり、内部から崩れが始まります。新規に始めるなど積極的行動を慎み、消極的姿勢で対処する時。

［業績］下がり気味です。

［交渉・取引］うまくまとまりません。

［交際・恋愛］避けて無難です。

［結婚］見合わせた方が良いです。

［病気］次第に快方に向かいます。

［待ち人・待つ事］来ません。

［紛失］手に戻りません。

［天気］曇り。
［株式］下がり気味。

初爻

遯《とん》尾《び》。厲《あや》うし。
往《い》く攸《ところ》あるに用《もち》うる勿《なか》れ。

〔爻辞の意味〕逃げる時に、初爻は逃げ遅れているので危険である。しかし、これから進もうとしてはいけない。進まなければ無難である。

象伝 **遯《とん》尾《び》の厲《あや》うきは、往《い》かざれば何《なん》の災《わざわ》いあらん。**

占考

逃げ遅れている時。
何事も止まること。
進む事は凶。
・恋愛は、不調。追いかけない方が良いです。
・結婚は、良くないです。早く身を引く事。
・望み事は、あきらめること。
・試験は、不合格。

二爻

之《これ》を執《と》うるに黄牛《こうぎゅう》の革《かわ》を用《もち》う。
之《これ》を勝《あ》げて説《と》くなし。

［爻辞の意味］　黄牛《こうぎゅう》の革《かわ》は柔らかくて丈夫な皮の意。二爻は五爻の君の志をしっかりと掴えて、固く縛っておく。それを誰もが解きほぐすことができない。

象伝

執《と》うるに黄牛《こうぎゅう》の革《かわ》を用《もち》うるは、志を固くするなり。

占考

ある一つの事に拘束されて自由がきかない時。
進めない時。
・恋愛は、腐れ縁となりやすいので止めておいた方が良いです。
・結婚は、良くないです。身を引くこと。縛られているような状態で別れられない。
・望み事はあきらめた方が良いです。
・試験は、不合格。

遯《とん》を係《つな》ぐ。
疾《やまい》ありて厲《あや》うし。
臣妾《しんしょう》を畜《やしな》えば吉《きち》。

［爻辞の意味］逃げる時に、繋がれていて逃げられない。病いにかかったようなもので危険である。このような時は、妾など小人を相手にして動かなければ吉を得る。

象伝

遯《とん》を係《つな》ぐの厲《あや》うきは、疾《やまい》ありて憊《つか》れるなり。臣妾《しんしょう》を畜《やしな》えば吉なるは、大事《だいじ》に可《か》ならざるなり。

占考

何かに係わって進めない時。好むものに引かれて逃れられない。
・恋愛は、未練が残って別れられない状態。
・結婚は、良くないです。別れたいのに別れられない状態。
・望み事は、叶いません。
・試験は、不合格。

四爻

好《この》めども遯《のが》る。
君子《くんし》は吉《きち》。
小人《しょうじん》は否《しか》らず。

［爻辞の意味］君子は好むものに引かれても逃げられるので吉であるが、小人は好むものに溺れてしまい逃げられない。

象伝 **君子は好《この》めども遯《のが》る。小人《しょうじん》は否《しか》らざるなり。**

占考

逃れて吉の時。しかし、好むものに心を引かれて逃れられない時。

- 恋愛は、交際は避けて無難です。
- 結婚は、良くないです。別れるのに離れられない状況。
- 望み事は、叶いません。
- 試験は、実力不足で不合格。

嘉《よ》く遯《のが》る。
貞吉《ていきつ》。

［爻辞の意味］逃れる時に当たって、喜び楽しんでよく逃れられる。それを固く守って吉である。

象伝 嘉《よ》く遯《のが》れ貞吉《ていきつ》は、以て志を正《ただ》すなり。

占考

何事も逃れて吉を得る時。
進んで行なう事は凶。
・恋愛は、不調。今の人は思い切って止めて吉。
・結婚は、逃れて吉。他の人を探すべし。
・望み事は、叶いません。
・試験は、今一歩及ばず不合格。

上爻

肥《ゆた》かに遯《のが》る。
利《よ》ろしからざるなし。

［爻辞の意味］上爻は一番遠いので余裕をもって逃れられる。逃れることが、よろしくないことはない。

象伝

肥《ゆた》かに遯《のが》れ利《よ》ろしからざるなしとは、疑う所なきなり。

占考

何事も逃れて吉を得る時。
新規の事に手を出さないこと。
・恋愛は、良くない人。交際は断って吉。
・結婚は、思い止まった方が良いです。
・望み事は、あきらめた方が良いです。
・試験は、力不足で不合格。

34 雷天大壮《らいてんたいそう》

䷡

彖辞《たんじ》 大壮《たいそう》は、貞《てい》に利《よ》ろし。

彖伝《たんでん》 大壮《たいそう》は、大いなる者壮《さか》んなるなり。剛《ごう》以て動く、故に壮《さか》ん。大壮は貞《てい》に利《よ》ろしとは、大《おお》いなる者正《ただ》しきなり。正大《せいだい》にして天地の情《じょう》見るべし。

象伝《しょうでん》 雷・天上に在るは大壮。君子以て礼《れい》にあらざれば履《ふ》まず。

［卦の意］ 大壮の卦は、大いに盛んという意の卦です。

［卦名の由来］ この卦は、十二消長卦の陽が長じる卦から盛んな意で、それに陰に対し陽が多く、陽を以て大とし、それで大壮という。

［彖辞の意味］ 勢いが大いに盛んな時は、正しさを固く守ってよろしい。

占断のポイント

■勢いが盛んな時。
■気持ちが大きくなる。
■(十二消長卦) 陽が長じる発展の時。
■何事もやり過ぎ、行き過ぎに注意。ブレーキをかけながら進む事。
■(大兌の象) 楽しむ、欠ける、挫折する等「兌」の象意を使って判断。

[運勢] 運気は盛運。運気が強く、何事もうまく行きますし、喜び事もあり楽しい時です。ただ、積極的になるのは良いのですが、気が大きくなってのやり過ぎや行き過ぎる傾向にあり、その点での失敗が心配です。
[業績] 上がります。
[交渉・取引] 強気に出ると失敗します。
[交際・恋愛] 楽しいですが、強気になり過ぎると嫌われます。
[結婚] 縁としては悪くはありませんが、少々男性が積極的であり、精力的にも強いです。
[病気] 悪化して行きます。
[待ち人・待つ事] 進んで来ます。
[紛失] 手に戻りません。

雷天大壮

［天気］晴れ。
［株式］上昇します。

初爻

趾《あし》に壮《そう》なり。征《い》けば凶《きょう》。孚《まこと》あり。

［爻辞の意味］ 初爻は人体に当てると足で、進みたい気持ちが強い時。また、進めばブレーキをかける気持ちがあっても、勢いに任せて進んでしまい凶をみることになる。

象伝

趾《あし》に壮《そう》なるは、其の孚窮《まことききゅう》するなり。

占考

進みたい気持ちが強い時で、それで失敗する。

暴走してしまう危険があり、何事も止まっていた方が良い。

・恋愛は、積極さは良いが強引にならないこと。

・結婚は、勢いに任せては良くない。止めておいて吉です。

・望み事は、うまく行きそうで行かない時。

・試験は、不合格。気持ちだけが先走る。

貞《てい》なれば吉《きつ》。

［爻辞の意味］二爻は中の徳を備えているので、正しさを固く守り吉を得る。

象伝　**九二の貞吉《ていきつ》は、中を以てなり。**

占考

勢いに乗り過ぎないようにブレーキをかけながら進めば吉。

・恋愛は、縁があって良好。でも、ハメを外さないこと。
・結婚は、良縁です。急がず落ち着くこと。
・望み事は、叶います。焦らないこと。
・試験は、合格。

三爻

小人壮《そう》を用《もち》い、君子は罔《もう》を用う。貞《てい》なるも厲《あや》うし。羝羊藩《ていようはん》に触《ふ》れて其《そ》の角《つの》を羸《くる》しましむ。

[文辞の意味] 罔《もう》は無い、藩《はん》は垣根の意。小人は勢いに任せて進んでしまうが、君子は盛んには進まない。しかし、勢いが強い時で君子といえども進んでしまう危険はある。もし、勢いに任せて進めば、牡羊が垣根に角をひっかけてしまい動けない状態となる。

象伝 **小人は壮《そう》を用《もち》い、君子は罔《もう》なり。**

占考

勢いよく進んで動きが取れなくなる時。何事も退き守った方が良い。

・恋愛は、性欲にかられて失敗しやすい時。
・結婚は、良くないです。欲情にかられて無理しがちな時。
・望み事は、焦って失敗します。
・試験は、不合格。

四爻

貞吉《ていきつ》。悔《く》い亡《ほろ》ぶ。
藩決《はんひら》けて羸《くる》しまず。
大輿《たいよ》の輹《ふく》に壮《そう》なり。

〔爻辞の意味〕決《ひら》けては開ける、輹《ふく》は車の中軸の意。正しく進む事によって吉を得る。後悔しないで済む。そうすれば垣根が開けて羊が角をひっかけることもない。また、大きく丈夫な車で進むので、途中で壊れたりしない。

象伝

藩決《はんひら》けて羸《くる》しまざるは、往《い》くを尚《たっと》ぶなり。

占考

正しさを守って進んで行けば目的を達成できる。
前が開ける。
調子に乗り過ぎないこと。
・恋愛は、積極さで交際が始まる時。
・結婚は、良縁。話がまとまります。
・望み事は、叶います。
・試験は、合格。

五爻

羊を易《さかい》に喪《うしな》う。悔《くい》なし。

［爻辞の意味］易《さかい》は境界の意。羊が囲いの外に逃げ出した。しかし、その羊を追わない。それで悔いることがない。

象伝　**羊を易《さかい》に喪《うしな》うは、位当たらざるなり。**

占考

去るものは追わずの時。欲に引かれず、手を出さないで無事を得る。

・恋愛は、良い相手を逃し良くない。でも、追わないこと。
・結婚は、縁そのものが良くないです。深追いしないこと。
・望み事は、うまく行きそうで叶いません。
・試験は、力一歩及ばず逃し不合格。

上爻

羝羊藩《ていようはん》に触《ふ》れて、退《しりぞ》く能《あた》わず。遂《すす》む能《あた》わず。利《よ》ろしき攸《ところ》なし。艱《なや》めば則《すなわ》ち吉。

［爻辞の意味］上爻は卦の終わりにあって、勢いに任せて進んでしまい角を垣根に引っ掛けてしまう。それで進むことも退くこともできず、よろしいところがない。心を改めれば吉を得る。

象伝

退《しりぞ》く能《あた》わず遂《すす》む能《あた》わずは、詳《つまび》らかならざるなり。艱《なや》めば則《すなわ》ち吉なるは、咎長《なが》からざるなり。

占考

困難のある時。進退に苦しむ。改心を要する時。

・恋愛は、思うように行かない時。後悔するような失敗をする時。
・結婚は、話がこじれて良くない。他の人を探した方が良いです。
・望み事は、叶いません。
・試験は、不合格。

35 火地晋《かちしん》

䷢

彖辞《たんじ》

晋《しん》は、康侯用《こうこうもっ》て馬を錫《たま》うこと蕃庶《はんしょ》。晝日三《ちゅうじつみ》たび接《せっ》す。

彖伝《たんでん》

晋《しん》は、進むなり。明《めい》地上に出《い》で、順《したが》いて大明《だいめい》に麗《つ》き、柔進みて上行《じょうこう》す。是《これ》を以て康侯用《こうこうもっ》て馬を錫《たま》うこと蕃庶《はんしょ》、晝日三《ちゅうじつみ》たび接《せっ》するなり。

象伝《しょうでん》

明《めい》地上に出《い》づるは晋。君子以て自ら明徳《めいとく》を昭《あきら》かにす。

［卦の意］晋の卦は、進むという意の卦です。

［卦名の由来］この卦は、☷坤の地上に☲離の太陽が出た象で、太陽は天上に昇り進みますので、晋・進むというのです。

［彖辞の意味］蕃庶《はんしょ》はたくさんの意。民と康《やす》んずる侯《こう》が王からたくさんの馬をいただく。それに王と一日に三回も接し、寵愛を受ける。

占断のポイント

■日の如く、運気が上昇する。
■物事も積極的に行なって良好を得る。
■何か良いものをいただく時。
■目上や上司に柔順にして接すれば信任され寵愛を受ける。
■地位が昇進する。

［運勢］運気は発展運。運気が隆盛の時で、明るく勢いがあり、物事も漸次良好を得ます。今まで苦労してきた場合、その苦労から開放され順調となります。表彰されたり褒美をもらったりもします。

［業績］上がります。

［交渉・取引］まとまります。また、早くまとめるようにする事。

［交際・恋愛］明るく楽しい交際ができます。

［結婚］良縁です。

［病気］悪化します。

［待ち人・待つ事］来ます。

［紛失］手に戻りません。

［天気］晴れ。

［株式］上昇します。

火地晋

初爻

晋如《しんじょ》。摧如《さいじょ》。貞《てい》にして吉。孚《まこと》とせらるるなきも、裕《ゆた》かにして咎《とが》なし。

［爻辞の意味］摧如《さいじょ》は阻まれて進めない意。初爻は力弱く、進むことは進んでも障害に阻まれて進めない。正しきに従って進むならば吉を得る。もし、友人から信じられなくても、心を大きく持って裕かに進めば咎はない。

象伝

晋如《しんじょ》。摧如《さいじょ》たるは、独《ひと》り正《せい》を行なうなり。裕《ゆた》かにして咎《とが》なきは、未だ命《めい》を受けざるなり。

占考

何事も進むと障害に阻まれる時。焦らず、ゆっくりと進む事。

・恋愛は、縁があって良好。しかし、障害が生じる時。
・結婚は、あまり良い縁ではない。見合わせた方が無難です。
・望み事は、うまく行きそうで行かないです。
・試験は、今一歩力が及ばず不合格。補欠。

二爻

晋如《しんじょ》。愁如《しゅうじょ》。貞《てい》にして吉《きち》。茲《こ》の介福《かいふく》を其《そ》の王母《おうぼ》より受《う》く。

［爻辞の意味］愁如《しゅうじょ》は憂えて止まる。介福《かいふく》は大きな福の意。進むと難ありて憂えて止まってしまう。しかし、貞正を守って進めば吉を得る。この大きな幸福を王母より与えられる。

象伝

茲《こ》の介福《かいふく》を受《う》くるは、中正を以てなり。

占考

難が生じて進めない時。

その難を除去するようにして進めば幸福を得られる。

・恋愛は、良好でも邪魔が入る時。
・結婚は、邪魔が入って話が進まない傾向。
・望み事は、気長に待てば叶います。
・試験は、ギリギリ合格。

三爻

衆《しゅう》允《まこと》とす。
悔《く》い亡《ほろ》ぶ。

［爻辞の意味］ 衆《しゅう》は仲間の意。三爻は下の二陰を連れて進む。一人で進めば悔いることにはなるが、二陰と一緒に進めば悔いも亡《ほろ》びる。

象伝 **衆《しゅう》允《まこと》とするは、志上行《じょうこう》するなり。**

占考

何事も進める機運である。
しかし、周囲の理解や助力が必要な時。独走は凶。
・恋愛は、グループ活動から縁が生じる時。
・結婚は、あまり良縁とは言えないです。
・望み事は、数人で望むものは叶います。
・試験は、力不足で不合格。

四爻

晋如《しんじょ》。鼫鼠《せきそ》。

貞《かた》くすれば厲《あや》うし。

［爻辞の意味］鼫鼠《せきそ》は大きなネズミの意。四爻は君の側近であるが、不中不正であるところから、貪欲なる大きなネズミとして見、私欲を肥やす大臣。その心を改めないと禍を被る。

象伝　**鼫鼠《せきそ》の貞《かた》くすれば厲《あや》うきは、位《くらい》当たらざるなり。**

占考

欲を貪る時。

不正が多い時。

見当違いの事をやっている。

何事も順調を得られない。

・恋愛は、欲張って失敗する時。
・結婚は、良くないです。欲に走っている傾向があります。
・望み事は、欲が強く叶いません。
・試験は、不合格。

悔《く》い亡《ほろ》ぶ。
失得恤《しっとくうれ》うる勿《なか》れ。
往《い》きて吉。
利《よ》ろしからざるなし。

［爻辞の意味］陽の位に陰でいるが、中を得ているので悔いることはない。それに損得のことも心配ない。進んで行けば吉であって、よろしくないことはない。

象伝

失得恤《しっとくうれ》うる勿《なか》れとは、往《い》きて慶《けい》あるなり。

占考

心配事がある時。
何事も進んで行けば吉を得る時。
消極的が悔いを残すことになる。
・恋愛は、積極的に求めて行けば望みは叶う時です。
・結婚は、良縁です。積極的に話を進めること。
・望み事は、押しの一手で叶います。
・試験は、合格。

上爻

其《そ》の角《つの》に晋《すす》む。維用《これもっ》て邑《ゆう》を伐《う》つ。厲《あや》うけれども吉にして咎なし。貞《かた》くすれば吝《りん》。

［爻辞の意味］ 卦の極にあり、猛進する。それも王を無視して征伐に出かける。したがって、自分の身の危険を知って反省すれば、吉にして咎めを受けない。改めなければ吝となる。

象伝

維用《これもっ》て邑《ゆう》を伐《う》つは、道未《いま》だ光《おお》いならざるなり。

占考

猛進してしまう時。何事も行き過ぎ、やり過ぎて失敗する。反省し改めれば吉。
・恋愛は、あまり強く求めないこと。
・結婚は、良くない。喧嘩を起こします。
・望み事は、あきらめること。
・試験は、力及ばず不合格。

36 地《ち》火《か》明《めい》夷《い》

䷣

彖辞《たんじ》

明夷《めいい》は、艱貞《かんてい》に利《よ》ろし。

彖伝《たんでん》

明《めい》・地中に入るは明夷《めいい》。内《うち》文明にして外《そと》従順、以て大難《だいなん》を蒙《こうむ》る。文王之《ぶんおうこれ》を以《もち》ゆ。艱《かん》貞《てい》に利《よ》ろしとは、其《そ》の明《めい》を晦《くら》ますなり。内難《うちなや》みて而《しこう》して能《よ》く其の志を正《ただ》しくす。箕子之《きしこれ》を以《もち》ゆ。

象伝《しょうでん》

明《めい》・地中に入るは明夷《めいい》。君子以て衆《しゅう》に莅《のぞ》み、晦《くら》きを用いて明《あき》らかなり。

〔卦の意〕 明夷の卦は、明るいものが破れる、暗いという意の卦です。

〔卦名の由来〕 この卦は、☲離の太陽が☷坤の地中に没している。明るいものが地の中に入る象で、明が破れる意味合いから明夷《めいい》といいます。

〔彖辞の意味〕 真っ暗な時は悩み苦しみながらも、じっと耐えて正しいところを守っていればよろしい。またいつか明るさが出てくる。

占断のポイント

■真夜中の卦。真っ暗。
■正しい事が通らない時。
■才能があっても、それを発揮できない時。
■苦労や悩みがある時。
■だまされる時。

［運勢］運気は自重運。あまり面白くない運勢。物事は思うように行かない時。自分は正しい事をしても、周囲から傷つけられやすい時なので、無能を装っていた方が良いです。

［業績］下がります。

［交渉・取引］まとまらないし、無理にまとめない方が良いです。

［交際・恋愛］良い相手ではありません。だまされないように注意。

［結婚］良縁ではありません。

［病気］長引きます。重症者は命が危ない。

［待ち人・待つ事］来ません。

［紛失］見つかりません。

地火明夷

［天気］曇り。
［株式］下がります。

初爻

明夷《めいい》。于《ゆ》き飛《と》び其《そ》の翼《つばさ》を垂《た》る。君子于《ゆ》き行《い》きて、三日《みっか》食《くら》わず。往《い》く攸《ところ》あれば、主人言《こと》あり。

［爻辞の意味］　初爻は明夷の初めなので、身の危険を察知して難を避けるために遠くへ飛び去る。それも鳥が人に気づかれないように翼を大きく広げないで、低く飛ぶようにである。また君子は、難を逃れるために三日間も食わずに逃げた。そこで事情を知らない主人は、去った者に対して文句を言う。

象伝　**君子于《ゆ》き行《い》くは、義《ぎ》食《く》らわざるなり。**

占考

災いや苦労がある時。
何事もうまく行かない時。
早く退き去った方が良い。
・恋愛は、交際を避けて無難。
・結婚は、良くない。早く逃げること。
・望み事は、あきらめること。
・試験は、不合格。

地火明夷

明夷《めいい》。左股《さこ》を夷《やぶ》る。
用《もっ》て拯《すく》う。
馬壮《そう》なれば吉。

［爻辞の意味］明夷の時、左ももを傷つけられる。それを救うには、壮健なる馬に乗って逃げることで吉である。

象伝 **六二の吉は、順《じゅん》にして以て則《のり》あるなり。**

占考

何か傷つけられる事がある。
傷が小さいうちに逃げること。
・恋愛は、不調。災いがある時。
・結婚は、良くない。早く身を引くこと。
災いがある時。
・望み事は、叶いません。
・試験は、不合格。

三爻

明夷《めいい》。南に于《おい》て狩《か》りし、
其《そ》の大首《たいしゅ》を得《う》。
疾《と》く貞《てい》にすべからず。

［爻辞の意味］明夷の時、三爻は離の極にあり、火の燃える勢いで悪人を征伐に行く。そして悪人の首領の首を討ち取る。しかし、これを行なうに性急であってはならない。

象伝

南狩《なんしゅう》の志は、乃《すなわ》ち大いに得《う》るなり。

占考

最後の手段として強硬策が事態を好転させる。ただし、軽挙妄動は慎むこと。

- 恋愛は、不調です。喧嘩別れになります。
- 結婚は、良くないです。喧嘩が起きます。
- 望み事は、叶いません。
- 試験は、不合格。

四爻

左腹《さふく》に入《い》りて、
明夷《めいい》の心を獲《う》。
于《ゆ》きて門庭《もんてい》を出《い》づ。

［爻辞の意味］ 左腹《さふく》は腹心の部下の意。四爻は、五爻の主人の腹心の部下であるが、悪い主人の心中を察知して、門庭を出て逃げる。

象伝

左腹《さふく》に入《い》るは、心意《しんい》を獲《う》るなり。

占考

何事も思い切って逃げて無難を得る。表面と裏とが違う事が多い。

・恋愛は、良くない相手。よく見定める事。
・結婚は、良くないです。早く身を引いて吉です。
・望み事は、思うように行かないです。
・試験は、不合格。

五爻

箕子《きし》の明夷《めいい》。
貞《てい》に利《よ》ろし。

［爻辞の意味］箕子《きし》は、殷《いん》時代の末期の紂王《ちゅうおう》の叔父。紂王ににらまれた箕子は、身の危険を察知して気が狂ったように装って国外に逃げ去った。それを固く守ってよろしい。

象伝　**箕子《きし》の貞《てい》は、明《めい》息《や》むべからざるなり。**

占考

悩みや苦労があっても耐える時。
また何事も表面化せず退き去ること。
おおむね凶の占断。

・恋愛は、相手と気が合わないです。
・結婚は、良くない。早く止めた方が良いです。
・望み事は、気長に待つしかないです。
・試験は、不合格。

上爻

明《あき》らかならずして晦《くら》し。初《はじ》め天に登《のぼ》り、後《のち》に地に入《い》る。

［爻辞の意味］上爻は明夷の卦の極で、明らかでなく暗く愚かな紂王《ちゅうおう》が、初めは高い位についても、人を傷つけ悪事を極め、終には自らの命を落とすことになる。

象伝

初《はじ》め天に登《のぼ》るは、四国《しこく》を照《て》らすなり。後《のち》に地に入《い》るは、則《のり》を失うなり。

占考

初めはうまく行くが、後に没落する。地位を得ても永く維持できずに崩れる。
・恋愛は、良さそうに見えるが良くない相手です。
・結婚は、良くないです。良さそうでも、どんでん返しがある時。
・望み事は、あきらめて吉です。
・試験は、不合格。

37 風《ふう》火《か》家《か》人《じん》

☴
☲

彖辞《たんじ》

家人《かじん》は、女《じょ》の貞《てい》に利《よ》ろし。

彖伝《たんでん》

家人《かじん》は女・位《くらい》を内《うち》に正《ただ》しく、男・位を外《そと》に正しくす。男女正しきは、天地の大義《たいぎ》なり。家人に厳君《げんくん》ありとは、父母を謂《い》うなり。父は父たり、子は子たり、兄は兄たり、弟は弟たり、夫は夫たり、婦は婦たり、而《しこう》して家道《かどう》正し。家を正しくして而《しこう》して天下定《さだ》まる。

象伝《しょうでん》

風・火より出《い》づるは家人。君子以て言《げん》には物あり、行《おこ》ないには恒《つね》あり。

[卦の意] 家人の卦は、家の人、家を正しく治めよ、家業を守れという意の卦です。

[卦名の由来] この卦は、内卦☲離の火が燃えると風をおこし、外卦☴巽の風は火の勢いを盛んにする。お互いに協力し合うのは、家族の関係のよ

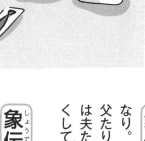

うなもので、それで家人という。

［彖辞の意味］家を治めるには、家の中の女が正しい道を守るがよろしい。女が正しくなければ家道は乱れる。

占断のポイント

■外に向かって進むより、内部の充実を図ること。
■内部にいろいろと問題や悩みを抱えている。
■家庭内にトラブルが起きる時。
■金銭的に悩みがある時。
■新規に行なう事は控えること。

［運勢］運気は良好運。何事も内部の充実を図る時であり、内部を整備する時でもあります。特に家庭サービスに努めて吉。新規に事を始めたり、積極的に行なう事は手控えること。

［業績］横ばい。
［交渉・取引］小さい事はまとまるが、大きい事はまとまりにくいです。
［交際・恋愛］あまり積極的にならない方が良いでしょう。
［結婚］良縁です。

［病気］長引きます。少々悪化しますし、二病併発することもあります。
［待ち人・待つ事］来ません。
［紛失］おおむね家の中にありますので、よく探せば手に戻ります。
［天気］晴れ後曇り。風が出ます。
［株式］上げたり下げたりの不安定な相場となります。

閑《ふせ》ぎて家を有《たも》つ。
悔《く》い亡《ほろ》ぶ。

[爻辞の意味] 閑《ふせ》ぐは防ぐの意。初爻は家を治める始めにあり、規律規則を設けてよく守らせ、家の乱れを防ぐようにすれば、後で悔いを生ずる事はない。

象伝 **閑《ふせ》ぎて家を有《たも》つは、志《こころざし》未《いま》だ変《へん》ぜざるなり。**

占考

今までやって来た事を保つ時。
規則を設けて乱れを防ぐ時。
・恋愛は、最初が肝心な時。
・結婚は、男性から女性を見た場合は吉。
女性から男性を見た場合は良くないです。
・望み事は、思うように行かないです。
・試験は、不合格。

二爻

遂《と》ぐる攸《ところ》なし。中饋《ちゅうき》に在《あ》り。貞吉《ていきつ》。

［爻辞の意味］饋《き》は食事の意。二爻は婦人で、事を成し遂げようとはしない。家の中で食事の用意をして家の中のことに努める。女としての正しい道であって吉である。

象伝　**六二の吉は、順《つつし》みて以て巽《したが》うなり。**

占考　目上に従い、分限を守り本業に努力すれば吉。
新規の事や方針の変更は凶。
・恋愛は、気が合う良い人と縁がある時。
・結婚は、良縁です。
・望み事は、叶います。
・試験は、今一歩力及ばず不合格。努力を要す。

三爻

家人嗃嗃《かじんかくかく》。
悔《く》い厲《あや》うきあれども吉。
婦子嘻嘻《ふしきき》たれば、終《つい》に吝《りん》。

[爻辞の意味] 嗃嗃《かくかく》は厳格できびしい事、嘻嘻《きき》は笑い楽しむ意。主人の厳格さに過ぎて悔いと危うさはあるが、その厳しさが家道を治めて吉である。しかし、女性や子供は笑い楽しんでいるが、節度がなくなり、だらしなくなって終に吝となる。

象伝 **家人嗃嗃《かじんかくかく》たるは、未《いま》だ失わざるなり。婦子《ふし》嘻嘻《きき》たるは、家節《かせつ》を失うなり。**
厳し過ぎたり、笑い楽しむことに耽って凶となる。しかし、多少厳しい方が吉を得る。

占考
・恋愛は、性欲にかられる時で良くないです。
・結婚は、良くないです。遊びだけで終わる傾向です。
・望み事は、思うように行かないです。
・試験は、不合格。

四爻

家《いえ》を富《と》ます。大吉。

［爻辞の意味］ 四爻は柔順な主婦で、よく家を富まして大いに吉である。

象伝 **家《いえ》を富《と》ます大吉は、順《つつし》みて位《くらい》に在るなり。**

占考

柔順で富を得る時。

有能な協力者を得る。

・恋愛は、良い相手ですが、競争者がいることもあります。

・結婚は、良縁です。

・望み事は、叶います。

・試験は、一歩及ばず不合格。努力を要す。

風火家人

五爻

王仮《いた》りて家を有《たも》つ。恤《うれ》うる勿《なか》れ。吉。

［爻辞の意味］仮《いた》りは至るの意。王が天下の家を治めるに至る。何も心配なくて吉である。

象伝 **王仮《いた》りて家を有《たも》つは、交《こもごも》相《あい》愛《あい》するなり。**

占考

他から良い援助、協力があって事はうまく行く。心配無用。

・恋愛は、良い縁がある時。またその恋が成就します。

・結婚は、良縁です。早く話をまとめることです。

・望み事は、叶う時。

・試験は、ギリギリ合格。

上爻

孚《まこと》ありて威如《いじょ》たれば、終《つい》に吉。

［爻辞の意味］上爻は卦の極にあり、家道の完成。誠をもって家を治めるために威厳を保つことである。誠と威厳があれば、終に吉である。

象伝

威如《いじょ》の吉は、身《み》に返《かえ》るの謂《い》うなり。

占考

何事も積極的に早く行なう。威厳を持って吉を得る時。

・恋愛は、積極的に出て早く話がまとまります。
・結婚は、反省して腹を決めれば吉です。
・望み事は、強気で臨めば叶います。
・試験は、強気で自信を持てばギリギリ合格。弱気は凶。

38 火《か》澤《たく》睽《けい》 ䷥

彖辞《たんじ》

睽《けい》は、小事《しょうじ》に吉。

彖伝《たんでん》

睽《けい》は、火《ひ》動きて上《のぼ》り、澤《さわ》動きて下《くだ》る。二女同居して其の志は行ないを同じくせず。説《よろこ》びて明《めい》に麗《つ》く、柔進《すす》みて上行《じょうこう》し、中《ちゅう》を得て剛に応《おう》ず。是《これ》を以て小事《しょうじ》に吉なり。天地睽《そむ》きて其の事同《おな》じきなり。男女睽《そむ》きて其の志通ずるなり。万物睽《そむ》きて其の事類《ことるい》するなり。睽《けい》の時用《じよう》大いなる哉。

象伝《しょうでん》

火を上《うえ》にし澤を下《した》にするは睽《けい》。君子以て同《おな》じくして異《こと》なる。

[卦の意] 睽の卦は、背《そむ》くという意の卦です。

[卦名の由来] この卦は、内卦☱兌の水は下へ、外卦☲離の火は上へ、とお互いに背き合う。また、離の次女と兌の三女が反発し合って背《そむ》くところからです。

［彖辞の意味］睽の背く時は、吉とはいえないが、小さい事を行なうのには吉であるという。

占断のポイント

■何事もそむく。
■思い通りには行かない。見込み違いが多い。
■表面は良く内面は悪い。
■反目し合うような状態の時。
■小さい事は吉であるが、大きいことは行なうべきではない。

［運勢］運気は慎重運。あまり良い運勢ではない時。自分の思い通りに行かない時であり、見込み違いが多いです。喧嘩などで人と背き離れる事もあります。お金の苦労もあります。

［業績］下がります。思うように行かない時。

［交渉・取引］まとまりません。喧嘩に注意。

［交際・恋愛］うまく行きません。喧嘩別れともなります。

［結婚］よくありません。

［病気］次第に快方に向かいます。医者の誤診や投薬の不適合の事もあります。

［待ち人・待つ事］来ません。

［紛失］あきらめるしかありません。
［天気］曇り後晴れ。
［株式］はじめ下がり、後に上がります。

初爻

悔《く》い亡《ほろ》ぶ。馬を喪《うしな》う。逐《お》うこと勿《なか》れ自《みずか》ら復《かえ》る。悪人《あくにん》を見る。咎なし。

［爻辞の意味］ 初爻は位が正しいので、ジッとしていて後悔するようなことをしない。今、馬が逃げた。それを追わない。放っておけば自分から帰って来る。悪人に対しても寛容の心を持って接すれば咎はない。

象伝 **悪人《あくにん》を見るは、以て咎《とが》を辟《さ》くるなり。**

占考

何事も思うように事が運ばない時。無理して追い求めると凶。
・恋愛は、喧嘩しても待っていれば相手は戻って来る時。
・結婚は、良くない。無理すると出戻りとなります。
・望み事は、うまく行かないです。
・試験は、不合格。

主《しゅ》に巷《ちまた》に遇《あ》う。
咎なし。

[爻辞の意味] 二爻は五爻と応じている。それで睽《けい》の時なので、表通りでは通じ合う事が出来ないが、裏通りで主と通じ合う事ができる。本来の合い方ではないが、通じ合えて咎はない。

象伝

主《しゅ》に巷《ちまた》に遇《あ》うは、未《いま》だ道を失わざるなり。

占考

表面は不可能のようでも、裏面に可能性がある時。

普通の手段では無理の時。

・恋愛は、隠れた交際となります。

・結婚は、良くないです。表面化できない交際でもあります。

・望み事は、叶いません。

・試験は、力及ばず不合格。

三爻

輿《よ》の曳《ひ》かるるを見る。其の牛は掣《とどめ》られ、その人天《かみき》られ且《か》つ劓《はな》きらる。初《はじ》め无《な》くして終《おわ》り有《あ》り。

〔爻辞の意味〕 進もうとする車を、後ろに引き戻すものがいる。それで車を引く牛は止められ、乗っていた人は怒って争いとなり、髪を切られ鼻を切られたりする。しかし、最初は進めないが、後には進む事ができる。

象伝

輿《よ》の曳《ひ》かるるを見るは、位《くらい》当たらざるなり。初《はじ》め无《な》くして終《おわ》り有《あ》るは、剛《ごう》に遇《あ》うなり。

占考

妨害を受けて進めない時。それに怒ると争いとなり、傷をつけられる。すべて積極的行動は慎むこと。

・恋愛は、縁はあっても良くない人です。
・結婚は、良くない。喧嘩を起こします。
・望み事は、あきらめること。
・試験は、不合格。

四爻

睽《そむ》きて孤《こ》なり。
元夫《げんぷ》に遇《あ》いて交《こもごも》孚《まこと》す。
厲《あや》うけれども咎《とが》なし。

【爻辞の意味】元夫は善人の意。人と背き離れて孤独である。そこで初爻の元夫と交わり、お互いに真心をもって交わるようにする。そうすれば危うい立場にあるが咎を受けない。

象伝 **交《こもごも》孚《まこと》し咎なきは、志行《おこ》なわるるなり。**

占考

孤立・孤独になる時。
いろいろと悩み多い時。
誠をもって交われば援助を得られる。

・恋愛は、不調。元の相手に連絡したりする時。
・結婚は、良くない。止めた方が良いです。
・望み事は、叶いません。
・試験は、力及ばず不合格。

五爻

悔《く》い亡《ほろ》ぶ。厥《そ》の宗《そう》、膚《はだえ》を噬《か》む。往《い》けば何《なん》の咎《とが》あらん。

〔爻辞の意味〕宗《そう》は仲間、膚《はだえ》は柔らかい肉の意。位不正であるが、中を得ているので悔いる事が生じないで済む。それは仲間である二爻との繋がりが、あたかも柔らかい肉を噛むように深くて離れ難い。躊躇せずに進んで行って二爻と会い、親しく交われば災いもない。

象伝 **厥《そ》の宗《そう》、膚《はだえ》を噬《か》むは、往《い》きて慶《けい》あるなり。**

占考

何事も見込み違いを起こしやすいが、大事には至らない。妨害に阻まれて思うように行かない時。進んで求めれば目下の協力を得られる。

・恋愛は、求めて行けば叶います。
・結婚は、良くない。でも、離れがたい人。
・望み事は、うまく行かないです。
・試験は、不合格。

睽《そむ》きて孤《こ》なり。豕《いのこ》の塗《どろ》を負《お》うを見る。鬼《おに》を一車《いっしゃ》に載《の》す。先《さき》には弧《ゆみ》を張《は》り、後《のち》には之《これ》が弧《ゆみ》を説《と》く。寇《あだ》するに匪《あら》ず婚媾《こんこう》せんとす。往《い》きて雨に遇《あ》えば則《すなわ》ち吉。

[爻辞の意味] 背き孤立する。それで疑いの心から、進んで来る三爻の車を牽くのは、泥まみれの汚い豚に見え、車には鬼を一杯載せているように見える。そこで最初、弓で射ようとするが、よく見ると誤解であることが分って、弓から矢を解いた。三爻は害を加えようとするのではなく、結婚しようと求めて来る。そこで陰陽が進んで和合すれば吉である。

象伝

雨に遇《あ》うの吉は、羣疑《ぐんぎ》亡《ほろ》ぶるなり。

占考

疑いが生じる時。錯覚がある。よく物事の実体を見極めること。

・恋愛は、不調。誤解が生じる時。
・結婚は、良くない。喧嘩が生じます。
・望み事は、叶いません。
・試験は、不合格。

39 水《すい》山《ざん》蹇《けん》

䷦

彖辞《たんじ》

蹇《けん》は、西南《せいなん》に利《よ》ろしく、東北《とうほく》に利《よ》ろしからず。大人《たいじん》を見るに利《よ》ろし。貞《ただ》しければ吉。

彖伝《たんでん》

蹇《けん》は難《なん》なり。険前《けんまえ》に在るなり。険《けん》を見て能《よ》く止《とど》まるは、知《ち》なる哉《かな》。蹇《けん》は西南《せいなん》に利《よ》ろしとは、往《い》きて中《ちゅう》を得《う》るなり。東北《とうほく》に利《よ》ろしからずとは、其の道窮《きわ》まるなり。大人《たいじん》を見るに利《よ》ろしとは、往《い》きて功《こう》あるなり。位《くらい》に当たり貞《ただ》しければ吉とは、以て邦《くに》を正《ただ》すなり。蹇《けん》の時用《じよう》大いなる哉。

象伝《しょうでん》

山上に水有るは蹇《けん》。君子以て身《み》に反《かえ》りて徳を修《おさ》む。

[卦の意] 蹇の卦は、行き難むという意の卦です。

[卦名の由来] この卦は、前方に外卦☵坎の険しいものがあり、内卦☶艮で止まり、進むことが出

来ない象で、それで行き難むというのです。
[象辞の意味] 行き難む時は、西南の穏やかで平らな方に行くのがよく、東北の険しく積極的な方に行くのはよくない。また、このような時は有識者や実力者の意見に従うこと。それで正しさを固く守って吉である。

占断のポイント

■四難卦の一つ。(坎為水、澤水困、水雷屯)
■進むに進めない時。進めば、さらに窮地に陥る。
■非常に困難で苦労が多く、救済策もない時。
■耐えて時運が転換するのを待つしかない。

[運勢] 運気は低迷運。何事も障害・妨害に阻まれてうまく運びません。困難や苦労がある時ですが、ヤケを起こさずにジッと辛抱して時の至るのを待つ事が大切です。
[業績] 下がります。思うように行かない時。
[交渉・取引] まとまりません。
[交際・恋愛] 支障が生じてうまく行きません。退いた方が無難です。
[結婚] 良縁ではありません。他の縁を待つこと。
[病気] 長引きますし、苦痛の状態。

［待ち人・待つ事］来ません。
［紛失］手に戻りません。
［天気］曇り後雨。
［株式］下落します。

初爻

往《い》けば蹇《なや》み、来《きた》れば誉《ほまれ》あり。

［爻辞の意味］初爻は蹇の初めで、進めば険難に陥る。進まずに止まれば、いずれ進める時が来る。

象伝

往《い》けば蹇《なや》み来《きた》れば誉《ほまれ》あるは、宜《よろ》しく待《ま》つべきなり。

占考

何事も進まなければ良い時。順調を得られず苦労はある。

・恋愛は、交際は避けて無難な時。

・結婚は、良くないです。気が合わず止めて吉です。

・望み事は、叶う可能性なし。

・試験は、実力不足で不合格。

二爻

王臣蹇蹇《おうしんけんけん》。躬《み》の故《こ》に匪《あら》ず。

［爻辞の意味］王に仕える臣が、王に尽くして苦労する。その苦労は、自分自身の富貴を得ようとするものではない。

象伝　王臣蹇蹇《おうしんけんけん》たるは、終《つい》に尤《とがめ》なきなり。

占考

人のために苦労する。
困難の苦労もある時。
身を粉にして働かなければならない時。
・恋愛は、縁はあっても良くない人です。
・結婚は、良くない。尽くすだけで終わります。
・望み事は、思うように行かないです。
・試験は、不合格。

三爻

往《い》けば蹇《なや》み、来《きた》れば反《かえ》る。

［爻辞の意味］　このまま進んで行けば、ますます蹇難に陥って苦労する。したがって、進まず帰って止まる。

象伝　**往《い》けば蹇《なや》み来《きた》れば反《かえ》るは、内之《これ》を喜ぶなり。**

占考

苦労の絶えない時。
何事も退き守って時運の転換を待つこと。
・恋愛は、不調。交際は深い関係になりやすい時。
・結婚は、良くない。苦労することになります。
・望み事は、叶いません。
・試験は、不合格。

四爻

往《い》けば蹇《なや》み、来《きた》れば連《つら》なる。

［爻辞の意味］進めば、ますます苦労する。しかし、止まって比している三爻に連なれば、引き返す方へ連れて行ってくれる。

象伝 **往《い》けば蹇《なや》み来《きた》れば連《つら》なるは、位《くらい》に当たりて実《まこと》なればなり。**

占考

悩みや苦労が多い時。

人と連なれば協力を得て一応の安定を得る。進む事は凶。

・恋愛は、良くない人と縁がある時。避けて無難です。

・結婚は、良くないです。他の人を探すべきです。

・望み事は、思うように行かないです。

・試験は、不合格。

五爻

大《おお》いに蹇《なや》み朋来《ともきた》る。

［爻辞の意味］五爻は君位にあり、天下のために難む。しかし五爻は、剛健中正の徳があるので、朋が来て助けてくれる。

象伝

大《おお》いに蹇《なや》み朋来《ともきた》るは、中節《ちゅうせつ》を以てなり。

占考

大いなる悩みや苦しい時。他の助けを求めれば、援助者や助力者が現われる時。

・恋愛は、不調の時。
・結婚は、良くないです。止めておいて吉。
・望み事は、あきらめること。
・試験は、力不足で不合格。

上爻

往《い》けば蹇《なや》み來《きた》れば碩《おお》いなり。吉。大人《たいじん》を見るに利《よ》ろし。

［爻辞の意味］碩《おお》いは大いなるの意。今、卦の極で、もう進めないのに、まだ進もうとして難む。退き止まれば、三爻の大いなる助けを得られて吉である。また、立派な人に従って艱難から脱出できる。

象伝

往《い》けば蹇《なや》み來《きた》れば碩《おお》いなるは、志内《うち》に在るなり。大人《たいじん》を見るに利《よ》ろしきは、以て貴《たっと》きに従うなり。

占考

困難や苦労がある時。

何事も目下の助けを得て救われる。

また目上の意見に従えば吉。

・恋愛は、縁はあっても良くない人です。

・結婚は、良くない。無理すると苦労することになります。

・望み事は、叶いません。

・試験は、不合格。

水山蹇

40 雷水解《らいすいかい》 ䷧

彖辞《たんじ》

解《かい》は、西南に利《よ》ろし。往《い》く攸《ところ》なければ、其れ来《きた》り復《かえ》りて吉。往《い》く攸《ところ》あれば、夙《はや》くして吉。

彖伝《たんでん》

解《かい》は険《けん》にして以て動く。動きて険《けん》を免《まぬが》るるは解。解は西南に利《よ》ろしとは、往《い》きて衆《しゅう》を得《う》るなり。其れ来《きた》り復《かえ》りて吉とは、すなわち中《ちゅう》を得《う》るなり。往《い》く攸《ところ》あれば、夙《はや》くして吉とは、往きて功《こう》あるなり。天地解《と》けて雷雨作《おこ》り、雷雨作《おこ》りて百果草木みな甲柝《こうたく》す。解の時《とき》大いなる哉。

象伝《しょうでん》

雷雨作《おこ》るは解《かい》。君子以て過《あやま》ちを赦《ゆる》し罪を宥《なだ》む。

［卦の意］解の卦は、解く、解ける、緩むという意の卦です。

［卦名の由来］この卦は、内卦☵坎は冬であり、

氷である。外卦☳震は春であり、暖かい。したがって、外が春となり暖かくなって氷が解ける、寒気が緩む象から、解という。

［象辞の意味］解は、解ける、解消する意で、今までの苦労が解消したならば、平穏にしているのがよい。解決すべき事がないならば、自分のおるところに帰って安静にしていれば吉である。しかし、まだ解決しなければならない事があれば、早く解決するように努めて吉である。

占断のポイント

■解ける。今まで悩みや苦労をしている場合、それが解けて吉となる。
■苦労や悩みがない場合は、今までの順調が解けて凶となる。
■契約や縁談は解消となる。
■解雇となる。

［運勢］運気は、今まで苦労の中にあった場合は良好運で、これから苦労が解けて好転し、漸次明るくなり良くなって行きます。しかし、今まで順調であった場合は慎重運で、これから順調が解消して次第に不調となったり、クビになったり、恋愛は破局となったりします。

［業績］今まで不調だった場合は上がります。今まで順調だった場合は下がります。

［交渉・取引］新規の場合は白紙になります。今までゴタついていた場合はまとまります。

［交際・恋愛］実りません。トラブっていた交際は和合します。
［結婚］話が白紙になります。
［病気］快方に向かいます。
［待ち人・待つ事］来ません。
［紛失］あきらめることです。
［天気］雨後晴れ。
［株式］次第に上がります。

初爻

咎なし。

［爻辞の意味］初爻は陽位に陰でいて位が正しくないが、四爻と応じていて指導を受けるので咎はない。

象伝 **剛柔の際《まじわ》りは、義咎《ぎとが》なきなり。**

占考

何事も目上や上司に従えば次第に良くなる。人の援助で苦労から脱出できる時。元気な人に従うこと。

・恋愛は、新しい交際が芽生える時。今、付き合っている人と別れるべし。

・結婚は、良くない。反対者があり、話がダメになります。

・望み事は、叶いません。新たな望みが生じる時。

・試験は、不合格。

二爻

田《かり》して三狐《さんこ》を獲《う》る。黄矢《こうし》を得《う》る。貞吉《ていきつ》。

〔爻辞の意味〕田《かり》は狩猟の意。狩猟に出かけて三匹の狐を得る。その獲物に黄金の矢が刺さっていて、黄金の矢も得る。このように喜び事があっても、正しい道を固く守って吉である。

象伝　**九二の貞吉は、中道を得るなり。**

占考

好運な事がある時。
苦労はあるが積極的に行なって、それ相応の吉を得る。

・恋愛は、縁が多くあって良好です。
・結婚は、吉でも、新たな相手や他の話が生じる時。
・望み事は、積極さから叶います。
・試験は、不合格。浪人は合格。

三爻

負《お》い且《か》つ乗《の》る。寇《あだ》の至《いた》るを致《いた》す。貞吝《ていりん》。

［爻辞の意味］　三爻は陰柔不正。荷物を背負う卑しい人が、車に乗っている。これは才能がない者が高い位にいるので、自分では正しい事をしようとしても困難を招いてしまい吝である。

象伝　**負《お》い且《か》つ乗《の》るは、亦《また》醜《は》ずべきなり。我《われ》より戎《じゅう》を致《いた》す。又誰をか咎《とが》めん。**

占考

身分不相応な望みや実力以上の事をして失敗する。

・恋愛は、縁はあっても背伸びし過ぎて不調です。
・結婚は、良くないです。高望みする時。飾っている時。
・望み事は、叶いそうで叶いません。
・試験は、実力不足で不合格。

雷水解

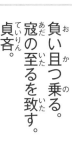

四爻

而《なんじ》の拇《おやゆび》を解《と》く。朋《とも》至《いた》りて斯《こ》れ孚《まこと》す。

［爻辞の意味］ 拇《おやゆび》は足の親指の意。四爻は五爻の君主を助け、応爻の初爻の足の指を解き離す。それによって、朋がやって来て誠をもって協力してくれる。

象伝 **而《なんじ》の拇《おやゆび》を解《と》くは、未だ位《くらい》に当たらざるなり。**

占考

親しくしている人と手を切る時。
それによって良き協力者を得る。

- 恋愛は、縁はあっても別れます。
- 結婚は、良くないです。今の相手と別れることによって新たな人を得ます。
- 望み事は、うまく行かないです。
- 試験は、不合格。

五爻

君子維《こ》れ解《と》くあり。吉。
小人に孚《まこと》あり。

［爻辞の意味］　五爻の君主を補佐する君子は、小人を解き離して国家の艱難を解消する。したがって、吉である。小人もまた自ら居てはいけない事を知って、誠をもって退く。

象伝　**君子解《と》くあるは、小人退《しりぞ》くなり。**

占考

人に任せる時。良き部下によって吉を得る。自分のためにならない者を解き離す。

・恋愛は、縁はあっても、短い交際で終わる傾向。
・結婚は、良くないです。邪魔が入る時。
・望み事は、叶いそうで叶いません。
・試験は、不合格。

公《こう》用て隼《はやぶさ》を高墉《こうよう》の上に射《い》る。之《これ》を獲《え》て利《よ》ろしからざるなし。

［爻辞の意味］ 隼《はやぶさ》はここでは悪人の意。高い城壁の上から内部の隙をうかがう悪人を射る。悪人を捕らえるのであるから、よろしくないことはない。

象伝 **公《こう》用て隼《はやぶさ》を射《い》るは、以て悖《もと》れるを解《と》くなり。**

占考 中傷したりして陥れようとする悪い者が狙っている時。
隙をうかがう者がいる。
思い切って悪い者を取り除かなければならない。

・恋愛は、不調。中傷にあったり妨げがある時。
・結婚は、良くない。気が合わず、周りからも反対を受けます。
・望み事は、思うように行かないです。
・試験は、不合格。

41 山澤損《さんたくそん》 ䷨

彖辞《たんじ》

損《そん》は孚《まこと》あり。元吉《げんきつ》。咎《とが》なし。貞《てい》にすべし。往《い》く攸《ところ》あるに利《よ》ろし。曷《なに》をか之《これ》を用《もち》いん。二《に》簋《き》用《もっ》て享《きょう》すべし。

彖伝《たんでん》

損《そん》は下《しも》を損して上《かみ》に益《ま》し、其の道上行《じょうこう》す。損して孚《まこと》あり、元吉《げんきつ》、咎《とが》なし、貞《てい》にすべし、往《い》く攸《ところ》あるに利《よ》ろし、曷《なに》をか之《これ》を用《もち》いん、二《に》簋《き》用《もっ》て享《きょう》すべしとは、二簋時《とき》あるに応《おう》ず。剛を損して柔を益《えき》するに時あり。損益盈虚《そんえきえいきょ》は時と偕《とも》に行なう。

象伝《しょうでん》

山下に澤あるは損。君子以て忿《いか》りを懲《こ》らし欲《よく》を塞《ふさ》ぐ。

[卦の意] 損の卦は、損する、減らす、欠けるという意の卦です。

[卦名の由来] この卦は、䷊地天泰の三爻の一

陽が上爻に移ったもので、下を損して上を益した象から、損というのです。

【彖辞の意味】損とは、本来、惜しまない損のことで、そのような損であれば大いに吉であり、咎めもない。正しき損ならば進んで損すべきである。神を祀《まつ》るには、どんな物を用いたらよいか。二つばかりの質素なお供え物でも良い。誠意さえあれば良いのである。

占断のポイント

■何かを損する、損をしなければならない時。

■世話苦労がある。己を損して他を益す。

■目先は損であっても、将来のためにお金や労力を惜しまない。

■(三陰三陽卦)異性に縁がある。

■(大離の似卦)明るい、明らかになるなど「離」の象意を使って判断。

［運勢］運気は慎重運。あまり良い時ではありません。人の世話苦労があったり、出費が多くあったりで貯蓄を減らします。将来のために投資する時ではありません。火難に注意です。

［業績］下がります。

［交渉・取引］すぐにはまとまりません。根気よく努力する事です。

［交際・恋愛］損得を考えずに付き合ってみることです。

［結婚］良縁です。
［病気］次第に快方に向かいます。
［待ち人・待つ事］来ません。こちらから出向くか連絡する事です。
［紛失］手に戻りません。
［天気］曇り。時には晴れから曇って来ます。
［株式］下がり気味ですが、将来は上がることを含んでいます。

事《こと》を已《や》めて遄《すみや》かに往《い》く。咎《とが》なし。酌《はか》りて之《これ》を損《そん》す。

［爻辞の意味］ 已《や》めては止める、遄《すみや》かは速やかの意。損する時に当たって、事をすぐ止めて、速やかに損を行なう。そうすれば咎はない。よく図り考えて損すべきである。

象伝

事《こと》を已《や》めて遄《すみや》かに往《い》くは、尚《かみ》志を合するなり。

占考

自分は損でも、他のためにすぐにやってあげる事。

・恋愛は、相手の面倒を見てあげる事があったりします。
・結婚は、あまり良いとは言えない。相手のために損することがあります。
・望み事は、あきらめた方が良いです。
・試験は、実力不足で不合格。

二爻

貞《てい》に利《よ》ろし。征《い》けば凶。損《そん》せずして之《これ》を益《えき》す。

［爻辞の意味］正しいことを守っていた方がよい。進むと凶である。自ら損しないで、上を益するようにする。

象伝 **九二の貞《てい》に利《よ》ろしきは、中《ちゅう》以て志と為《な》すなり。**

占考

進みたくても、現状を固く守っていた方が良い。

進むと凶である。

自ら損しないで、上を益するようにする。

・恋愛は、気の合う人と縁がある時。

・結婚は、良くない。相手のために尽くすだけになります。

・望み事は、うまく行かないです。

・試験は、今一歩力が及ばず不合格。

山澤損

三爻

三人行けば則《すなわ》ち一人を損《そん》し、一人行けば則ち其の友を得。

〔爻辞の意味〕三人で行けば一人が仲間外れになる。三爻は上爻と応じているので、一人で行けば良き友を得る。

象伝

一人なれば行き、三人なれば則《すなわ》ち疑うなり。

占考

一人で行なうのが良い時。
他と一緒に行なう事は、うまく行かない。
親しい人と仲間割れを起こしやすい時。

・恋愛は、縁はあって良好でも、早く一人に絞ること。
・結婚は、吉でも気移りを起こす時。
・望み事は、一つに絞れば叶う時。
・試験は、実力及ばず不合格。

四爻

其の疾《やま》いを損する。遄《すみや》かならしむれば喜び有り。咎なし。

［爻辞の意味］疾《やま》いは病いの意。四爻は初爻の力を借りて元気になる。また速やかならしめる時は喜びを得られ、咎めもない。

象伝

其の疾《やま》いを損するは、亦《また》喜ぶべきなり。

占考

人の助力を得るべき時。それも速やかにすること。

・恋愛は、相手から求められたものは吉。自分から求める相手は良くないです。

・結婚は、あまり良いとは言えません。相手から求められているものは吉。

・望み事は、時間がかかると叶いません。

・試験は、一歩及ばず不合格。補欠。

或《ある》いは之《これ》を益《えき》す。十朋《じゅっぽう》の龜《き》も違《たが》う克《あた》わず。元吉《げんきつ》。

［爻辞の意味］十朋の龜は、高価な亀の甲羅で占うの意。思わぬ益することがある。亀卜で占っても間違いはなく、元いに吉と告げられる。

象伝　六五の元吉は、上《かみ》より祐《たす》くるなり。

占考
思いがけない利益を得たり、助けがある時。
・恋愛は、良い相手と出会いがある時。
・結婚は、良縁です。早く話をまとめることです。
・望み事は、叶います。
・試験は、ギリギリ合格。

上爻

損せずして之《これ》を益《えき》す。
咎无し。貞吉《ていきつ》。
往《い》く攸《ところ》あるに利《よ》ろし。
臣《しん》を得《え》て家なし。

［爻辞の意味］持っているものを減らさないで益する。咎はない。貞正にして進んで事を行ってよい。また、部下を得て、私欲を肥やすのではなく、国のために尽くす。

象伝

損せずして之《これ》を益《えき》するは、大いに志を得《う》るなり。

占考

利益を得ることができる。好調な時。
・恋愛は、良い人と縁がある時。交際は発展します。
・結婚は、良縁です。早く話をまとめることです。
・望み事は、叶います。
・試験は、ギリギリ合格。

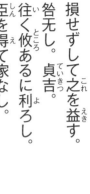

42 風《ふう》雷《らい》益《えき》 ䷩

彖辞《たんじ》

益《えき》は、往《い》く攸《ところ》あるに利《よ》ろし。大川《たいせん》を渉《わた》るに利《よ》ろし。

彖伝《たんでん》

益《えき》は上《かみ》を損《そん》して下《しも》を益《えき》す。民の説《よろこ》ぶこと疆《かぎ》りなし。上《かみ》より下《しも》に下《くだ》る、其の道大《おお》いに光《ひか》る。往《い》く攸《ところ》あるに利《よ》ろしとは、中正にして慶《けい》あるなり。大川を渉《わた》るに利《よ》ろしとは、木道《もくどう》すなわち行《おこ》なわるるなり。益《えき》は動きて巽《したが》い、日に進むこと疆《かぎ》りなし。天は施《ほどこ》し地は生《しょう》じ、その益《えき》は方《ほう》なし。およそ益の道は時と偕《とも》に行なう。

象伝《しょうでん》

風雷は益。君子以て善を見れば則《すなわ》ち遷《うつ》り、過《あやま》ちがあれば則《すなわ》ち改《あらた》む。

［卦の意］益の卦は、益する、増すという意の卦です。

［卦名の由来］この卦は、䷋天地否の四爻の一

陽が初爻に下がった象で、上を損して下を増す。下の者にとっては、上から益されたところから、益という。

〔彖辞の意味〕益する時なので、積極的に事を行ってよろしい。また、大川をわたるような危険を伴う冒険や大事業を行ってもよろしい。

占断のポイント

■益する事がある。人より益される時。

■利益が多い時。

■積極的に事を行なってよろしい。

■(大離の似卦)明るい、明らかになるなど「離」の象意を使って判断。

■(三陰三陽卦)異性に縁がある。

〔運勢〕運気は盛運。運気が隆盛で、人から助けられたり、得るものがある時。収入も増えるし、臨時収入もあって好調です。地位が上がったりもします。異性との縁も多く、楽しい時です。

〔業績〕上昇します。

〔交渉・取引〕まとまります。

〔交際・恋愛〕明るく楽しい交際ができます。

風雷益

［結婚］良縁です。
［病気］悪化します。
［待ち人・待つ事］来ます。
［紛失］見つかります。
［天気］晴れ。
［株式］上昇します。

初爻

用《もっ》て大作《たいさく》を為《な》すに利《よ》ろし。元吉《げんきち》。咎なし。

〔爻辞の意味〕大きい事を行ってもよろしい。大いに吉で、咎もない。

象伝　**元吉《げんきち》にして咎なきは、下事《しもこと》を厚《あつ》くせざるなり。**

占考

積極的に事を行なって吉を得る時。新規計画も実行のチャンス。
・恋愛は、縁があって良好で、交際も順調です。
・結婚は、良縁です。早く話をまとめることです。
・望み事は、望み通りに叶います。
・試験は、合格。

風雷益

或いは之《これ》を益《えき》す。
十朋《じゅっぽう》の龜《き》も違《たが》う克《あた》わず。
永貞《えいてい》にして吉。
王用《もっ》て帝《みかど》に享《きょう》す。吉。

［爻辞の意味］益する時。十朋の亀の甲羅をもって占っても間違いない。また、永く貞正を守れば吉である。王は帝《みかど》を祀《まつ》って、その利益に感謝すれば吉を得られる。

象伝 **或いは之《これ》を益《えき》するは、外《ほか》より來《く》るなり。**

占考

利益のある時。努力すれば順調に発展する時。

・恋愛は、良い人と縁がある時。交際も発展します。
・結婚は、良縁です。早く話をまとめることです。
・望み事は、思い通りに叶います。
・試験は、合格。

三爻

之《これ》を益《えき》するに凶事《きょうじ》を用《もち》う。咎《とが》なし。孚《まこと》ありて中行《ちゅうこう》。公《こう》に告《つ》げて圭《けい》を用《もち》う。

お金がなくなって
お金の価値を知る
10000

［爻辞の意味］三爻は陰柔不正であり、不作とか戦争などの凶事による艱難を克服し、それではじめて物の価値を知る。それで咎なきを得る。また今、力不足であるが、誠意を持って中道を行い、それを上位の者に告げれば、その誠意が通じる。

象伝

之《これ》を益《えき》するに凶事《きょうじ》を用《もち》うるは、固《かた》く之《これ》を有《ゆう》するなり。

占考

不慮の災難が生じる時。艱難に耐え抜く努力が必要な時。

・恋愛は、思い通りに行かず不調。災いが生じる時。
・結婚は、良くない。無理しない方が良いです。
・望み事は、叶わないし災いが起こります。
・試験は、不合格。

中行公《ちゅうこうこうこう》に告げて従《したが》わる。依《よ》りて國《くに》を遷《うつ》すことを為《な》すに用《もち》うるに利《よ》ろし。

［爻辞の意味］ 中道の行ないでも、公に申し出て、聞き入れられた上で、はじめてそれを行なう。また、民の益となるならば、国を移すというような大きい事を行ってもよろしい。

象伝

中行公《ちゅうこうこうこう》に告げて従《したが》わるるは、以て志を益《えき》するなり。

占考

目上・上司の意見を聞き入れて行なう事。物事に変化がある時。

・恋愛は、良い相手と縁がある時。何か変更が生じます。

・結婚は、良縁です。何か内容変更がある時です。

・望み事は、叶うが思い通りには行かないです。

・試験は、ギリギリ合格。補欠。

五爻

孚《まこと》ありて恵心《けいしん》。
問《と》うこと勿《なか》れ元《おお》いに吉。
孚《まこと》ありて我が徳《とく》を恵《めぐ》む。

［爻辞の意味］ 五爻は君主で、誠をもって民の貧しさを救おうと恵み哀れむ心がある。これは問うまでもなく大いに吉である。また民も、誠をもって我が徳を恩恵として心服する。

象伝

孚《まこと》ありて恵心《けいしん》は、之《これ》を問《と》うこと勿《なか》れ。我が徳《とく》を恵《めぐ》むは、大に志を得《う》るなり。

占考

盛運の時。
何事も人と和合し、協調性を持てば順調を得られる。
・恋愛は、良い相手に恵まれます。
・結婚は、良縁です。早く話をまとめることです。
・望み事は、思い通りに叶います。
・試験は、合格。

之《これ》を益《えき》する莫《な》し。
或《ある》いは之を撃《う》つ。
心を立つること恒《つね》勿《な》し、凶。

[爻辞の意味] 卦の極にあって、自分の利益だけを求める者であり、他を益する心を失っている。それで他から攻撃を受けるようになる。また一度定めた事も変更するので、凶である。

象伝

之《これ》を益《えき》するなきは、偏辞《へんじ》なり。或《ある》いは之《これ》を撃《う》つは、外《ほか》より来《く》るなり。

占考

思いやりが無く、欲に走って批難を受ける。
・恋愛は、良い相手には恵まれないです。
・結婚は、良くない。相手が我がままだったりします。
・望み事は、うまく行きそうで行かないです。
・試験は、力及ばず不合格。

43 澤天夬《たくてんかい》 ䷪

彖辞《たんじ》

夬《かい》は、王庭《おうてい》に揚《あ》ぐ。孚《まこと》にて號《よば》う厲《あや》うき有《あ》り。告《つ》ぐるに邑《ゆう》よりす。戎《じゅう》に即《つ》くに利《よ》ろしからず。往《い》く攸《ところ》有るに利《よ》ろし。

彖伝《たんでん》

夬《かい》は決《けつ》なり。剛・柔を決《けっ》するなり。健《けん》にして説《よろこ》び、決して和《わ》す。王庭《おうてい》に揚《あ》ぐとは、柔五剛《ごう》に乗るなり。孚《まこと》にて號《よば》う厲《あや》うき有《あ》りとは、其の危《あや》うきはすなわち光《おお》いなり。告《つ》ぐるに邑《ゆう》よりす、戎《じゅう》に即《つ》くに利《よ》ろしからずとは、尚《たっと》ぶ所すなわち窮《きわ》まるなり。往《い》く攸《ところ》有るに利《よ》ろしとは、剛長《ちょう》じすなわち終わるなり。

象伝《しょうでん》

澤・天に上《のぼ》るは夬《かい》。君子以て禄《ろく》を施《ほどこ》して下《しも》に及《およ》ぼす。徳に居れば則《すなわ》ち忌《い》む。

［卦の意］ 夬の卦は、決し去る、決し去られる、

決する、決壊するという意の卦です。

［卦名の由来］この卦は、十二消長卦で五陽が上爻の一陰を決し去ろうとする勢いであり、上爻の一陰から見れば、まさに決し去られようとしている意味合いから、夬《かい》という。

［彖辞の意味］上爻の小人を決し去るには、朝廷に訴え、その悪を明らかにして多くの人に知らしめなくてはならない。そして誠を持って協力者に呼びかけて、協力して事に当たる。しかし、高位の者を訴えるので危険が伴う。それで、まず足元の自分の領地の人々に、この小人の悪を知らせることである。武力で一挙に上爻を決し去ろうとするのはよくない。多くの人に、この小人の悪を知らせれば、武力を用いなくても終わりを遂げられる。

占断のポイント

■（十二消長卦）陽が長じる、非常に勢いが強い時。
■勢いに乗じてのやり過ぎでの失敗が心配。
■決し去るに当たって、武力を用いてはいけない。
■決し去られる一陰側で占断する事が多い。
■（大兌の似卦）楽しむ、欠けるなど「兌」の象意を使って判断。
■（一陰五陽卦）モテる。人が集まる。世話苦労がある。競争が激しい。

［運勢］運気は盛運。運気としては強い時ですが、自分の力量以上の事をするなど、勢いが強

すぎていろいろと失敗をしやすいですから、その点に要注意です。

［業績］上がります。あまり欲張らない事。

［交渉・取引］まとまりません。

［交際・恋愛］強引過ぎるとうまく行きません。

［結婚］良縁ではありません。

［病気］悪化します。

［待ち人・待つ事］来ません。

［紛失］手に戻りません。

［天気］曇り。

［株式］上昇します。

初爻

趾《あし》を前《すす》むるに壮《さか》んなり。往《い》けば勝《か》たず咎《とが》と為《な》す。

［爻辞の意味］　初爻なので足。勢いよく進もうとする。しかし、まだ機が熟していないので成功せず、咎となる。

象伝　**勝《か》たずして往《い》くは咎《とが》なり。**

占考
自分を過信して失敗する時。
何事も時期尚早で退き守るべし。
・恋愛は、気持ちは強いが良い相手に恵まれない時。
・結婚は、良くない。和合を得がたいです。
・望み事は、あきらめた方が良いです。
・試験は、気持ちは強いが不合格。

二爻

惕《おそ》れて號《よば》う。莫夜《ぼや》に戎《つわもの》あるも恤《うれ》うる勿《なか》れ。

［爻辞の意味］惕《おそ》れは憂《うれ》え恐れるの意。二爻は中を得ているので、憂え恐れて猛進しない。常にそのように警戒していれば夜、敵が攻撃してきても心配になることはない。

象伝 **戎《つわもの》あるも恤《うれ》うる勿《なか》れは、中道《ちゅうどう》を得たるなり。**

占考

常に充分に警戒すべき時。積極的行動は慎むべし。

・恋愛は、不調。他の異性に邪魔されます。
・結婚は、良くない。気が合わないです。
・望み事は、すぐには叶いません。
・試験は、今一歩及ばず不合格。

頄《つらぼね》に壮《さか》んなり。凶有り。君子決し去るべきは決し去る。獨《ひと》り行けば雨に遇《あ》う。濡《ぬ》るるが若《ごと》く慍《いか》らるる有り。咎なし。

［爻辞の意味］頄《つらぼね》は頬骨、慍《いか》るは怒るの意。三爻は、上爻の小人を決し去る気持ちが顔面に出る。顔に現わしては相手に分ってしまい凶である。君子は顔に出さなくても、固い決心で決し去るものである。ただ、上爻と応じているので、他から親しく交際しているように誤解され、他の四陽爻から怒られることもあるが、三爻は私情にとらわれずに遂行するので、理解してもらえて咎を受けることはない。

象伝

君子決し去るべきは決し去るとは、終《つい》に咎なきなり。

占考

顔に出して失敗する。周囲から誤解を受けることがある。

・恋愛は、誤解が生じてうまく行かない。
・結婚は、良くない。周囲から反対あり。
・望み事は、うまく行かないです。
・試験は力及ばず不合格。

臀《いさらい》に膚《はだえ》なし。其の行くこと次且《じしょ》たり。羊に牽《ひ》かれて悔《く》い亡《ほろ》ぶ。言《こと》を聞《き》きて信《しん》ぜず。

［爻辞の意味］臀《いさらい》は尻。膚《はだえ》はここでは肉。次且《じしょ》は行き難むの意。お尻に肉がないので、痛くてジッと長く座っていられない。また行くにも行けない。そこで先立つことをしないで、羊に牽《ひ》かれるようにして進めば悔いが亡くなる。しかし、そのように教えられても信じない。

象伝

其の行くこと次且《じしょ》たりとは、位《くらい》当たらざるなり。言《こと》を聞《き》きて信《しん》ぜざるは、聡明《そうめい》ならざるなり。

占考

進むに進めない時。

何事も自分が表面に出たり先頭に立つ事は避けること。

・恋愛は、思うように行かない時。
・結婚は、良くない。別の人を探すこと。
・望み事は、叶いません。
・試験は、気合いが入っても不合格。

莧陸夬夬《けんりくかいかい》。
中行《ちゅうこう》咎なし。

〔爻辞の意味〕 莧陸《けんりく》は、山ごぼうのように根の深い草の意。根がはびこるのを決し去る努力をする。しかし、上爻と比しているので親しむ危険がある。中庸の行ないをすれば咎なきを得る。

象伝

中行《ちゅうこう》咎なきは、中《ちゅう》未だ光《おお》いならざるなり。

占考

自分の好むものに溺れやすい時。他に心を移さず、目的に向かって努力すること。

・恋愛は、縁はあっても良くない相手。
・結婚は、良くない。相手に他の異性がいたりします。
・望み事は、叶いそうで叶いません。
・試験は、気合いが入っているが、今一歩足りないで不合格。

上爻

號《よば》うなし。
終《つい》に凶有り。

［爻辞の意味］上爻は決し去られる時にあって、いくら泣き叫んでも救いはない。終に凶である。

象伝

號《よば》うなきの凶は、終《つい》に長《なが》かる可《べ》からざるなり。

占考

重大な危機に直面している時。為す方法もなく救いもない時。

・恋愛は、縁が決裂します。
・結婚は、別れて泣くことになります。
・望み事は、叶いません。
・試験は、不合格。泣くことになります。

44 天風姤《てんぷうこう》

䷫

彖辞《たんじ》

姤《こう》は、女壮《じょそう》なり。女《じょ》を取るに用うる勿《なか》れ

彖伝《たんでん》

姤《こう》は遇《あ》うなり。柔・剛に遇うなり。女《じょ》を取るに用うる勿《なか》れとは、与《とも》に長《ちょう》ずるべからざるなり。天地《てんち》相《あい》遇《あ》いて、品物咸《ことごと》く章《あきら》かなり。剛中正《ちゅうせい》に遇《あ》いて、天下大《おお》いに行《おこ》なわるるなり。姤《こう》の時義大いなる哉。

象伝《しょうでん》

天下に風あるは姤《こう》。后《きみ》以て命《めい》を施《ほどこ》し、四《し》方《ほう》に誥《つ》ぐ。

［卦の意］姤の卦は、遇《あ》う、思いがけなく出会うという意の卦です。

［卦名の由来］この卦は、☰乾為天の充実している所へ、初爻に陰が入って来た。そこで思いがけなく出会うという。

［象辞の意味］陽の男性の中に一陰の女性が現われた。この女性は五人の男性を相手にするので、女盛んなり。このような女性は、妻として迎えてはいけない。

占断のポイント

■思いがけない事に出会う時。それは良い事もありますが、良くない方が多いです。
■陰なる悪いものが中に入り込んで来た。
■（女壮なり）女性の勢いが強い。また節操のない女性。
■（十二消長卦）陰が長じる、衰退の意。
■（一陰五陽卦）モテる。人気を得る。世話苦労がある。競争が激しい。
■（大巽の似卦）従う、迷う、伏入など「巽」の象意を使って判断。

［運勢］運気は慎重運。思いがけない事に出会う時で、良い事もありますが、どちらかというと損を被るような悪い事が多いです。また迷いやすく、男性は女性で失敗しがちであり、女性は性的欲望に燃える時です。

［業績］下がります。

［交渉・取引］思わぬ支障が生じて、まとまりません。

［交際・恋愛］止めておいた方が無難です。

［結婚］良くないです。

天風姤

［病気］次第に悪化するので、早期に治療すべきです。
［待ち人・待つ事］遅れる事もありますが、来ます。
［紛失］発見できます。物の下の方にあることが多いです。
［天気］薄曇り。風が少々出ます。
［株式］下げたり、上げたり変動が多いです。

初爻

金柅《きんじ》に繋《つな》ぐ。貞吉《ていきつ》。
往《い》く攸《ところ》有れば、凶を見る。
羸豕《るいし》孚《まこと》するも蹢躅《てきちょく》す。

［爻辞の意味］ 金柅《きんじ》は金属性の糸車、羸豕《るいし》は力の弱い豚のこと。初爻の陰は、次第に勢いを増して陽を消すようになるので、金属性の糸車の枠に繋いで、進まないように固く止めておけば吉であり、進んで行けば凶を見る。今は力の弱い豚のようでも、後には跳ね回って強くなる。

象伝 **金柅《きんじ》に繋《つな》ぐは、柔道《じゅうどう》牽《ひ》けばなり。**

占考

何事も止めて吉を得る。迷ったり心引かれる時。進めば凶を見る。

・恋愛は、縁が多く、移り気を起こして実らないです。
・結婚は、良くないです。他の異性が現われる時。
・望み事は、思うように行かないです。
・試験は、不合格。

包《つつみ》に魚《うお》有り。咎なし。
賓《ひん》に利《よ》ろしからず。

［爻辞の意味］初爻の一陰を新鮮ではない魚に見て、その魚を包み込んでおく。そうすれば咎はない。また、その新鮮ではない魚をお客に勧めてはいけない。

象伝

包《つつみ》に魚《うお》有るは、義《ぎ》・賓《ひん》に及《およ》ばざるなり。

占考

表面は良くても内に何かが秘められている。また、内部のものを外に出さない。

・恋愛は、縁はあっても良くない相手。
・結婚は、良くない。何か隠し事があります。
・望み事は、叶いません。叶わない方が結果的に良い。
・試験は、不合格。

三爻

臀《いさらい》に膚《はだえ》なし。其の行くこと次且《じしょ》たり。厲《あや》うけれども大《おお》いなる咎《とが》なし。

［爻辞の意味］三爻は初爻を求めて行きたいが、その初爻は二爻と比しているので、ジッとしていられないし行くに行けない。しかし、初爻は良くない相手なので、かえってそれで大きな咎を受けないで済む。

象伝

其の行くこと次且《じしょ》たるは、行きて未だ牽《ひ》かれざるなり。

占考

ジッとしていられない時。
進むに進めない時であるが、結果的に止まって吉である。

・恋愛は、気になる相手が現われるが結果的に良くない人。
・結婚は、思い止まった方が良いです。
・望み事は、叶わないが、叶わない方が結果的に良いです。
・試験は、不合格。

包《つつみ》に魚《うお》なし。
凶を起《おこ》す。

［爻辞の意味］　四爻は初爻と応じているが、すでに二爻が初爻の魚を包み隠してしまっている。そこで初爻の魚を求めようと二爻と争えば、凶を起すことになる。

象伝　**魚《うお》なきの凶は、民に遠《とお》ざかるなり。**

占考　目標とするものは他に奪われていたりで、達成できない。
無理に求めれば凶を招く時。
・恋愛は、競争相手がいたりするので、あきらめた方が良いです。
・結婚は、争い事が生じます。止めて吉。
・望み事は、叶わないが、叶わない方が結果的に良いです。
・試験は、力不足で不合格。

五爻

杞《き》を以て瓜《うり》を包む。章《しょう》を含《ふく》む。天より隕《お》つる有《あ》り。

[爻辞の意味] 杞《き》は高くて葉も大きい大木の事。大木に瓜がつるで絡みつき、大きな葉で包まれて見えないが、葉が風に吹かれて瓜が時々見える。それが美である。また、時が来れば瓜は自然に地上に落ちる。

象伝

九五の章《しょう》を含《ふく》むは、中正なればなり。天より隕《お》つる有《あ》るとは、志命《めい》を舎《す》てざるなり。

占考

内に秘密、計略などが隠されている。隠忍して機の熟すのを待つべし。新規に始める事は凶。

・恋愛は、思うように行かない時。
・結婚は、良くない。何か隠し事があります。
・望み事は、叶わないが、無理に叶えようとしない方が良いです。
・試験は、不合格。

上爻

其の角に姤《あ》う。
吝《りん》。咎なし。

〔爻辞の意味〕上爻は不正で陽剛でおり、固い角を以て人と接するので、和合できず吝である。しかし、求めようとする初爻は良くない相手なので、かえって咎を受けなくて済む。

象伝 **其の角《つの》に姤《あ》うは、上窮《かみきわ》まりて吝《りん》なり。**

占考 強気、強情、高慢になり過ぎて失敗する。人の協力を得られず、何事もうまく行かない。
・恋愛は、うまく行かない時。
・結婚は、喧嘩が生ずる。無理に求めると害を被ります。
・望み事は、叶いません。
・試験は、不合格。

45 澤《たく》地《ち》萃《すい》 ䷬

彖辞《たんじ》

萃《すい》は亨《とお》る。王有廟《ゆうびょう》に仮《いた》る。大人《たいじん》を見るに利《よ》ろし。亨る。貞《てい》に利《よ》ろし。大牲《たいせい》を用いて吉。往《い》く攸《ところ》有るに利《よ》ろし。

彖伝《たんでん》

萃《すい》は聚《あつまる》なり。順《じゅん》にして以て説《よろこ》び、剛中《ちゅう》にして応《おう》ず、故に聚《あつ》まるなり。王有廟《ゆうびょう》に仮《いた》るとは、孝享《こうきょう》を致《いた》すなり。大人を見るに利《よ》ろし、亨《とお》るとは、聚《あつ》まるに正《せい》を以てするなり。大牲《たいせい》を用いて吉、往《い》く攸《ところ》有るに利《よ》ろしとは、天命《てんめい》に順《したが》うなり。其の聚《あつ》まるところを観《み》て、天地万物の情《じょう》みるべし。

象伝《しょうでん》

澤・地に上《のぼ》るは萃《すい》。君子以て戎器《じゅうき》を除《おさ》め、不虞《ふぐ》を戒《いまし》む。

[卦の意] 萃の卦は、集まるという意の卦です。

[卦名の由来] この卦は、☷坤の地の上に☱兌の

沼がある象で、沼には川から水が集まり、また魚などいろいろな物が集まり、それに止水で流れ出しません。それで集まるという。

［象辞の意味］王は、人心を集めるのに先祖を祀る行事を行なう。また、大人のような君が統率すれば、民も心服する。そうすれば物事はスラスラ運ぶ。ただ、集まるには正しき道であること。萃《すい》の時は、人も物も集まる。祭祀の際には、たくさんの供物をするのがよろしい。また、このような時は、積極的に進んで行ってよろしい。

占断のポイント

■人や物が多く集まる時。
■利益・お金も集まって豊かな時。
■神仏の祭祀を行なうにはよろしい。
■目標が二つあって迷う時。
■人間の裸身の象。
■（大坎の似卦）悩む、苦労するなど「坎」の象意を使って判断。

［運勢］運気は順調運。好調な時。人が集まり物が集まり、利益や喜びも集まる時で大変良好です。また、良い人の所へ集まるようにすべきです。

［業績］上昇します。

［交渉・取引］まとまります。
［交際・恋愛］順調に行きます。
［結婚］良縁です。
［病気］病気が募って行き、長引きます。
［待ち人・待つ事］来ます。
［紛失］手に戻ります。
［天気］曇り。
［株式］保合いから上昇の気配となります。

初爻

孚《まこと》有りて終《お》えず。乃《すなわ》ち乱れ乃《すなわ》ち萃《あつま》る。若《も》し號《よば》えば一握笑《いちあくわら》いを為《な》さん。恤《うれ》うる勿《なか》れ。往《い》けば咎《とが》なし。

どっちに行こうかな。迷うー。
社長（五爻）
取締役（四爻）

〔爻辞の意味〕 號《よば》えは呼び叫ぶ意。応爻の四爻に集まろうとする。本来、五爻の君主に集まるべきところでも、行くに行けない。もし、その悩みを声を出して呼び叫べば、手を握り合って笑いを得られるだろう。心配することはない。進んで行けば咎はない。

象伝

乃《すなわ》ち乱れ乃《すなわ》ち萃《あつま》るは、其の志乱《みだ》れるなり。

占考

決心が定まらず迷う時。目上に従うこと。

・恋愛は、縁が多くある時。選択で迷ったりもします。

・結婚は、今の人で決心すれば吉。ただ、新たな良い人が現われる時。

・望み事は、叶いません。望み事がいろいろ出て来て迷う時。

・試験は、力不足で不合格。

引かれて吉。咎なし。孚《まこと》あれば乃《すなわ》ち禴《やく》を用いて利《よ》ろし。

［爻辞の意味］禴《やく》は神仏を祀《まつ》るに質素の意。五爻と応じていて、引き上げられて吉であり、咎もない。また、誠があれば質素な祭りを行ってもよろしい。

象伝 **引かれて吉咎《とが》なきは、中未《いま》だ変《へん》ぜざるなり。**

占考

目上から引き立てを受ける。従来の方針を変えずに進んで吉を得る。上司や目上に従って吉。

・恋愛は、気の合う良い人に出会います。
・結婚は、良縁です。早く話をまとめる事。
・望み事は、叶います。
・試験は、力及ばず不合格。

三爻

萃如《すいじょ》。嗟如《さじょ》。利《よ》ろしき攸《ところ》なし。
往《い》けば咎《とが》なし。小《しょう》なれば吝《りん》。

［爻辞の意味］ 嗟《さ》は嘆くの意。集まるに当たって、三爻は五爻に集まれば咎はない。しかし、小人は分っていても迷って五爻のところへ行けない。

象伝 **往《い》けば咎《とが》なしは、上巽《したが》えばなり。**

占考

心が定まらず悩む時。決心して進むべし。
・恋愛は、縁が多くあって、二者選択で迷う時。
・結婚は、良いが他の良い人が現われて迷います。
・望み事は、叶う時。途中で変更しないことです。
・試験は、実力が今一歩足らず不合格。

四爻

大《だい》なれば吉。
咎なし。

［爻辞の意味］四爻に人が集まりやすい。その四爻が大人のような人物ならば吉であり、咎はない。

象伝

大《だい》なれば吉にして咎なきは、位《くらい》当たらざるなり。

占考

信頼されて人が集まって来る時。大なれば吉、小なれば凶。度量をもって話を進めればまとまる。
・恋愛は、モテる時。早く一人に絞ること。
・結婚は、決心すれば吉です。
・望み事は、叶います。
・試験は、強気でのぞむと合格。弱気は不合格となります。

澤地萃

有位《ゆうい》に萃《あつま》る。咎《とが》なし。孚《まこと》に匪《あら》ず。元永貞なれば、悔《く》い亡《ほろ》ぶ。

［爻辞の意味］君主の位に民が集まって来るので咎はない。たとえ位のためであって、誠がない集まりであっても、それを永く貞正を持続していけば、その悔いもなくなる。

象伝 **有位《ゆうい》に萃《あつま》るは、志未《いま》だ光《おおい》ならざるなり。**

占考

地位は高くても実力が伴わない。人が集まって来ても、誠からではなく義理で来ていることが多い。
不満を持たずに努力すれば信用を得る。
・恋愛は、縁が多くあって良好で、良い人にも恵まれます。
・結婚は、気も合い良い人で吉です。
・望み事は、叶います。
・試験は、合格。

上爻

齎《し》咨《し》涕《てい》洟《い》。咎《とが》なし。

［爻辞の意味］ 齎咨《しし》は嘆き悲しむ。涕洟《てぃい》は目や鼻から出る涙の意。上爻は萃の極まるところで、集まる時に背いて求めて行けない。それで嘆き悲しみ、涙を流して泣く。しかし、五爻のところへ集まって行けば咎はない。

象伝 **齎《し》咨《し》涕《てい》洟《い》するは、未だ上《かみ》に安《やす》んぜざるなり。**

占考

涙を流して泣く事がある。
すべて順調を得がたい時。
新規に始める事は行なっては凶。
・恋愛は、不調。口争いとなり泣くことになります。
・結婚は、よくない。泣く結果となります。
・望み事は、叶いません。
・試験は、不合格。

46 地風升《ちふうしょう》 ䷭

彖辞《たんじ》

升《しょう》は、元《おお》いに亨《とお》る。用《もっ》て大人《たいじん》を見る。恤《うれ》うる勿《なか》れ。南征《なんせい》すれば吉。

彖伝《たんでん》

柔、時を以て升《のぼ》り、巽《そん》にして順《じゅん》、剛中《ごうちゅう》にして応《おう》ず、是《これ》を以て大《おお》いに亨《とお》る。用て大《たい》人《じん》を見る、恤《うれ》うる勿《なか》れとは、慶《よろこ》びあるなり。南征《なんせい》すれば吉とは、志行《おこ》なわるるなり。

象伝《しょうでん》

地中《ちちゅう》に木《き》を生《しょう》ずるは升《しょう》。君子以て徳に順《したが》い、小《しょう》を積《つ》み以て高大《こうだい》を成《な》す。

[卦の意] 升の卦は、徐々に昇り進むという意の卦です。

[卦名の由来] この卦は、☷坤の地の中に、☴巽の木の種子がある象です。やがてその種子は地上に芽を出して、徐々にのぼり進み、大木へと成長することから、升という。

［彖辞の意味］升は、のぼり進む意であり、スラスラと事が運ぶ。また、のぼり進むに大人のような人を得るのがよい。また、このような人を心配なく得られる。それは明るい方に向かって前進して行けば、吉である。

占断のポイント

■何事も徐々に昇り進む時。出世する。
■ただし、目的達成までに時間がかかる。
■物事は焦らず、徐々に進める。
■今まで埋もれていたものは、芽を出す。
■今は人に従った方が良い。
■（大坎の似卦）悩む、苦労など「坎」の象意を使って判断。

［運勢］運気は良好運。漸次運気が上昇します。また、芽が出る時でもあり、今までの縁の下の努力が実る時で、目上から引き立てを受けたり、地位の昇進もある時。物事は急がず、長期的展望で行なうこと。

［業績］若干上がります。

［交渉・取引］まとまります。しかし、時間がかかります。

［交際・恋愛］望みが叶います。恋が芽生える時。

地風升

［結婚］良縁です。
［病気］次第に悪化します。
［待ち人・待つ事］来ます。遅れることが多いです。
［紛失］すぐには見つかりません。
［天気］曇り。
［株式］上昇します。

初爻

允《まこと》に升《のぼ》る。大《おお》いに吉。

［爻辞の意味］允《まこと》は、誠の意。初爻は二爻に誠を以て従い、そのようにして吉である。

象伝 **允《まこと》に升《のぼ》る大《おお》いに吉は、上《かみ》志を合わすなり。**

占考

次第に好調となる。急がず努力をすれば吉を得る。人に従って吉。

・恋愛は、縁があるし、始まった交際は徐々に発展します。
・結婚は、良縁です。
・望み事は、叶います。
・試験は、今一歩力が足りず不合格。

二爻

孚《まこと》あれば乃《すなわ》ち禴《やく》を用《もち》うるに利《よ》ろし。咎なし。

幹を伸ばす

〔爻辞の意味〕禴《やく》は質素な祭りの意。誠があれば質素な供物を以て神を祭ってもよろしい。咎もない。

象伝 **九二の孚《まこと》は、喜び有るなり。**

占考

誠意をもって行なえば吉を得る。目上から引き上げられる時。

・恋愛は、良い相手に恵まれます。
・結婚は、良縁です。幸せな家庭を築けます。
・望み事は、叶います。
・試験は、今一歩力不足で不合格。

三爻

虚邑《きょゆう》に升《のぼ》る。

［爻辞の意味］ 虚邑《きょゆう》は人のいない村の意。三爻は地上に出て行くところで、無人の村を進む如く、何も妨げもなく進み昇る。

象伝 虚邑《きょゆう》に升《のぼ》るは、疑《うたが》う所なきなり。

占考

何事もスムーズに進む時。
地位は昇進する。
但し、得るものは少ない。
・恋愛は、望みが叶うが満足しない事が多いです。
・結婚は、ちょっと寂しい夫婦になるので良くないです。
・望み事は、叶っても満足しないです。
・試験は、合格しても満足感がないです。

四爻

王用《もっ》て岐《き》山《ざん》に享《きょう》す。吉。咎なし。

〔爻辞の意味〕王は四爻を信任して、岐山に祭祀させる。吉にして咎はない。

象伝 **王用《もっ》て岐《き》山《ざん》に享《きょう》するは、順《じゅん》事《じ》なり。**

占考

何事も分限を守り、柔順にして従えば吉を得る時。積極策は凶。

・恋愛は、相手に従って行けば吉。逆に追い求める事は良くないです。
・結婚は、吉です。男性は従わさせられるので面白くないです。
・望み事は、叶います。
・試験は、不合格。

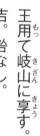

五爻

貞《てい》にして吉。
階《かい》に升《のぼ》る。

［爻辞の意味］ 五爻は柔中で君主の位におり、下の賢人を挙げ用いるに当たって、貞正の道を守れば吉である。そうすれば下の者も君主に仕え、宮殿の階段を昇って政務に励む。

象伝 **貞吉階《かい》に升《のぼ》るは、大《おお》いに志を得《う》るなり。**

占考

人の助力で吉を得る時。
良き部下を得る。
地位が昇進する。
・恋愛は、良い相手に恵まれる時。
・結婚は、気も合って良縁です。
・望み事は、叶います。
・試験は、ギリギリ合格。

地風升

冥升《めいしょう》。

息《や》まざるの貞《てい》に利《よ》ろし。

〔爻辞の意味〕 冥《めい》は暗い意。上爻は卦の極にあり、これ以上昇ることが出来ないのに、やみくもに昇ろうとする。したがって、これ以上進むことを止めさせるによろしい。

象伝

冥升上《めいしょうかみ》に在らば、消《しょう》して富《と》まざるなり。

占考

これ以上進めない。無理に進むと凶。退却の時。

・恋愛は、不調です。良くない相手。

・結婚は、良くないです。やみくもに相手を追いかけていることもあります。

・望み事は、あきらめること。

・試験は、不合格。

47

澤《たく》水《すい》困《こん》

䷮

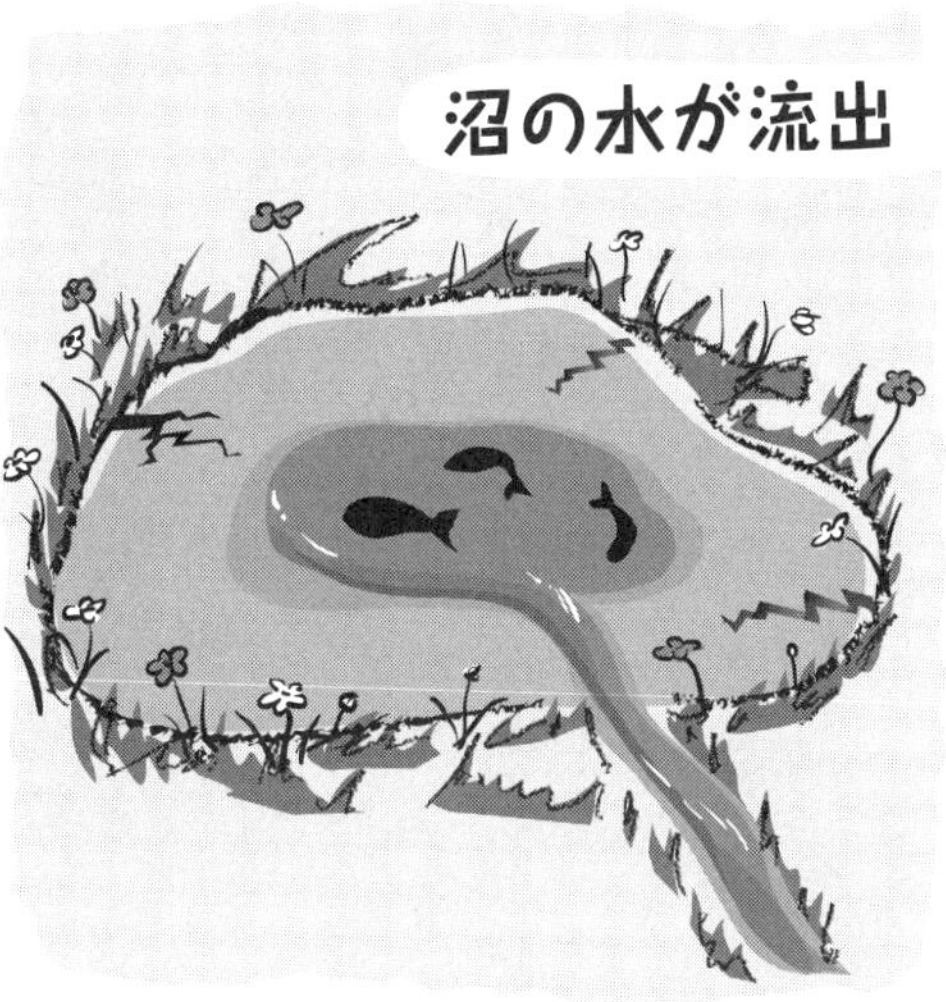

彖辞《たんじ》

困《こん》は、亨《とお》る。貞《ただ》し。大人《たいじん》は吉にして咎《とが》なし。言《こと》あるも信《しん》ぜられず。

彖伝《たんでん》

困《こん》は剛《ごう》揜《おお》わるるなり。険《けん》にして以て説《よろこ》ぶ。困《くる》しみて其の亨《とお》る所を失《うしな》わず、それ唯《ただ》君子のみか。貞《ただ》し、大人《たいじん》は吉なるは、剛中《ごうちゅう》を以てなり。言《こと》あるも信《しん》ぜられずとは、口を尚《たっと》べばすなわち窮《きゅう》するなり。

象伝《しょうでん》

澤に水なきは困《こん》。君子以て命《めい》を致《いた》し志を遂《と》ぐ。

[卦の意] 困の卦は、困る、苦しむ、困窮するという意の卦です。

[卦名の由来] この卦は、☱兌の沼に貯まっていた水が☵坎の川のように流れ出てしまう象で、沼としては渇水してしまい困った状態になる。それで困という。

［彖辞の意味］困難な時であるが、その困難を耐え抜けばやがて順調を得られる。正しく守って耐え抜くこと。大人はそれが出来るので吉であり、咎はない。小人は自分の苦しさや悩みを人に訴えるが、誰も信じてはくれない。

占断のポイント

■四難卦の一つ（坎為水、水山蹇、水雷屯）。非常に困難な時。
■悩み、苦しんでいる。
■対処策は、何とか耐えるしかない。時運の転換を待つべし。
■（三陰三陽卦）異性と縁があるが、困った交際になりやすい。

［運勢］運気は低迷運。困った事が生じますし、それで悩んだり苦しんだりします。物事もいくら努力してもうまく行かない時。異性の事で頭を痛めることがあります。

［業績］下がります。頭を痛めます。

［交渉・取引］まとまりません。

［交際・恋愛］困る状態に陥りやすいので、避けて無難です。

［結婚］良くありません。

［病気］苦しみますし、長引きます。

［待ち人・待つ事］来ません。

［紛失］見つかりません。
［天気］雨模様。
［株式］下がります。

臀《いさらい》、株木《しゅぼく》に困《くる》しむ。幽谷《ゆうこく》に入る。三歳《さんさい》観《み》ず。

［爻辞の意味］ 木の切り株に座っているようで、お尻が痛み安定を得られない。このような時にみだりに動くと、深い谷に迷い込んでしまい、三年といういつまでも出てこれなくなる。

象伝

幽谷《ゆうこく》に入るは、幽《ゆう》にして明《あき》らかならざるなり。

占考

苦しく安定を得られない時。みだりに動くと困窮に陥る。

- 恋愛は、良くない相手、深追いしないことです。
- 結婚は、良くない。早く別れた方が良いです。
- 望み事は、あきらめること。
- 試験は、不合格。

二爻

酒食《しゅしょく》に困《くる》しむ。朱紱《しゅふつ》方《まさ》に來《き》たらんとす。用《もっ》て享祀《きょうし》するに利《よ》ろし。征《い》けば凶。咎なし。

［爻辞の意味］ 朱紱《しゅふつ》は君の服飾で五爻を指す。方《まさ》はまさにの意。困の時にあり、酒を飲んだり食して英気を養いながら時を待つ。そうしていれば、五爻の君がやがて引き上げてくれる。また、二爻は神を祭るように誠心誠意をもって従うのがよろしい。しかし、自分から五爻に行っては凶である。来るのを待てば咎はない。

象伝

酒食《しゅしょく》に困《くる》しむは、中《ちゅう》にして慶《けい》あるなり。

占考

困難な時。耐えて時の至るのを待つべし。引き上げてくれる人が来る。
- 恋愛は、不調な時。
- 結婚は、気も合わず、良くないです。
- 望み事は、叶いません。
- 試験は、不合格。

澤水困

石に困《くる》しむ。蒺藜《しつり》に據《よ》る。其《そ》の宮《きゅう》に入り、其の妻《つま》を見ず。凶。

［爻辞の意味］　蒺藜《しつり》はトゲのある草、據《よ》るは落ち着けない意。困から脱出するために前進しようとすると、前方に四爻の陽の石に妨げられて進めない。後退しようとすると、トゲの草があって落ち着けない。自分の家で憩おうとすると、妻の姿が見えず、安んずることができない。凶。

象伝

蒺藜《しつり》に據《よ》るは、剛《ごう》に乗るなり。其《そ》の宮《きゅう》に入り、其《そ》の妻《つま》を見ざるは、不祥《ふしょう》なり。

進む事も退く事も容易にならず、安んずる事ができない。

また、慰めてくれる味方もいない。

占考

大変苦しい時。

・恋愛は、避けて無難です。
・結婚は、気も合わず止めた方が良いです。
・望み事は、叶いません。
・試験は、不合格。

四爻

來《きた》ること徐々《じょじょ》たり。金車《きんしゃ》に困《くる》しむ。吝《りん》なれども終《お》わり有り。

［爻辞の意味］ 四爻が初爻を救いに行くが、二爻に阻まれて速やかに行けない。そこで金車の固く丈夫な車で行くが、うまく行かない。吝なれども遂には救うことができる。

象伝

來《きた》ること徐々《じょじょ》たるは、志下《しも》に在るなり。位《くらい》当たらずと雖《いえど》も與《くみ》する有るなり。

占考

障害に阻まれて思うように行かない時。根気よく努力すれば遂には目的を得られる。好むところに引かれて本分を怠りやすい。

・恋愛は、邪魔が入ってうまく行かない時。
・結婚は、無理せず、あきらめた方が良いです。
・望み事は、邪魔が入って思うように行かないです。
・試験は、不合格。

劓《なはき》り刖《あしき》る。赤紱《せきふつ》に困《くる》しむ。乃《すなわ》ち徐《ようや》くにして説《よろこ》び有り。用《もっ》て祭祀《さいし》するに利《よ》ろし。

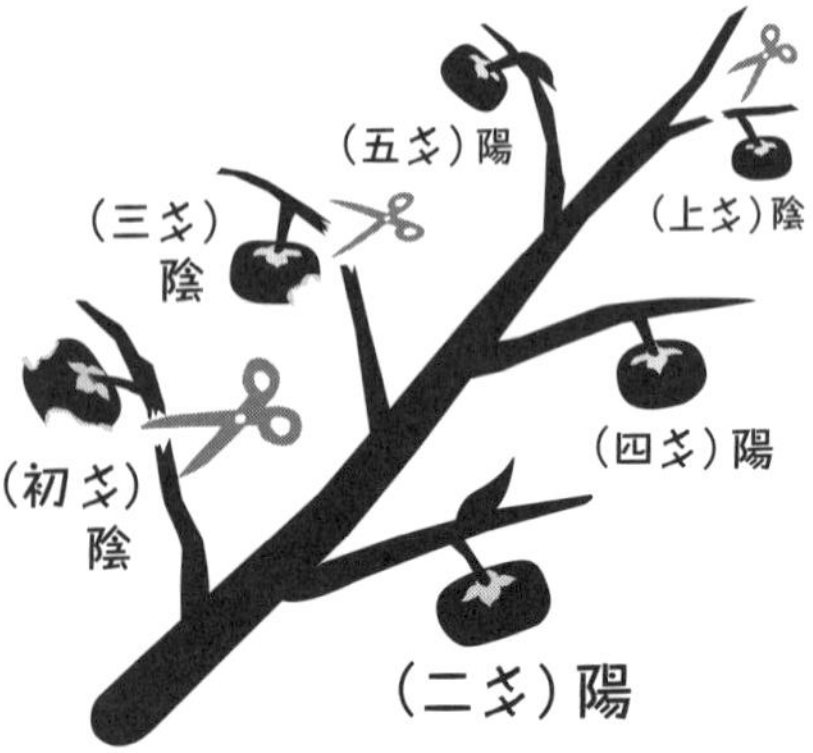

〔爻辞の意味〕 劓《はなき》り刖《あしき》るは処刑の意。赤紱《せきふつ》は諸侯の服飾のことで二爻を指す。五爻は君主の位であり、困の原因である邪陰の初爻、三爻、上爻を取り除く。ただ、二爻とは不応であり、すぐに応じない苦しみがある。しかし剛中の徳があるので、次第に協力し合い困を救うに至る。祭祀するように誠をもって接することがよろしい。

象伝

劓《なはき》り刖《あしき》るは、志未《いま》だ得《え》るざるなり。乃ち徐《ようや》くにして説《よろこ》び有るは、中直《ちゅうちょく》を以てなり。用《もっ》て祭祀《さいし》するに利《よ》ろしとは、福を受くるなり。

占考

困難な時。不要なものを整理して必要なものを活かす。助力者を得る。

・恋愛は、見合わせた方が良いです。
・結婚は、順調に運ばず、止めて吉です。
・望み事は、叶うまで時間がかかります。
・試験は、力及ばず不合格。

上爻

葛藟《かつるい》に困《くる》しむ。于《ここ》に臲卼《げつごつ》。曰《いわ》く動けば悔《く》ゆると。悔ゆる有って征《い》けば吉。

[爻辞の意味] 葛藟《かつるい》はつる草、臲卼《げつごつ》は高くて不安定の意。上爻は卦の終わりにあり、困が極まるところ。つる草に巻き付かれて困窮している。また、上爻は高く不安定な位置にいる。みだりに動くと悔いる事になるが、悔いる事を悟って思い切って進めば、吉を得る。

象伝 **葛藟《かつるい》に困《くる》しむは、未《いま》だ当たらざるなり。動けば悔《く》ゆ、悔ゆる有れば、吉にして行くなり。**

占考

つる草に巻かれて動けない時。多少の犠牲はあっても脱出を図ること。

・恋愛は、不調です。良くない相手。
・結婚は、早く手を引くこと。
・望み事は、叶わない時。
・試験は、不合格。

澤水困

48 水風井《すいふうせい》 ䷯

彖辞《たんじ》

井《せい》は、邑《ゆう》を改《あらた》め井を改めず。喪《うしな》うなく得《う》るなし。往來井井《おうらいせいせい》たり。汔《ほと》んど至《いた》らんとするも、また未《いま》だ井を繘《きっ》せず。其《そ》の瓶《つるべ》を羸《やぶ》る。凶。

彖伝《たんでん》

水に巽《い》れて水を上《あ》ぐるは井《せい》。井は養《やしな》いて窮《きわ》まらざるなり。邑《ゆう》を改《あらた》め井を改めずとは、すなわち剛中《ごうちゅう》を以てなり。汔《ほと》んど至《いた》らんとするも、また未《いま》だ井を繘《きっ》せずとは、未だ功《こう》あらざるなり。其の瓶《つるべ》を羸《やぶ》る、是《これ》を以て凶なり。

象伝《しょうでん》

木《き》の上《うえ》に水《みず》あるは井《せい》。君子以て民《たみ》を労《ねぎら》い勧《すす》め相《たす》く。

［卦の意］井の卦は、養う、同じ事を繰り返す、末を遂げられないという意の卦です。

［卦名の由来］この卦は、井戸の卦であって、☵

坎の水の中に☴巽の木の桶を入れて、水を汲み上げる象から、井という。

【彖辞の意味】村は他に移動することが出来るが、井戸は他に移すことはできない。また井戸は、いくら汲み出しても水はなくなることはないし、そのままにしておいても溢れることもない。それに井戸の水は、往来しても水であり、用いる人に役立つ。しかし、井戸から水を出さなければ、水を汲まないと同じであり、瓶を壊せば水を汲むことができず、井戸として役に立たない。凶。

占断のポイント

■養う。

■同じ事を繰り返す。骨折り。

■末を遂げられない。

■現状維持の時。

■(三陰三陽卦)異性に縁がある。

【運勢】運気は平運。新たな行動を手控えて何事も現状維持に努め、従来通りに努力すれば無難な時です。物事は、同じ事を繰り返すような骨折り事があります。異性に縁がある時。

【業績】トントンです。

【交渉・取引】同じ事を繰り返すことが多く、調子よく行きません。

水風井

［交際・恋愛］縁はあっても順調には運びません。
［結婚］良縁ではありません。
［病気］長引きます。
［待ち人・待つ事］一応、来ることは来ます。
［紛失］見つけにくいです。
［天気］曇り後雨。
［株式］上げたり下げたりを繰り返します。

初爻

井泥《せいでい》して食《くら》われず。舊井《きゅうせい》に禽《きん》なし。

見捨てられた井戸

[爻辞の意味] 初爻は井戸の底であり、泥水で濁って飲めない。長く使われていない古い井戸には、鳥なども寄り付かない。

象伝

井泥《せいでい》して食《くら》われざるは、下《しも》なればなり。舊《きゅう》井《せい》に禽《きん》なきは、時《とき》舎《す》つるなり。

占考

何事も飲めない状態。順調を得がたい。見捨てられた状態。

・恋愛は、良い相手に恵まれない時。
・結婚は、気も合わず良くない相手。早く身を引くこと。
・望み事は、叶いません。
・試験は、力不足で不合格。

井谷《せいこく》鮒《ふ》に射《そそ》ぐ。
甕《つるべ》敝《やぶ》れて漏《も》れる。

［爻辞の意味］射《そそ》ぐはそそぐ、敝《やぶ》れては破れるの意。井戸の壁穴から谷川のように水が流れ落ち、井戸の中にいる鮒に注いでいる。また、つるべが壊れて水を汲み上げられない。

象伝

井谷《せいこく》鮒《ふ》に射《そそ》ぐは、與《くみ》するなきなり。

占考

目的のために役に立たない。
労して功なき時。
目上の援助を得られない。
・恋愛は、不調。別れることになります。
・結婚は、気も合わず良くない。他の相手を探した方が良いです。
・望み事は、叶いません。
・試験は、不合格。

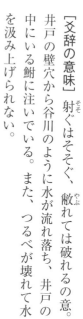

三爻

井渫《せいさら》えども食《くら》われず、我《わ》が心惻《いた》みを為《な》す。用《もち》い汲《く》む可《べ》し。王明《あき》らかなれば並《なら》びに其《そ》の福《ふく》を受《う》く。

［爻辞の意味］ 惻《いた》むは痛み悲しむ意。三爻は井戸さらえして飲める水であるが、汲み上げてもらえないので痛み悲しむ。大いに水を汲んで用いるべきである。王が明智があり、三爻の水を用いたならば、王だけでなく誰もがその福を受ける。

象伝

井渫《せいさら》えども食《くら》われざるは、行《おこ》ない惻《いた》むなり。王の明《めい》を求めて福《ふく》を受くるなり。

占考

能力があっても認められない。用いられず悲しむ時。救いが来るのを待つしかない。

・恋愛は、不調です。相手に気持ちが分かってもらえないことが多いです。
・結婚は、良くないです。他の人が現われるのを待つ事。
・望み事は、思うように行かない時。
・試験は、実力あるもうまく行かず不合格。

四爻

井《せい》甃《いしだたみ》す。咎なし。

［爻辞の意味］　甃《いしだたみ》は井戸を修理するの意。四爻は井戸の内壁《うちかべ》が落ちて水が汚《よご》れないように、石などで固めて修理する。そうすれば咎はない。

象伝　**井《せい》甃《いしだたみ》し咎なきは、井を脩《おさ》むるなり。**

占考

何事も内部を修理や整備する時。外に向かって進む事は凶。

・恋愛は、自分の欠点を顧みること。
・結婚は、良くないです。自分に何か直すべき事がある時。
・望み事は、叶いません。何か工夫すべき事がある時。
・試験は、不合格。

五爻

井冽《せいきよ》くして、寒泉食《かんせんくら》わる。

[爻辞の意味] 冽《きよ》くは清くの意。井戸の水が清く澄んでいる。また、冷たくて美味しい水が湧き出て、多くの人に汲み上げられて飲まれる。

象伝 **寒泉食《かんせんくら》わるは、中正《ちゅうせい》なればなり。**

占考

何事も用いられる時。今までの努力がようやく実り成就する時。

- 恋愛は、やっと良い相手と出会える時。
- 結婚は、ちょっと潔癖。冷たい所があり、無理しない方が良いです。
- 望み事は、叶います。
- 試験は、合格。

水風井

上爻

井《せい》収《く》みて幕《おお》う勿《なか》れ。孚《まこと》有りて元吉《げんきつ》。

［爻辞の意味］幕《おお》うはフタをするの意。上爻も飲める井戸水であり、自分が汲み終わっても、誰もがいつでも井戸の水を利用できるように、井戸にフタをしてはいけない。そのような誠があれば、大いに吉である。

象伝　**元吉上《かみ》に在《あ》り。大《おお》いに成《な》るなり。**

占考

物事が成就する時。今までの努力が報われて実を結ぶ時。ケチケチしないで多くの人に施しをすれば吉。

・恋愛は、縁が多くあって良好です。
・結婚は、もっと多くの人と付き合うべし。
・望み事は、叶います。
・試験は、合格。

49

澤《たく》火《か》革《かく》

彖辞《たんじ》

革《かく》は、已《おわ》る日《ひ》にして乃《すなわ》ち孚《まこと》とせらる。元《おお》いに享《とお》る貞《てい》に利《よ》ろし。悔《く》い亡《ほろ》ぶ。

彖伝《たんでん》

革《かく》は水火相《あ》い息《や》む。二女同居して、其の志相い得《え》ざるを革《かく》と曰《い》う。已《おわ》る日《ひ》にして乃《すなわ》ち孚《まこと》とせらるとは、革《あらた》めて之《これ》を信《しん》ずるなり。文明にして以て説《よろこ》び、大《おお》いに亨《とお》りて以て正《ただ》し。革《あらた》めて当《あ》たれば、其の悔《く》いすなわち亡《ほろ》ぶ。天地革《あらた》まって四時《しじ》成《な》り、湯武命《とうぶめい》を革《あらた》めて、天に順《したが》い人に応《おう》ず。革《かく》の時《とき》大いなる哉。

象伝《しょうでん》

澤《たく》中に火《ひ》あるは革。君子以て暦《こよみ》を治《おさ》め時《とき》を明《あき》らかにす。

［卦の意］革の卦は、革命の卦であり、根本から改まる、改めるという意の卦です。

［卦名の由来］ この卦は、外卦☱兌の金属は、内卦☲離の火によって形を変えてしまいます。それで「革」、改まるというのです。

［彖辞の意味］ 改革は、古きを捨て新しく改めることであるが、始めは人々にその改革が実際に目に見えるまで信じられないが、古いままでは役に立たない事が誰もが分れば、人々は信じ従うので、改革はスラスラ運ぶ。また、改革をしたならば、それを正しく守って行かなければならない。それにより、古きを捨てて悔いがなくなる。

占断のポイント

■物事が改まる。
■改める。改めなければならない事がある時。
■大きな変化がある時。
■対立の争いがある時。

［運勢］ 運気は良好運。新しい事を始めたくなったり、変化を求めて行動する時。物事や仕事面も従来の方針・やり方を変更する時。また、異動があったり、内部に争い事が起きたりもします。

［業績］ 今まで下がっていれば上がる。上がっていれば下がります。

［交渉・取引］ まとまりにくいです。

［交際・恋愛］対立が起きたりで、改まりやすいです。
［結婚］良縁ではありません。
［病気］改まるで、快方に向かいます。
［待ち人・待つ事］来ません。
［紛失］手に戻りません。
［天気］晴れ後曇り。
［株式］大勢が、上がると思えば下がり、下がると思えば上がります。

澤火革

鞏《かた》むるに黄牛《こうぎゅう》の革《かわ》を用《もち》う。

［爻辞の意味］鞏《かた》むるは固いの意。初爻は改革の最初であり、まだ機が熟していない。それで改めようとする行動を、柔らかくて丈夫な皮で固く縛っておく。

象伝

鞏《かた》むるに黄牛《こうぎゅう》の革《かわ》を用《もち》うるは、以て為《な》すこと有《あ》る可《べ》からざるなり。

占考

何事も時期尚早。現状を維持して時を待つべし。

- 恋愛は、思うように行かない時。
- 結婚は、気も合わず止めた方が良いです。
- 望み事は、うまく行かず叶いません。
- 試験は、力不足で不合格。

二爻

已《おわ》る日《ひ》にして
乃《すなわ》ち之《これ》を革《あらた》む。
征《い》けば吉。咎なし。

［爻辞の意味］改める必要に迫られた時に改革を行なう。そのようにして改革を進めれば吉にして、咎はない。

象伝 **已《おわ》る日《ひ》にして之《これ》を革《あらた》むるは、行《い》きて嘉《よろこ》び有《あ》るなり。**

占考
改める準備を整える時。
実行は機が熟した時にする事。
・恋愛は、不調です。他の人に改めること。
・結婚は、良くない。他の人に改めた方が良いです。
・望み事は、うまく行きそうで叶いません。
・試験は、不合格。

征《い》けば凶。
貞《てい》なれども厲《あや》うし。
革言《かくげん》三《み》たびにして就《な》る。
孚《まこと》有り。

［爻辞の意味］改めるに当たって、慎重に行なうべきであるが、勢いに任せて行なえば失敗する。たとえ目的が正しくても危険である。実行するには一度ならず、二度三度言ってから着手すれば成就する。そうすれば人々も誠をもって納得してくれる。

象伝

革言《かくげん》三《み》たびにして就《な》るは、又何《いづ》くに之《ゆ》かん。

何事も準備を進めながら時期を待つこと。物事は一度では成らず、何回か交渉して成る。

占考

・恋愛は、不調です。他の人を探した方が良いです。
・結婚は、良くない。身を引いた方が良いです。
・望み事は、すぐには叶いません。
・試験は、不合格。

四爻

悔《く》い亡《ほろ》ぶ。
孚《まこと》有りて命《めい》を改《あらた》む。
吉。

［爻辞の意味］四爻は不中不正であるが、悔いるような心配はなくなる。改革は誠をもって行なえば、吉を得る。

象伝

命《めい》を改《あらた》むるの吉は、志を信《しん》ずるなり。

占考

計画は徐々に進めること。
何事も誠意をもって行なえば吉を得る。

・恋愛は、不調です。相手を変えた方が良いです。
・結婚は、良くない。話が改まります。
・望み事は、うまく行きそうで叶いません。
・試験は、不合格。

五爻

大人《たいじん》虎変《こへん》す。
未《いま》だ占《うらな》わずして孚《まこと》有り。

虎が一新する

〔爻辞の意味〕改革を行って一新する意。大人は、虎が毛が抜け変わって模様が鮮やかになるように、改革により古きを去って一新する。それは占わなくても間違いはない。

象伝

大人《たいじん》虎変《こへん》するは、其《そ》の文炳《あやへい》たるなり。

占考

計画は実行に移すべき時。また好結果を得られる。

・恋愛は、不調です。交際が改まることになります。
・結婚は、良くない。話が改まることになります。
・望み事は、改めた方が良いです。
・試験は、今一歩及ばず不合格。

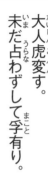

上爻

君子《くんし》豹変《ひょうへん》す。
小人面《しょうじんめん》を革《あらた》む。
征《い》けば凶。
貞《てい》に居《お》れば吉。

［爻辞の意味］上爻は卦の終わりであり、五爻と同じように改革を行なって一新する意。上爻は君子で、虎と違って豹が毛が抜け変わって、斑点模様が細くすみずみまで鮮やかに一新する。しかし、小人は顔、外面を変えるのみである。改革が成功した後、さらに改革を行なってはいけない。成功した改革を固く守っていれば吉である。

象伝

君子《くんし》豹変《ひょうへん》するは、其の文蔚《あやうつ》たるなり。小人《しょうじん》面《めん》を革《あらた》むるは、順《じゅん》以て君《きみ》に従《したが》うなり。

占考

計画は実行に移して成功する時。さらに欲を出すと凶。

・恋愛は、不調。今の人とはうまく行かないです。
・結婚は、良くない。話が改まります。
・望み事は、改めた方が良いです。
・試験は、不合格。

50 火《か》風《ふう》鼎《てい》

彖辞《たんじ》

鼎《てい》は、元《おお》いに吉。亨《とお》る。

彖伝《たんでん》

鼎《てい》は象《しょう》なり。木を以て火に巽《い》れて亨飪《ほうじん》するなり。聖人亨《せいじんほう》して以て上帝《じょうてい》に享《きょう》し、而《しこう》して大《おお》いに亨《とお》りて以て聖賢《せいけん》を養《やしな》う。巽《そん》にして耳目聡《じもくそう》明《めい》。柔進《すす》みて上行《じょうこう》し、中《ちゅう》を得て剛《ごう》に応《おう》ず。是《これ》を以て元《おお》いに亨《とお》る。

象伝《しょうでん》

木の上に火あるは鼎《てい》。君子以て位《くらい》を正《ただ》し命《めい》を凝《さだ》む。

「卦の意」 鼎の卦は、内容が改まる、位が定まるという意の卦です。

「卦名の由来」この卦は、鼎の象と見て、初爻を足、二三四爻を胴体、五爻を耳、上爻を鼎を運ぶ鉉《つる》に当てています。鼎は、煮炊きする大きな鍋のことです。現在、鼎の形は香炉に多く用いられています。

［彖辞の意味］鼎は、大いに吉にして、物事もうまく運んで発展するという。

占断のポイント

■内容が改まる。
■改める必要がある。
■目上から引き立てを受ける。
■今まで良くなかった場合、これから良くなる。
■何事も協調性がないと挫折する。

［運勢］運気は順調運。運気は次第に上昇し、発展します。今まであまり良くなかった人は、順調を得ます。人と和合し協調性を持てば良好を得ます。それに目上から引き立てられたり、地位が上がったりもします。

［業績］上がります。
［交渉・取引］時間がかかりますが、まとまります。
［交際・恋愛］次第に和みます。
［結婚］良縁です。
［病気］次第に悪化します。
［待ち人・待つ事］来ません。連絡はあったりします。

火風鼎

［紛失］よく探せば見つかります。外で失くした場合は、手に戻りません。
［天気］晴れ。
［株式］次第に上がります。

初爻

鼎趾《ていあし》を顚《さか》さまにす。
否《あしき》を出《だ》すに利《よ》ろし。
妾《しょう》を得《え》て其の子《こ》を以《もっ》てす。
咎《とが》なし。

［爻辞の意味］ 料理をするに当たって、鼎を逆さまにして古い物を出して、中をきれいにする。妻に子が出来ない場合、跡継ぎのために妾に子を産ませる。新しきを取り入れるので咎はない。

象伝

鼎趾《ていあし》を顚《さか》さまにするは、未だ悖《もと》らざるなり。否《あしき》を出《だ》すに利《よ》ろしきは、以て貴《たっと》きに従《したが》うなり。

占考

古い物を取り去ってから新しい事を行なうこと。
物事によっては代理人に任せる。
・恋愛は、不調。今の人を清算してから、新たなお付き合いをする時。
・結婚は、良くない。身を引いた方が良いです。
・望み事は、あきらめた方が良いです。
・試験は、力不足で不合格。

二爻

鼎実《ていじつ》有《あ》り。
我《わ》が仇疾《あだしつ》有《あ》り。
我に即《つ》く能《あた》わず。
吉。

[爻辞の意味] 鼎の中に実が入っている。二爻は五爻と応じているが、初爻とも比していて初爻がつきまとって悩ます。しかし、初爻は二爻とつくことができず、二爻は吉を得る。

象伝

鼎実《ていじつ》有《あ》るは、之《ゆ》く所を慎《つつし》むなり。我《わ》が仇疾《あだしつ》有《あ》るは、終《つい》に尤《とがめ》なきなり。

占考

実ある時。

つきまとう者があって自由に進めない時。それとの関係を切る必要がある。

・恋愛は、不調。他の異性に気を引かれたり、付きまとわられる事があります。

・結婚は、吉です。付きまとう人が邪魔したりします。

・望み事は、叶いそうだが支障が生じる時。

・試験は、何とか合格。

三爻

鼎耳《ていみみ》革《あらた》まる。其の行塞《こうふさ》がる。雉《きじ》の膏《あぶら》食《く》らわれず。方《まさ》に雨《あめ》ふれば悔《く》いを虧《か》く。終《つい》に吉。

［爻辞の意味］膏《あぶら》は脂、虧《か》くはなくなる意。勢いよく燃やしたため、鼎の棒を入れる耳が変形するくらい熱くて、鼎を持ち運ぶことが出来ない。また、雉の美味しい脂身が食べられない。まさに陰陽和合して雨が降れば、鼎が冷えて悔いがなくなり、終には吉を得る。

象伝　**鼎耳《ていみみ》革《あらた》まるは、其の義《ぎ》を失《うしな》うなり。**

占考　何事も勢いが過ぎて失敗する時。温和な態度で吉を得る。

・恋愛は、不調です。情熱を冷ますこと。
・結婚は、良くないです。性欲に走っている時。
・望み事は、気合いが入っているが叶いません。
・試験は、不合格。

火風鼎

四爻

鼎足《ていあし》を折る。
公《こう》の餗《そく》を覆《くつが》えす。
其の形渥《けいあく》たり。凶。

［爻辞の意味］ 公《こう》は賢人、餗《そく》は珍味の意。四爻は陽で、応爻の初爻の足は陰で力弱いため、三陽の重さを支えられず足を折ってしまい、鼎が転倒して賢人たちに食べさせる珍味が外に出てしまって食べられない。その責任をとらされて重刑に処せられ凶である。

象伝

公《こう》の餗《そく》を覆《くつが》えすは、信《まこと》に如《い》何《かん》せん。

占考

何事も能力以上の事で耐えられずに失敗する時。
基礎が弱いのに大きな事をして凶を見る。責任を取らされる時。
・恋愛は、不調。交際が駄目になります。
・結婚は、話が駄目になります。
・望み事は、叶いません。
・試験は、不合格。

五爻

鼎《てい》、黄耳金鉉《こうじきんげん》。貞《てい》に利《よ》ろし。

［爻辞の意味］ 鉉《げん》は鼎を運ぶ棒の意。黄金の耳に金の運び棒を備えた立派な鼎であり、五爻の君にとっては上爻のよき補佐役を得たようなものである。正しい道を固く守って行けばよろしい。

象伝

鼎黄耳《ていこうじ》は、中《ちゅう》以て実《じつ》と為《な》すなり。

占考

今まで努力してきたものが実を結ぶ時。物事は身近な人の意見を聞き入れて行なう事。

- 恋愛は、良い相手に恵まれる時。
- 結婚は、吉です。愛が煮詰まります。
- 望み事は、叶います。
- 試験は、合格。

火風鼎

鼎《てい》、玉鉉《ぎょくげん》。大吉《だいきち》にして、利《よ》ろしからざるなし。

［爻辞の意味］ 金の運び棒に玉の飾りがついた立派なものである。上爻が立派であれば大いに吉であり、よろしくないことはない。

象伝 **玉鉉《ぎょくげん》上に在り。剛柔節《せつ》するなり。**

占考

順調を得られる時。
目上の引き立てを受ける。
・恋愛は、縁があって良好。良い人を得られます。
・結婚は、良縁です。
・望み事は、叶います。
・試験は、難しいところ。ギリギリ合格。

51 震為雷《しんいらい》 ䷲

彖辞《たんじ》

震《しん》は、亨《とお》る。震來《しんきた》るに虩虩《げきげき》たり。笑《しょう》言啞啞《げんあくあく》たり。震《しん》百《ひゃく》里《り》を驚《おどろ》かすも、七鬯《ひちょう》を喪《うしな》わず。

彖伝《たんでん》

震は亨《とお》る。震來《しんきた》るに虩虩《げきげき》たりとは、恐れて福《ふく》を致《いた》すなり。笑言啞啞《しょうげんあくあく》たりは、後《のち》に則《のり》あるなり。震百里《しんひゃくり》を驚《おどろ》かすとは、遠《とお》きを驚《おどろ》かして邇《ちか》きを懼《おそ》れしむなり。出《い》でて以て宗廟社稷《そうびょうしゃしょく》を守り、以て祭主《さいしゅ》たるべきなり。

象伝《しょうでん》

洊《ふたた》びなる雷は震《しん》。君子以て恐懼《きょうく》修省《しゅうせい》す。

[卦の意] 震の卦は、勢いよく動く、進む、騒がしい、驚くという意の卦です。

[卦名の由来] この卦は、小成卦の震を重ねた八卦であります。☷の大地に一陽が生じて大地を動

震為雷

かすところから地震とみて、震というのです。

[象辞の意味] 震は、物事がスラスラ運ぶ。しかし、震は人を驚かし、恐れさせ、勢いよくやって来る。それは一時的で、過ぎ去ってしまうと笑いが生じる。また、雷鳴は百里の遠くまで驚かすが、長男は驚く事があっても、祭祀に用いる道具を壊したり、無くしたりしない。

占断のポイント

■積極的に行動してよろしきを得る。
■調子に乗り過ぎないこと。
■変動が多く安定しない。
■神仏を祭るには良い。
■(八純卦) 同じ事を繰り返す。驚く事が二度ある。
■進む、上がるなど「震」の象意を使って占断。

[運勢] 運気は良好運。エネルギーが湧いて、積極的に行動したくなる時でもあり、何事も積極策がうまく行く時でもあります。しかし、欲にかられての猛進は凶。また、何かと走り回っての忙しい時でもあり、驚き事がある時でもあります。

[業績] 上がります。

[交渉・取引] うまくまとまりません。

［交際・恋愛］気持ちが先走りますが、長続きするか心配です。
［結婚］あまり良くありません。
［病気］悪化します。
［待ち人・待つ事］連絡はあります。
［紛失］手に戻りません。
［天気］晴れ。
［株式］上がります。

震來《しんきた》るに虩虩《げきげき》たり。後《のち》に笑言《しょうげん》啞啞《あくあく》たり。吉。

［爻辞の意味］震の勢いの強い所。震がやって来て恐れ驚くが、過ぎ去った後には笑いが生じる。このように始め恐れ慎んでいれば吉を得る。

象伝

震來《しんきた》るに虩虩《げきげき》たるは、恐《おそ》れて福《さいわい》を致《いた》すなり。笑言《しょうげん》啞啞《あくあく》たるは、後《のち》に則《のり》あるなり。

占考

驚く事があっても実害はない。気を引き締めて努力すれば吉を得る。積極的に行なう時で、消極策はかえって凶。

・恋愛は、積極的にアタックすること。
・結婚は、良くない。気移りを起こしやすいです。
・望み事は、うまく行きそうで行かない時。
・試験は、何とか合格

二爻

震來《しんきた》るに厲《あや》うし。億《おお》いに貝《ばい》を喪《うしな》い、九陵《きゅうりょう》に躋《のぼ》る。逐《お》うこと勿《なか》れ。七日《しちじつ》にして得《う》。

[爻辞の意味] 億《おお》いには大いに、貝《ばい》はお金の意。二爻は初爻の陽剛に乗っている。したがって、震に近いので危うい。そこで大金を捨てて、高い丘に登って難を避けた。しかし、置いてきた財産が気になるが、あきらめた方がよい。命があれば、また稼《かせ》いで、いつか戻ってくる。

象伝 **震來《しんきた》るに厲《あや》うきは、剛《ごう》に乗《の》るなり。**

占考

危険な事に遭う。
すべてを捨てて逃げる時。
お金を失うことあり。
・恋愛は、良い相手に恵まれません。
・結婚は、気も合わず止めた方が良いです。
・望み事は、あきらめること。
・試験は、力不足で不合格。

震為雷

震《しん》蘇《そ》蘇《そ》たり。震《おそ》れて行けば眚《わざわ》いなし。

［爻辞の意味］蘇蘇《そそ》は勢いが衰える意。三爻は初爻から遠く、雷鳴の勢いが弱まって静かに鳴っている。恐れて事を行なえば災いはない。

象伝 **震《しん》蘇《そ》蘇《そ》たるは、位《くらい》当たらざるなり。**

占考 勢いが衰えた時。何事も積極的に行なう時ではない。慎重に徐々に進んで行けば無難。

・恋愛は、気も合わず見送るべきです。
・結婚は、止めた方が良い。新しい人を得られます。
・望み事は、叶いません。
・試験は、不合格。

四爻

震《うご》きて泥《でい》に遂《お》つ。

［爻辞の意味］　四爻は外卦の震の主爻であるが、泥の中に落ちたように勢いが振わない。

象伝　**震《うご》きて泥《でい》に遂《お》つるは、未だ光《おお》いならざるなり。**

占考

何事も力不足でうまく行かない。積極的に進めば失敗する。

・恋愛は、不調です。交際は避けて無難。
・結婚は、良くない。深みにはまるので早く身を引いた方が良いです。
・望み事は、あきらめること。
・試験は、力不足で不合格。

震《しん》往來《おうらい》すること厲《あや》うし。
億《おお》いに有事《ゆうじ》を喪《うしな》うことなし。

［爻辞の意味］ 雷が去ったと思ったら、また雷が鳴り迫って来て危うい。しかし、五爻は驚いて祭祀の道具を失うことなく責任を果たす。

象伝 **震《しん》往來《おうらい》すること厲《あや》うきは、危行《きこう》なり。其の事《こと》、中《ちゅう》に在《あ》り。大いに喪《うしな》うことなきなり。**

占考 驚き事がある時。危険が多い時。進むより止まるべし。
・恋愛は、良い相手には恵まれない時。
・結婚は、良くない。止めた方が良いです。
・望み事は、思うように行かず叶いません。
・試験は、実力不足で不合格。

上爻

震索索《しんさくさく》たり、視《み》ること矍矍《かくかく》たり。征《い》けば凶。震《おそ》れること其の躬《み》に于《お》いてせず、その鄰《となり》に于《おい》てすれば咎なし。婚媾《こんこう》言《こと》有り。

［爻辞の意味］　索索《さくさく》は勢いが衰えた、矍矍《かくかく》は落ち着かない意。上爻は雷鳴の勢いが衰えてきたが、恐ろしいあまり、落ち着かない。この状態で進めば凶。だが、今一番遠くにいるので、震の驚き事が身に迫って来るまで、あるいは隣に来た時にそれに備えると いったように用心深く警戒していれば咎はない。

象伝

震索索《しんさくさく》たるは、中《ちゅう》未だ得《え》ざるなり。凶と雖《いえど》も咎《とが》なきは、鄰《となり》を畏《おそ》れて戒《いまし》むるなり。

占考

勢いが非常に弱い時。
進んで事を行なえば失敗する。
何事も退き守るべし。
・恋愛は、不調です。交際は避けて無難。
・結婚は、良くないです。愛情が衰えて来ています。
・望み事は、叶いません。
・試験は、不合格。

52 艮《ごん》為《い》山《ざん》

彖辞《たんじ》

其《そ》の背《せ》に艮《とど》まり、其《そ》の身《み》を獲《え》ず。其の庭《にわ》に行《い》きて其の人《ひと》を見《み》ず。咎《とが》なし。

彖伝《たんでん》

艮《ごん》は止《とど》まるなり。時止《ときとど》まれば則《すなわ》ち止《とど》まり、時《とき》行《い》けば則《すなわ》ち行《い》き、動静《どうせい》其の時《とき》を失《うしな》わず、其の道光明《こうめい》。其の止《とど》まるに艮《とど》まるとは、其の所に止《とど》まるなり。上下敵応《てきおう》して相《あ》い与《くみ》せざるなり。是《これ》を以て其《そ》の身《み》を獲《え》ず、其《そ》の庭《にわ》に行きて其の人《ひと》を見《み》ず。咎《とが》なきなり。

象伝《しょうでん》

兼山《けんざん》は艮《ごん》。君子以て思《おも》うことは其《そ》の位《くらい》を出《い》でず。

［卦の意］艮の卦は、止まる、止められるという意の卦です。

［卦名の由来］この卦は、小成卦の「艮」の山を重ねた卦で八純卦です。

［象辞の意味］身体の中で背中が一番動かない所で、其の背中に止まる。また目、鼻、手、足など他の部分は欲を満たすものですが、背中は欲がない。人が出入りする庭に行っても、人を求める欲がないので、人が目に入らない。止まって静かにしているので、過ちがなく咎がないという。

占断のポイント

■何事も現状維持に徹して、止《とど》まる時。
■止められる時。
■遅れる。
■（八純卦）同じ事を繰り返す。
■止まる、動かないなど「艮」の象意を使って判断。

［運勢］運気は平運。何事も現状を維持するようにして行動すれば平穏な時。物事も思い通りに運ばない時ですが、焦ったり、無理せずに地道に努力すること。新たに何かを始めたり、積極的行動は凶を招きます。

［業績］トントンです。

［交渉・取引］まとまりません。

［交際・恋愛］止めて無難です。

［結婚］話が進みませんし、見送った方が良いです。

艮為山

［病気］長引きます。
［待ち人・待つ事］来ません。
［紛失］すぐには見つけ出せませません。
［天気］薄曇り。
［株式］横ばいです。

初爻

其《そ》の趾《あし》に艮《とど》まる。
咎《とが》なし。
永貞《えいてい》に利《よ》ろし。

［爻辞の意味］ 初爻は身体の部位から足であり、今、止まる時に当たって、止めて動かない。それで咎なきを得る。いつまでも固く守ればよろしい。

象伝

其《そ》の趾《あし》に艮《とど》まるは、未だ正《せい》を失《うしな》わざるなり。

占考

何事も止まって現状維持に努めること。

・恋愛は、不調です。思うように進まない。
・結婚は、気も合わないし、止まった方が良いです。
・望み事は、叶いません。
・試験は、不合格。

其《そ》の腓《こむら》に艮《とど》まる。
其《そ》の随《したが》うを拯《すく》わず。
其《そ》の心快《こころよ》からず。

〔爻辞の意味〕 腓《こむら》は足のふくらはぎの意。二爻は身体の部位から、ふくらはぎであり、止まる時に当たってふくらはぎは動かずに止まる。しかし、ふくらはぎは三爻の腰・股に従って動かされてしまうので、救いを正すことができない。それで不愉快であるという。

象伝

其《そ》の随《したが》うを拯《すく》わざるは、未だ退《しりぞ》き聴《き》かざるなり。

占考

自分の思う通りにならず、従わされてしまう時。
不愉快な事が生じる。

・恋愛は、良くないです。従わさせられる心配あり。
・結婚は、良くない。従って行く心配あり。
・望み事は、あきらめること。
・試験は、不合格。

三爻

其《そ》の限《げん》に艮《とど》まる。
其の夤《いん》を列《さ》く。
厲《あや》うくして心を薫《いぶ》す。

［爻辞の意味］ 限《げん》は腰、夤《いん》は背骨の意。三爻は腰に止まって動かない。しかし、腰が動かないために背骨が裂かれるような痛みを感じるし、心は煙でいぶされるようにジワジワと痛めつけられて不安である。

象伝

其《そ》の限《げん》に艮《とど》まるは、危《あや》うくして心を薫《いぶ》すなり。

占考

強情で融通性がないので困難を招く。危険を内蔵している時。
・恋愛は、縁はあっても、うまく行かないです。
・結婚は、良くないです。手を引いて無難。
・望み事は、あきらめること。
・試験は、不合格。

四爻

其《そ》の身《み》に艮《とど》まる。咎《とが》なし。

［爻辞の意味］四爻は位が正しく、止《とど》まる時に当たって、自分の止《とど》まる所に止《とど》まる。したがって、咎はない。

象伝 **其《そ》の身《み》に艮《とど》まるは、諸《これ》を躬《み》に止《とど》めるなり。**

占考
何事も進まず止まるべし。変更もしない方が良い。
・恋愛は、不調です。交際は止めておいて無難です。
・結婚は、良くないです。思い止まること。
・望み事は、叶いません。
・試験は、不合格。

五爻

其《そ》の輔《ほ》に艮《とど》まる。
言うこと序《じょ》有り。
悔《く》い亡《ほろ》ぶ。

［爻辞の意味］ 輔《ほ》はここでは口の意。言葉を慎み、言うべき時は順序だって言う。そうすれば口での失敗の悔いがない。

象伝

其《そ》の輔《ほ》に艮《とど》まるは、中正を以てなり。

占考

言葉と飲食を慎むこと。
何事も現状維持に努める時であるが、進む準備を始めるのは良い。
・恋愛は、不調です。言葉遣いに注意すること。
・結婚は、止めておいた方が良いです。
・望み事は、うまく行きません。
・試験は、不合格。

艮《とど》まるに敦《あつ》し。吉。

［爻辞の意味］止《とど》まる時に当たって、止まる所にしっかり止まっている。したがって吉である。

象伝

艮《とど》まるに敦《あつ》しの吉は、以て終《おわ》りを厚《あつ》くするなり。

占考

何事も止《とど》まるべし。
もう少しで進出の好機が来る時。
・恋愛は、良い相手に恵まれない時。
・結婚は、よくないです。見送って無難。
・望み事は、思うように行かず叶いません。
・試験は、不合格。

53 風《ふう》山《ざん》漸《ぜん》

䷴

彖辞《たんじ》 漸《ぜん》は、女帰《とつ》ぐに吉。貞《てい》に利《よ》ろし。

彖伝《たんでん》 漸《ぜん》は之《ゆ》き進《すす》むなり。女の帰《とつ》ぐに吉なり。進みて位《くらい》を得《え》、往《い》きて功《こう》あるなり。進むに正《せい》を以てし、以て邦《くに》を正《ただ》すべきなり。其の位剛にして中《ちゅう》を得《う》るなり。止《とど》まりて巽《したが》い、動《うご》きて窮《きわ》まらざるなり。

象伝《しょうでん》 山の上に木あるは漸《ぜん》。君子以て賢徳《けんとく》に居《お》りて俗《ぞく》を善《よ》くす。

［卦の意］漸の卦は、徐々に進むという意の卦です。
［卦名の由来］ この卦は☶艮の山の上に☴巽の木がある象で、その木は止まることなく順序を踏んで進み、大きく成長する、それで漸というのです。
［彖辞の意味］ 女性が順序を踏んで慎重に結婚するから吉である。正しい道を固く守ってよろしい。

占断のポイント

■物事が明るい方向に向かう。
■次第に隆盛となる。伸びる。発展する。
■順序を踏んで徐々に進むこと。急進は凶を招く。
■結婚の卦。
■（三陰三陽卦）異性に縁がある時。

［運勢］運気は発展運。物事は順調に運び、伸び、発展します。今まで滞り気味であったものも、次第に明るく開けて行きます。また、異性に縁がある時で、新しい交際が芽生えます。

［業績］上がります。
［交渉・取引］まとまります。急がず徐々に積極的に進める事。
［交際・恋愛］良い相手で交際は発展します。
［結婚］良縁です。
［病気］次第に悪化します。
［待ち人・待つ事］来ます。
［紛失］手に戻りません。
［天気］曇り。

［株式］上伸します。

初爻

鴻《こう》、干《みぎわ》に漸《すす》む。
小子厲《しょうしあや》うし。
言《こと》有るも咎《とが》なし。

［爻辞の意味］鴻《こう》は水鳥で、大きな雁の意味。初爻は陰柔で進むに当たって、今、雁が水際で、まだ飛び悩んでいる。それは若い者が社会に出て危険に遇いやすいが、文句を言われても慎重を期して盲進しないので咎はない。

象伝　**小子厲《しょうしあや》うきは、義《ぎ》として咎《とが》なきなり。**

占考

未熟で力が弱い時。慎重を期して徐々に進む事。急進は凶。
・恋愛は、良くない人と縁がある時。周りから悪口を言われる。
・結婚は、気も合わず止めておいた方が良いです。
・望み事は、すぐには叶いません。
・試験は、不合格。

二爻

鴻《こう》、磐《いわお》に漸《すす》む。
飲食《いんしょく》衎衎《かんかん》たり。
吉。

［爻辞の意味］ 磐《いわお》は岩、衎衎《かんかん》は楽しむ意。二爻は雁が岩の上に進む。そして仲間と飲食をして楽しんでいる。したがって、吉である。

象伝

飲食《いんしょく》衎衎《かんかん》たるは、素飽《そほう》せざるなり。

占考

運気は上昇。
目上に協力し、人と和合する時。実力や信用をつける時。
・恋愛は、良い人に恵まれる時。
・結婚は、気も合い良縁。早く話をまとめること。
・望み事は、叶います。
・試験は、何とか合格。

風山漸

鴻《こう》、陸《りく》に漸《すす》む。夫征《ふゆ》きて復《かえ》らず。婦孕《ふはら》みて育《やしな》わず。凶なり。寇《あだ》を禦《ふせ》ぐに利《よ》ろし。

［爻辞の意味］ 鴻が陸に進む。三爻は陽剛のため妄《みだ》りに進んでしまい、夫は進んで行って帰って来ない。婦人は妊娠しても流産して子供は育たない。また子供を育てようとしない。凶である。したがって、妄りに進まず外敵を防ぐのがよろしい。

象伝 **夫征《ふゆ》きて復《かえ》らずは、羣醜《ぐんしゅう》を離《はな》るるなり。婦《ふ》孕《はら》みて育《やしな》わざるは、其の道失《うしな》うなり。用《もっ》て寇《あだ》を禦《ふせ》ぐに利《よ》ろしきは、順《じゅん》にして相《あい》い保《たも》つなり。**

占考

みだりに進んで失敗する時。

好むものに溺れやすい時。

欲に走りやすく注意。

異性の誘いに注意の時。

・恋愛は、良くない人と縁がある時。

・結婚は、よくない。早く身を引くこと。

・望み事は、叶いません。

・試験は、不合格。

四爻

鴻《こう》、木に漸《すす》む。或いは其《そ》の桷《たるき》を得《う》。咎《とが》なし。

［爻辞の意味］　桷《たるき》は木の枝の平らな所の意。四爻は雁がさらに進んで木の高い所に止まった。しかし、雁は水かきがあって、枝では安定しないが、平らな所を得られて一応止まっていられるので咎はない。

象伝

或いは其《そ》の桷《たるき》を得《う》るは、順《つつし》みて以て巽《したが》うなり。

占考

不安定な状態の時。

進む事は安全を期して慎重に行動すること。

・恋愛は、欲情を慎むこと。

・結婚は、気も合わず止めておいた方が良いです。

・望み事は、小さな望みは叶うが、大きな望みは叶いません。

・試験は、ギリギリ合格

鴻《こう》、陵《りょう》に漸《すす》む。
婦《ふ》三歳《さんさい》孕《はら》まず。
終《つい》に之《これ》に勝《か》つこと莫《な》し。
吉。

［爻辞の意味］雁がさらに進んで高い丘陵に至った。ところで五爻は応爻の二爻と接触したいのに、三爻四爻に邪魔をされて、三年の長い間和合できず、妻は妊娠しない。しかし、五爻は中正の徳を備えているので、邪魔者は五爻に勝つことはなく、吉を得る。

象伝

終《つい》に之《これ》に勝《か》つこと莫《な》き吉は、願う所を得るなり。

占考

好調な時。
物事は最初は障害に阻まれたり、邪魔者が入ることもある。

- 恋愛は、良い人に巡り合える時。
- 結婚は、良縁です。しかし邪魔が入る時。
- 望み事は、叶うまで時間がかかります。
- 試験は、ギリギリ合格。

上爻

鴻《こう》、逵《き》に漸《すす》む。其の羽用《はねもつ》て儀《ぎ》となすべし。吉。

［爻辞の意味］逵《き》は大空、儀《ぎ》は手本の意。上爻は雁がさらに進んで、大空を飛んでいく。また、列を作って順序を踏まえて飛んで行く、それをよき手本とすべきであり、吉である。

象伝

其の羽用《はねもつ》て儀《ぎ》となすべき吉は、乱《みだ》すべからざるなり。

占考

今まで努力してきた事が報われる時。目的が達成する時。

・恋愛は、良い縁に恵まれる時。

・結婚は、良縁ですが、あまり乗り気になれない時。

・望み事は、時間がかかるが叶います。

・試験は、ギリギリ合格。

54 雷澤帰妹《らいたくきまい》

彖辞《たんじ》

帰妹《きまい》。征《ゆ》けば凶。利《よ》ろしき攸《ところ》なし。

彖伝《たんでん》

帰妹《きまい》は天地の大義《たいぎ》なり。天地交《まじ》わらずして万物興《おこ》らず。帰妹は人の終始《しゅうし》なり。説《よろこ》びて以て動き、帰《とつ》ぐ所のものは妹《まい》なり。征《ゆ》けば凶なるは、位《くらい》当たらざるなり。利《よ》ろしき攸《ところ》なしとは、柔《じゅう》・剛《ごう》に乗《の》ればなり。

象伝《しょうでん》

澤の上に雷《らい》あるは帰妹《きまい》。君子以て終《おわ》りを永《なが》くし敝《やぶ》れを知る。

［卦の意］帰妹の卦は、正当ではない、不適正という意の卦です。

［卦名の由来］この卦は、内卦☱兌の少女が、外卦☳震の壮年の男性に結婚したいという喜びをもって動く象で、世間をよく知らない少女が結婚を求めるのは、正常ではないので不適正というの

です。

［彖辞の意味］十代の若い女性が、まだよく世間の事や家庭の事も知らないで、男性に惚れて欲するままに進んで求めて行けば凶であり、よろしきところはない。

占断のポイント

■正当ではない事をしている時。
■不正な欲のために動く傾向がある。
■性的欲望が強まる。
■副業やアルバイトなど正ではなく副の事には吉。
■(三陰三陽卦）異性に縁がある時。

［運勢］運気は慎重運。物事が順調に運ばない時ですし、何か欲にかられて動き出す時。それで悩んだり失敗しやすい時でもあります。異性と縁がある時ですが、正道を外しやすいです。

［業績］下がります。余計な事に手を出したくなる時。

［交渉・取引］順調には行きません。

［交際・恋愛］年の差がある人と縁がある時。不倫の恋に陥りやすい時。

［結婚］良くありません。

雷澤帰妹

［病気］すぐには治りません。病院や薬や治療法を変えるのも良いです。
［待ち人・待つ事］来ません。
［紛失］探している所が違っていることが多いです。
［天気］曇り。
［株式］上下の動きがあるも、若干上向きます。

初爻

帰妹娣《きまいてい》を以《もっ》てす。跛《あしなえ》能《よ》く履《ふ》む。征《ゆ》きて吉。

［爻辞の意味］ 娣《てい》は付き嫁、妾のこと。初爻は下位であり正応がいない。そこで二爻の付き嫁として一緒に嫁いで行く。これは足の不自由な人が、人の後を一生懸命ついて行くようにする。卑しい身分ではあるが、身分をわきまえて行けば吉である。

象伝 **帰妹娣《きまいてい》を以《もっ》てするは、以て恒《つね》あるなり。跛《あしなえ》能《よ》く履《ふ》むの吉は、相《あ》い承《う》くるなり。**

占考 実力があっても、それを十分に発揮できない。

人に付き従う時。

・恋愛は、縁はあっても良い人ではない時。
・結婚は、気も合わず良くないです。
・望み事は、叶いません。
・試験は、力及ばず不合格。

眇《すがめ》能く視《み》る。幽人《ゆうじん》の貞《てい》に利《よ》ろし。

［爻辞の意味］二爻は五爻と応じている。しかし、不適正の時なので、良くない夫に尽すようなもので内助の功は遂げられない。それは目の不自由な人が、遠くまではっきりと見ることができないのと同じである。したがって、静かに正しい道を守っていた方がよろしい。

象伝

幽人《ゆうじん》の貞《てい》に利《よ》ろしきは、未だ常《つね》を変《へん》ぜざるなり。

占考

何事も退き守った方が良い時。欲につられて積極的になると凶。

・恋愛は、縁はあっても交際は避けて無難。
・結婚は、良くないです。気は合うが良い夫婦生活を営めないです。
・望み事は、叶いません。
・試験は、不合格。

三爻

帰妹《きまい》須《まつ》を以《もっ》てす。反《かえ》り帰《とつ》ぐに娣《てい》を以《もっ》てす。

［爻辞の意味］　須《まつ》は淫奔な女のこと。三爻は位が不正であり、淫奔な女なので正妻として嫁いでも家を保つことができない。そこでいったん実家に帰ることになるが、今度は妾として嫁いで行く。

象伝　**帰妹《きまい》須《まつ》を以《もっ》てするは、未《いま》だ当たらざるなり。**

占考

一時の欲のために失敗する時。
喜び楽しむ事に夢中になる時。
出戻りの時。
・恋愛は、縁はあっても性欲に走る時。
・結婚は、良くない。離婚となります。
・望み事は、あきらめた方が良いです。
・試験は、不合格。

雷澤帰妹

帰《き》妹《まい》期《き》を愆《す》ぐ。帰《とつ》ぐを遅《ま》ちて時《とき》有《あ》らん。

〔爻辞の意味〕 愆《す》ぐは過ぎるの意。四爻は正応がいない。賢い女性であるが、適当な相手が見つからず、婚期が過ぎてしまった。しかし、焦らず良き相手が現われるのを待てば、遅れても必ず結婚のチャンスが来る。

象伝

期《き》を愆《す》ぐるの志は、待《ま》つこと有りて行《い》くなり。

占考

何事もしばらく時を待つこと。焦って欲のために動くと失敗する。

・恋愛は、縁はあっても良くない相手。
・結婚は、良くない。気も合わず他の人にすべきです。
・望み事は、うまく行かない時。
・試験は、不合格。

五爻

帝乙《ていおつ》妹《まい》を帰《とつ》がしむ。其の君《きみ》の袂《べい》は、其の娣《てい》の袂《べい》の良《よ》きに如《し》かず。月望《つきぼう》に幾《ちか》し。吉。

［爻辞の意味］　殷の時代の王、帝乙《ていおつ》は王姫を二爻の家臣に嫁《とつ》がせる。その王姫の服飾は、付き嫁の服飾より見劣りするが、王姫は陰で柔順であり、中を得ていて妻たる徳を備えている。満ちずに謙虚にして控え目なので、妻たる道にかなっていて吉である。

象伝

帝乙《ていおつ》妹《まい》を帰《とつ》がしむ。其の娣《てい》の袂《べい》の良《よ》きに如《し》かざるなりとは、其の位《くらい》中に在り、貴《たっと》きを以て行《い》くなり。

占考

外見を飾らず中身が大切。
すべて八分目で控えること。
・恋愛は、理想の人ではないです。年下と縁がある時。
・結婚は、身分など何か差があるが、良縁です。
・望み事は、満足しないが叶います。
・試験は、難しい所。ギリギリ合格。

雷澤帰妹

女筐《じょきょう》を承《う》けて実《み》なし。
士《し》羊《ひつじ》を刲《さ》きて血《ち》なし。
利《よ》ろしき攸《ところ》なし。

〔爻辞の意味〕 筐《きょう》は竹かご、刲《さく》は割く意。上爻は三爻の不応と婚礼するが、女性が夫から受けた竹かごの中は空っぽで、神に供えるものがない。夫が生けにえに割いた羊は死んでいて、血がなく神を祭ることができない。夫婦としてよろしきことはない。

象伝 **上六の実《み》なきは、虚筐《きょきょう》を承《う》くるなり。**

占考
何事もうまく行かない。誠意がない時。形は出来ていても中身が伴わない。
・恋愛は、縁はあっても良い人ではないです。
・結婚は、良くない。誠意がなく形だけの結婚となります。
・望み事は、あきらめること。
・試験は、不合格。

55 雷《らい》火《か》豊《ほう》 ䷶

彖辞《たんじ》

豊《ほう》は亨《とお》る。王之《これ》に假《いた》る。憂《うれ》うる勿《なか》れ。日中《にっちゅう》に宜《よろ》し。

彖伝《たんでん》

豊《ほう》は、大《だい》なり。明《めい》にして以て動《うご》く、故《ゆえ》に豊《ゆた》かなり。王之《これ》に假《いた》るとは、大《だい》を尚《たっと》ぶなり。憂《うれ》うる勿《なか》れ、日中《にっちゅう》に宜《よろ》しとは、宜しく天下《てんか》を照《て》らすべきなり。日《ひ》・中《ちゅう》すれば則《すなわ》ち昃《かたむ》き、月盈《つきみ》つれば則《すなわ》ち食《しょく》す。天地の盈虚《えいきょ》は、時《とき》と與《とも》に消息《しょうそく》す。而《しか》るを況《いわ》んや人《ひと》に於《お》てをや、況《いわ》んや鬼神《きじん》に於てをや。

象伝《しょうでん》

雷電皆至《らいでんみないた》るは豊《ほう》。君子以て獄《ごく》を折《さだ》め刑を致《いた》す。

［卦の意］　豊の卦は、豊かなり、豊大なりという意の卦です。

［卦名の由来］　この卦は、内卦☲離の明るく、外卦☳震の勢いよく動く象です。明るく勢いよく動くとは、それは大いに盛んなことであります。

［彖辞の意味］勢い盛んな時ですから、物事もうまく運ぶ、発展する。王は、その盛大を極めることができる。しかし、盛大は必ず衰えるようになるが、心配することはない。今、一番盛んなうちにやるべき事に全力を尽せば良い。

占断のポイント

■盛運の時。豊かな時。
■今の勢いの強い時にやるべき事を行なう。
■やがて盛大さに陰りが出て来ることを知っておくべし。
■だまされやすい時。
■(三陰三陽卦) 異性に縁がある時。

［運勢］運気は強く盛運。豊かな時。明るく勢いがあって気持ちに余裕ができます。気が大きくなる時でもあり、だまされやすいです。異性との縁も多い時です。しかし、後半頃から好調の中に陰りが出てきます。

［業績］上伸します。
［交渉・取引］早くまとめるように努めること。
［交際・恋愛］情熱を燃やして急進しますが、長続きしない傾向にあります。
［結婚］良縁です。結婚後、愛が冷めないよう努力が必要です。

［病気］悪化します。

［待ち人・待つ事］来ます。時には連絡があって、本人が来ないこともあります。

［紛失］早く探せば見つかりますが、時が経ったものは、あきらめるしかありません。

［天気］晴れ。

［株式］上昇しますが、そろそろ天井です。

初爻

其《そ》の配主《はいしゅ》に遇《あ》う。旬《ひとし》と雖《いえど》も咎《とが》なし。往《い》きて尚《たっと》ばるる有《あ》り。

〔爻辞の意味〕配主は力を合わすべき相手の意。初爻は四爻とは陽同士で不応ですが、初爻は離の始めであり、「明」と「動」が相助け合って盛大を成すのであるから、同じ陽同士とはいえども、今からでも遅くない。四爻に進んで行けば喜び尊ばれる。

象伝　**旬《ひとし》と雖《いえど》も咎《とが》なきは、旬《ひとし》きを過《す》ぐれば災《わざわ》いなり。**

占考　何事も単独より人と協力して行なうこと。頼りにする人の所へ早く行くこと。

・恋愛は、縁はあっても乗り気になれず不調です。
・結婚は、気が合わず将来が心配。見合わせて無難です。
・望み事は、叶いません。
・試験は、強気で臨めば合格。

二爻

其《そ》の蔀《ほう》を豊《おお》いにす。
日中《にっちゅう》斗《と》を見る。
往《い》きて疑疾《ぎしつ》を得《う》。
孚《まこと》有《あ》りて発若《はつじゃく》たれば吉。

［爻辞の意味］ 蔀《ほう》は草の意。二爻は五爻と不応であり、外卦震の草が盛んであって、内卦離にとっては邪魔になっている。それは草が太陽の光をさえぎって、日中でも北斗七星が見えるほど暗い。その暗い中、五爻に進んで行けば、かえって疑い憎まれる。しかし、それでも誠意をもってその覆《おお》いを開けば、疑いも解けて吉を得る。

象伝 **孚《まこと》有《あ》りて発若《はつじゃく》たるは、信《しん》以て志を発《はっ》するなり。**

占考 好調の中に暗い一面が生じる。誤解されやすい時。
・恋愛は、不調。意見が合わなくなります。
・結婚は、良くない。そのうち相手の欠点が気になってきます。
・望み事は、叶いそうで叶わない時。
・試験は力不足で不合格。

其《そ》の沛《はい》を豊《おお》いにす。
日中《にっちゅう》沫《まい》を見る。
其の右肱《ゆうこう》を折《お》る。咎《とが》なし。

［爻辞の意味］沛《はい》は幕、沫《まつ》は小さい星の意。草が繁茂して、その草が幕のようになって辺りが暗く、日中でも小さい星が見える。また今、大事な右手のヒジを折ってしまった。しかし、それで応爻である上爻と握手できなくて、かえって咎なきを得る。

象伝

其《そ》の沛《はい》を豊《おお》いにするは、大事《だいじ》に可《か》ならざるなり。其の右肱《ゆうこう》を折《お》るは、終《つい》に用《もち》うべからざるなり。

占考

暗い時。進めば失敗する。何事も退き守る。また大事な右手を折る。大事な人を失う。世に用いられる事がない。
・恋愛は、縁はあっても実りにくい相手。
・結婚は、良くない。気は合っても別れる結果となります。
・望み事は、あきらめた方が良いです。
・試験は、力及ばず不合格。

四爻

其《そ》の蔀《ほう》を豊《おお》いにす。日中《にっちゅう》斗《と》を見る。其の夷主《いしゅ》に遇《あ》う。吉。

〔爻辞の意味〕夷主《いしゅ》は自分と同等の人の意で初爻を指す。今、草の日よけを大きくして太陽をさえぎる。それで辺りが暗くて日中でも北斗七星が見える。その暗さは自分で作っているので、応爻の初爻に協和を求めて行けば吉を得る。

象伝

其《そ》の蔀《ほう》を豊《おお》いにするは、位《くらい》当らざるなり。日中《にっちゅう》斗《と》を見るは、幽《くら》くして明《あき》らかならざるなり。其の夷主《いしゅ》に遇《あ》う吉は、行《い》けばなり。

占考

暗い一面が生ずる。
見込み違いが多く失敗しやすい時。
友人などの助力を借りるべし。

- 恋愛は、縁はあっても、うまく行かない。
- 結婚は、良くないです。うまく馴染めないです。
- 望み事は、叶いません。
- 試験は、ギリギリ合格。

雷火豊

章《しょう》を来《きた》す。慶誉《けいよ》あり。吉。

［爻辞の意味］章《しょう》は明らかの意で二爻を指す。五爻は今、陰で力が弱いので二爻の賢人を招き寄せる。二爻と力を合わせることによって、慶びや誉れを得て吉である。

象伝　**六五の吉は、慶《よろこ》び有るなり。**

占考

他の援助を得て何事もうまく行く時。明るく華やかなものを用いて効果がある時。慶びや誉れがある。

・恋愛は、縁もあり、明るく華やかにして吉を得ます。
・結婚は、良さそうでも後で悔いる事があるので、良くないです。
・望み事は、叶うまで時間がかかります。
・試験は、ギリギリ合格。

上爻

其の屋《おく》を豊《おお》いにし、其の家を蔀《おお》う。其の戸《と》を闚《うかが》えば、闃《げき》として其《そ》れ人なし。三歳《さんさい》観《み》ず。凶。

［爻辞の意味］上爻は豊が極まるところであり、屋根を大きくし、その家は草が生い茂っていて暗く、中をのぞいて見ると、ひっそりとして人がいない。三年経っても人影を見られず、凶である。

象伝

其の屋《おく》を豊《おお》いにするは、天際《てんさい》翔《か》けるなり。其の戸《と》を闚《うかが》えば闃《げき》として其《そ》れ人なきは、自ら蔵《かく》るるなり。

占考

衰退の時。見掛けは大きくても中身がない。手を拡げて失敗する。

- 恋愛は、縁はあっても良くない相手。
- 結婚は、良くない。見掛け倒し。何か隠している事があります。
- 望み事は、あきらめた方が良いです。
- 試験は不合格。

56 火山旅《かざんりょ》 ䷷

彖辞《たんじ》

旅《りょ》は、小《すこ》しく亨《とお》る。旅は貞《てい》にして吉。

彖伝《たんでん》

旅《りょ》は、小《すこ》しく亨《とお》る。柔《じゅう》・中《ちゅう》を外に得《え》て、剛《ごう》に順《したが》う。止《とど》まりて明《めい》に麗《つ》く。是《こ》れを以て小しく亨る。旅は貞《てい》にして吉なるなり。旅の時義《じぎ》大《おお》いなる哉《かな》。

象伝《しょうでん》

山上に火《ひ》あるは旅《りょ》。君子以て明《あき》らかに慎《つつし》みて刑を用い、獄《ごく》を留《とど》めず。

［卦の意］旅の卦は、寂しい、親しみがない、孤独という意の卦です。

［卦名の由来］この卦は、旅といっても現在の旅行ではなく、昔の旅は修業や行商や家の苦しさなどから、自分の国を離れての旅です。ちょうど内卦☶艮の家の中にあった☲離の火が、転々と移り動いていくところを見て、旅というのです。

［彖辞の意味］旅に出れば知らない人ばかりですから、物事も少しは通るが、大いに思うようにすることは難しい。また、旅は知らない土地を行くのですから、慎重を期して正道を進めば吉を得ます。

占断のポイント

■衰運の時。
■孤独で寂しく、人との親しみがない時。
■動いて安定を得がたく、苦労が多い。
■修業など学問や技芸を志すには吉。
■旅行には吉。
■(三陰三陽卦)異性に縁がある。

［運勢］運気は慎重運。人と親しめないで、孤独に陥りやすいです。また、気持ちも移り動いて安定性を得がたく、苦労が多い時。何事も積極策は手控えて慎重に行動することです。

［業績］横ばいです。

［交渉・取引］長引きます。

［交際・恋愛］不安定で実りにくいです。旅行で縁があったりします。

火山旅

［結婚］良くありません。
［病気］長引きます。重症者は、あの世に旅立つとします。
［待ち人・待つ事］すぐには来ません。
［紛失］あきらめるしかありません。
［天気］晴れたり曇ったり。
［株式］保合い。小動き。

初爻

旅《りょ》、瑣瑣《ささ》たり、斯《こ》れ其《そ》の災《わざわ》いを取《と》る所《ところ》。

［爻辞の意味］瑣瑣《ささ》はこせこせの意。初爻は陰柔不正から、旅をするに、こせこせしてゆったりとしたところがない。そのようでは自分から災いを招くこととなる。

象伝

旅《りょ》、瑣瑣《ささ》たるは、志窮《きゅう》するの災《わざわ》いなり。

占考

実力も資力もなく時期も悪いのに、こせこせと動き回って災いを招く時。小利のために大利を失う。ケチケチする。

・恋愛は、縁は合っても、こせこせして面白くないです。
・結婚は、ケチケチしていて良くないです。良縁を待つ事。
・望み事は、叶いません。
・試験は、力不足で不合格。

旅《りょ》、次《じ》に即《つ》き、其《そ》の資《し》を懐《いだ》き、童僕《どうぼく》の貞《てい》を得《う》。

［爻辞の意味］次《じ》は宿、即《つ》きは泊まる、童僕《どうぼく》は部下の意。旅をするに良い宿に泊まれ、お金も十分に持っていて、また忠実に働いてくれる部下がいる。

象伝

童僕《どうぼく》の貞《てい》を得《う》るは、終《つい》に尤《とがめ》なきなり。

占考

身を落ち着ける所を得る。

良き部下・協力者を得る。

分相応の事を行なえば平穏である。

・恋愛は、何となく熱中できない相手。

・結婚は、二十代の人は他の人を探した方が良いです。

・望み事は、分相応ならば叶います。

・試験は、実力圏内ならば合格。高望みしている所は不合格。

三爻

旅《りょ》、其《そ》の次《じ》を焚《や》く。其の童僕《どうぼく》の貞《てい》を喪《うしな》う。厲《あや》うし。

［爻辞の意味］ 旅において、宿が火事になり、身の落ち着く所がない。また、忠実な部下が離れ去ってしまい、危ういことである。

象伝

旅《りょ》、其《そ》の次《じ》を焚《や》くは、亦傷《またいた》まし。旅を以て下《しも》に與《くみ》す、其の義《ぎ》喪《うしな》うなり。

占考

身を落ち着ける所を失う。良き部下・協力者に背き去られる。火災に遭う。

- 恋愛は、縁はあっても話が合わず別れが生じます。
- 結婚は、良くないです。落ち着けず別れることになります。
- 望み事は、あきらめること。
- 試験は、不合格。

旅《りょ》、于《ここ》に處《とどま》る。
其の資《し》斧《ふ》を得《う》。
我《わ》が心快《こころよ》からず。

［爻辞の意味］斧《ふ》は権力の意。旅において、とどまりて落ち着いている。また人に用いられて資財や権力を得る。しかし、このような福を得ても旅の途中なので、いつまでも落ち着いていられないので、その心は不快である。

象伝

旅《りょ》、于《ここ》に處《とどま》るは、未だ位《くらい》を得ざるなり。其《そ》の資《し》斧《ふ》を得《う》るも、心未だ快《こころよ》からざるなり。

一時的ではあるが落ち着く所を得る。お金や権力を得られる時。しかし、長続きしない。

占考

不愉快な事がある時。
・恋愛は、一時的に楽しくても長続きしません。
・結婚は、結婚しても長続きしません。
・望み事は、叶っても、維持できません。
・試験は、ギリギリ合格。移動あり。

五爻

雉《きじ》を射《い》て一矢《いっし》亡《うしな》う。
終《つい》に以て誉命《よめい》あり。

［爻辞の意味］ 雉を射って命中し雉を得たが、矢は使いものにならなくなってしまった。大事な矢は失ったが、ついには名誉を得ることができる。

象伝 **終《つい》に以て誉命《よめい》あるは、上《かみ》に逮《およ》ぶなり。**

占考 目的のものを得るために、多少失うものがある。
多少の犠牲を払っても効果は大きい。
大きな誉れを得られる。
・恋愛は、多少の損失や犠牲を覚悟しなければならないです。
・結婚は、結婚するに何かを失うものがあります。
・望み事は、目的に向かって努力すれば叶います。
・試験は、合格。

鳥《とり》其《そ》の巣《す》を焚《や》く。旅人《たびびと》先《さき》には笑い、後《のち》には咷《な》き號《さけ》ぶ。牛を易《さかい》に喪《うしな》う。凶。

〔爻辞の意味〕 鳥がその巣を焼かれたように、旅人が最初は落ち着く所を得て笑い楽しんでいたが、後には安んずる所を失って泣き叫ぶ。さらに宿の境に繋いでおいた牛がいなくなってしまった。大事なものを失って、凶である。

象伝

旅《りょ》を以て上《かみ》に在り。其の義《ぎ》焚《や》くなり。牛を易《さかい》に喪《うしな》うは、終《つい》に之《これ》を聞《き》くこと莫《な》きなり。

占考

初め良くても、後で悪い事になる時。大切な人を失う。大事なものを失う。火難・盗難に遭う。

・恋愛は、良くない相手。泣くことになります。
・結婚は、良くない。別れが生じる結果となります。
・望み事は、叶いません。
・試験は、不合格。

57 巽《そん》為《い》風《ふう》 ䷸

彖辞《たんじ》

巽《そん》は、小《すこ》しく亨《とお》る。往《い》く攸《ところ》有るに利《よ》ろし。大人《だいじん》を見るに利《よ》ろし。

彖伝《たんでん》

重巽《ちょうそん》以て命《めい》を申《かさ》ねる。剛・中正《ごうちゅうせい》に巽《したが》いて志行《おこ》なわれ、柔皆剛《じゅうみなごう》に順《したが》う。是《これ》を以て小《すこ》しく亨《とお》り、往《い》く攸《ところ》有るに利《よ》ろしく、大人《だいじん》を見るに利ろし。

象伝《しょうでん》

随風《ずいふう》は巽《そん》。君子以て命《めい》を申《かさ》ね事を行《おこ》なう。

[卦の意] 巽の卦は、従う、伏入、迷う、安定性に欠けるという意の卦です。

[卦名の由来] この卦は、☰乾のしっかりしたものの一番下に陰が入って来た☴象から伏入とし、また風は主体性がなく他に従って動くので、従うというのです。

[彖辞の意味] 巽は、小さい事はスラスラ運ぶ。

また、柔順さをもって進んで行けば用いられる。従う相手は、立派な人がよろしい。

占断のポイント

■従う時。主体性を持たない。
■迷いが生じる時。
■命令は二度・三度出すこと。
■（八純卦）同じ事を繰り返す。
■従う、迷う、伏入など「巽」の象意を使って判断。

［運勢］運気は平運。交際面は良好。気持ちに安定性がない時なので、何事も人や流れに従って、それでうまく行く時。物事も、他の意見を聞いてから行なった方が良いです。スリや空巣に要注意です。

［業績］まあまあの下がり気味。

［交渉・取引］一進一退で、なかなかまとまらない時。

［交際・恋愛］お互いに気持ちが不安定で実りにくいです。

［結婚］良縁とはいえません。

［病気］一進一退で長引きます。

［待ち人・待つ事］来ません。連絡はあったりします。

［紛失］見つけにくいです。
［天気］曇り。風が強い日です。
［株式］上下の値動きから、下がり気味です。

進退す。
武人《ぶじん》の貞《てい》に利《よ》ろし。

［爻辞の意味］　初爻は陰柔で不正から、進んだり退いたりと定まるところがない。したがって、軍人が一度命令が出れば、それを遂行するように気持ちを落ち着かせ信ずるところを不動にするがよろしい。

象伝

進退するは、志疑《うたが》うなり。武人《ぶじん》の貞《てい》に利《よ》ろしきは、志治《おさ》まるなり。

占考

決断に迷う時。
意志を強固にすること。
物事によっては人に相談すべし。
・恋愛は、良い人に巡り合えない時。
・結婚は、良くないです。疑い迷う時。
・望み事は、移り気があって叶いません。
・試験は、実力不足で不合格。

二爻

巽《したが》いて牀下《しょうか》に在り。史巫《し ふ》を用《もち》う。紛若《ふんじゃく》たるも吉にして咎なし。

[爻辞の意味] 牀下《しょうか》はベットの下の意。二爻は陽でありながら、従うに謙虚にして仕える。また、迷いは史巫《し ふ》を用いて神の教示《きょうじ》を仰ぐようにして慎重に行動すれば、煩わしい事があっても吉を得られる。咎めもない。

象伝 **紛若《ふんじゃく》たるの吉は、中《ちゅう》を得《う》るなり。**

占考

内部に良くない者がいるので油断は禁物。
迷う時。
煩わしい事がある時。
・恋愛は、良くない人と縁がある時。
・結婚は、良くない。煩わしい問題が生じます。
・望み事は、叶いそうで叶わない時。
・試験は、不合格。

頻《しき》りに巽《したが》う。吝《りん》。

〔爻辞の意味〕陽の位に陽でいるので、従う気持ちはあっても、時には剛に過ぎてしまう。しきりに従おうとしても、専らにすることができない。これでは吝である。

象伝 **頻《しき》りに巽《したが》うの吝《りん》は、志窮《きゅう》するなり。**

占考

心が定まらず、変わりやすく、それで次第に悪い状態になる。表面は柔順で温和に見えても、内面は誠意がないことが多い。

・恋愛は、移り気が生じる時。
・結婚は、心が定まらず、良縁とはいえません。
・望み事は、うまく行かない時。
・試験は不合格。

四爻

悔《く》い亡《ほろ》ぶ。田《かり》して三品《さんぴん》を獲《う》。

［爻辞の意味］ 四爻は位正しくて巽の主爻であり、五爻に比していて柔順に従うので悔いることがなくなる。狩りに行けば、命令が徹底して沢山の獲物を得ることができる。

象伝

田《かり》して三品《さんぴん》を獲《う》るは、功《こう》有るなり。

占考

柔順であれば人から信頼され好調を得る時。収穫がある時。

・恋愛は、いろいろと縁がある時。
・結婚は、良くないです。他の縁もあって心が動きます。
・望み事は、何とか叶います。
・試験は、ギリギリすべり込みます。

五爻

貞《てい》なれば吉。悔《く》い亡《ほろ》ぶ。利《よ》ろしからざるなし。初《はじ》めなくして終《おわ》り有り。庚《こう》に先《さき》だつ三日《さんじつ》。庚《こう》に後《おく》れること三《さん》日《じつ》。吉。

［爻辞の意味］五爻は君主の位であり、命令が貞正であれば、初めは順調に行かないものの、終わりはよい。悔いはなくなり、よろしくないことはない。また、物事を行なうには、その前に丁寧に検討を重ね、実行した後には、よく反省してより良くするようにすれば吉である。

象伝　**九五の吉は、位正中《せいちゅう》なればなり。**

占考

初めは苦労があっても、努力を続ければ終わりは吉を得る。

・恋愛は、初めは慎重にすること。
・結婚は、清算して他の縁を待つこと。
・望み事は、時間がかかり最後まで努力すれば叶います。
・試験は、不合格。努力が必要。

巽《したが》いて牀下《しょうか》に在り、其の資斧《しふ》を喪《うしな》う。貞《ただ》しけれども凶。

［爻辞の意味］ 柔順の度が過ぎて、こびへつらってベットの下にいる。そのために財と権力を失うことになる。従う道を行なうのは正しいが、度が過ぎると凶である。

象伝

巽《したが》いて牀下《しょうか》に在るは、上窮《かみきわ》まるなり。其の資斧《しふ》を喪《うしな》うは正しきや、凶なり。

占考

欲のためにこびへつらって身を誤る。財産や権力を失う。新規に行なう事は凶。

- 恋愛は、不調です。欲のために身を誤る時。
- 結婚は、良くないです。お金を失います。
- 望み事は、あきらめた方が良いです。
- 試験は、実力不足で不合格。

58 兌《だ》為《い》澤《たく》 ䷹

彖辞《たんじ》

兌《だ》は、亨《とお》る。貞《てい》に利《よ》ろし。

彖伝《たんでん》

兌《だ》は説《よろこ》ぶなり。剛中《ごうちゅう》にして柔外《じゅうそと》。説《よろこ》びて以て貞《てい》に利《よ》ろし。是《これ》を以て天に順《したが》い人に応ず。説《よろこ》びて以て民に先《さき》だてば、民《たみ》其の労《ろう》を忘れる。説《よろこ》びて以て難《なん》を犯《おか》せば、民其の死《し》を忘れる。説《よろこ》びの大いなる、民勧《すす》む哉《かな》。

象伝《しょうでん》

麗澤《りたく》は兌。君子以て朋友講習《ほうゆうこうしゅう》す。

[卦の意] 兌の卦は、喜び楽しむ、口、欠けるという意の卦です。

[卦名の由来] この卦は、☱二陽の上に一陰の少女が乗って喜んでいる象であり、一陰が口を開いて笑っている象から口とし、☰乾の上部が欠けた象でもあります。

［彖辞の意味］何事も喜びをもって行えば、うまく運ぶもの、発展するものです。しかし、喜びはそれに溺れやすいので正しき道に則《のっと》るのがよろしい。

占断のポイント

■喜び事、楽しい事がある。
■喜び楽しむ事に溺れやすい時。
■口争いを起こしやすい時。
■口先がうまい。他人の口車に乗りやすい。
■中途挫折する。
■（八純卦）同じ事を繰り返す。
■「兌」の象意を使って判断。

［運勢］運気は良好運。いろいろと喜び事や楽しい事が多い時です。ただ、運気的にはあまり強くありませんので、積極的な行動や大きな事をするのは、手控えるべきです。それに他人の口車に乗りやすく、それに言葉遣いにも注意の時です。また、今までやって来た事が挫折しやすいですから、やり遂げるよう心掛けることが大切です。

［業績］横ばいの若干上がります。

［交渉・取引］まとまりにくいですが、時間をかけてよく話し合うことです。

兌為澤

［交際・恋愛］楽しい交際となりますが、永続性が少ないです。
［結婚］楽しくても不満が多くて口争いを起こしやすく、あまり良縁とはいえません。
［病気］長引きます。
［待ち人・待つ事］来ないことが多いです。かなり遅れて来ることもあります。
［紛失］すぐには発見できません。壊れて現われる事もあります。
［天気］小雨。時には曇り。
［株式］下がり気味。

初爻

和《わ》して兌《よろこ》ぶ。吉。

［爻辞の意味］ 位が正しく、よく人と和し親しんで喜ぶから吉である。

象伝 **和《わ》して兌《よろこ》ぶの吉は、行ないて未《いま》だ疑わざるなり。**

占考 人と和合して吉。
現状を守り新規に行なう事は手控えること。
・恋愛は、交際して楽しい相手であることが多いです。
・結婚は、良いが、二十代はもっと良い人を求めること。
・望み事は、小さい事なら叶います。
・試験は、不合格。

兌為澤

孚《まこと》にして兌《よろこ》ぶ。吉。
悔《く》い亡《ほろ》ぶ。

［爻辞の意味］誠をもって喜んで行なうので、吉である。ただ、三爻と比していて喜び楽しむ事に溺れやすいが、二爻は中を得ているので、誘惑に心を動かしての悔いは生じない。

象伝 **孚《まこと》にして兌《よろこ》ぶの吉は、志を信《まこと》にするなり。**

占考

誠意をもって努力すれば吉を得る時。誘惑に心を動かしてはならない。

・恋愛は、遊びや楽しさから軽率に交際すると後悔することになります。
・結婚は、良くないです。身近な人に心を動かす時。
・望み事は、欲が出て叶いません。
・試験は、不合格。遊びに心が動く。

三爻

來《きた》りて兌《よろこ》ぶ。凶。

〔爻辞の意味〕 兌の主爻であり、喜び楽しむ事を求めたり、口先だけでこびへつらったり、巧言をもって喜ばしたりして、かえって人に軽んじられて、凶を招く。

象伝 **來《きた》りて兌《よろこ》ぶの凶は、位《くらい》当たらざるなり。**

占考

口先でうまい事をいって事を遂げようとしている。

表面良さそうに装ったり、見えたりして、それで凶を招く。

うまい話にだまされる時。

・恋愛は、性欲にかられている事が多い時。

・結婚は、良くないです。口先だけ、性欲だけの事が多いです。

・望み事は、甘くみていて叶いません。

・試験は、不合格。

商《はか》りて兌《よろこ》ぶ。
未だ寧《やす》からず。
疾《やまい》を介《へだ》て喜び有り。

［爻辞の意味］ 商《はかる》は計る意。四爻は、五爻と三爻のいずれに従い楽しむべきかと計り考える。それでまだ心が定まらない。しかし、四爻は三爻の邪悪を見抜いて境を設けて遠ざけ、五爻に仕えれば大いなる喜びを得られる。

象伝 **九四の喜びは、慶《けい》有るなり。**

占考

選択に迷うが私情や感情を捨てて正道や公につくべき時。楽しみ溺れやすい時。

・恋愛は、よく相手を見定めること。容姿より人物を取るべし。
・結婚は、良くないです。他の人に心を動かします。
・望み事は、叶いません。
・試験は、不合格。

五爻

剥《はく》に孚《まこと》す。厲《あや》うき有り。

［爻辞の意味］五爻は、上爻の兌の主爻と比していて、それに誠をもって接すると危ういところがある。

象伝　**剥《はく》に孚《まこと》するは、位《くらい》正しく当たればなり。**

占考

誘惑に心を引かれる心配がある。うまい話にだまされる危険がある。

・恋愛は、だまされやすい。避けて無難です。
・結婚は、良くない相手。身ぐるみを剥ぎ取られる心配あり。
・望み事は、叶いません。
・試験は、力不足で不合格。

引《ひ》かれて兌《よろこ》ぶ。

［爻辞の意味］上爻は、兌の喜びの主である。喜びの道を得ている者で、引かれて喜ぶというつつましやかさを尚ぶ者である。

象伝

上六の引《ひ》かれて兌《よろこ》ぶは、未だ光《おお》いならざるなり。

占考

遊びや楽しさに溺れやすい時。

人に従って喜びを得るが、自ら積極的に行なうことは良くない。

・恋愛は、引かれて喜ぶ意から、女性は吉です。

・結婚は、吉でも、二十代はもっと良い人との縁を求める事。

・望み事は、強いて求めるものは叶いません。思わぬ事で叶うことあり。

・試験は、不合格。

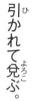

59 風《ふう》水《すい》渙《かん》 ䷺

彖辞《たんじ》

渙《かん》は、亨《とお》る。王有廟《ゆうびょう》に假《いた》る。大川《たいせん》を渉《わた》るに利《よ》ろし。貞《てい》に利《よ》ろし。

彖伝《たんでん》

渙《かん》は亨《とお》るとは、剛来《ごうきた》りて窮《きわ》まらず、柔位《くらい》を外《そと》に得《え》て上同《かみおな》じくす。王有廟《ゆうびょう》に假《いた》るとは、王すなわち中《ちゅう》に在るなり。大川《たいせん》を渉《わた》るに利《よ》ろしとは、木に乗りて功《こう》あるなり。

象伝《しょうでん》

風・水上を行くは渙《かん》。先王以て帝《てい》を享《きょう》し廟《びょう》を立つ。

[卦の意] 渙の卦は、散る、散らすという意の卦です。

[卦名の由来] この卦は、☵坎の水の上を☴巽の吹く風の象で、風が水を吹き散らして水しぶきが立つ意味合いで、散らすという。

[彖辞の意味] 悩みや苦労が散れば、物事はスラスラと運ぶ。また、渙は離散することであるが、

王としては散った人心を集めなければならない。そこで寺院で先祖の霊を祭祀すると、民衆はそれに集まってくる。このようであるならば、大川を渉るような大きな事をやってもよろしい。しかし、正しい道を固く守ることが大切である。

占断のポイント

■今まで悩んだり苦労していた場合、それが散るで良くなります。
■今まで順調だった場合、その順調が散るで悪くなります。
■約束事は白紙になります。
■(三陰三陽卦) 異性に縁がある。

［運勢］今まで苦労して来た人の場合は運気は良好運で、その苦労から解放されて前途が明るく開けてきます。しかし、今まで順調に来た人の場合は運気は慎重運で、頼りにする人が離れたり、散財したりと散る現象が現れます。

［業績］今まで不振だった場合は、上がります。今まで順調だった場合は、下がります。

［交渉・取引］白紙となります。長くトラブっていた場合は問題解決に向かいます。

［交際・恋愛］離散となります。

［結婚］良くありません。

［病気］快方に向かいます。

［待ち人・待つ事］来ません。
［紛失］あきらめるしかありません。
［天気］雨。風雨が強い時もあります。
［株式］今まで下がっていた場合は、上がります。上がっていた場合は、下がります。

風水渙

初爻

用《もっ》て拯《すく》う。馬壮《うまさか》んなれば吉。

［爻辞の意味］拯《すく》うは救う意。初爻は陰爻で力弱く自ら艱難を散らすことができない。そこで二爻の強壮なる馬、賢い人に従い頼ることによって吉を得る。

象伝 **初六の吉は、順《じゅん》なればなり。**

占考

上司・先輩など有力な人の助力を得て艱難から脱出できる時。
グズグズしているとそのチャンスを逸する。

・恋愛は、縁は合っても辞退すること。
・結婚は、良くないです。早く退くこと。
・望み事は、叶いません。
・試験は、実力不足で不合格。

二爻

渙《かん》の時、其《そ》の机《き》に奔《はし》る。悔《く》い亡《ほろ》ぶ。

［爻辞の意味］ 机《き》は安んずるの意。二爻は、坎の主爻であって艱難に陥っている。しかし、二爻は中の徳があり、速やかに走って五爻に従えば安居を得るし、悔いもなくなる。

象伝 **渙《かん》の時、其《そ》の机《き》に奔《はし》るは、願《ねが》いを得《う》るなり。**

占考

目上の援助を求める事。今までの苦労や悩みが散って安定を得られる時。

・恋愛は、良さそうに見えても良くない相手です。

・結婚は、良くないです。早く身を引くことです。

・望み事は、叶いません。

・試験は、不合格。

其《そ》の躬《み》を渙《ち》らす。悔《く》いなし。

［爻辞の意味］躬《み》は身の意。三爻は、陰爻で位が当たらず、艱難を散らす力がない。そこで応爻の上爻に一身を投げ出して助けを求める。それで悔いることはない。

象伝　**其《そ》の躬《み》を渙《ち》らすは、志外《そと》に在るなり。**

占考

自分の事は投げ出して全力で事に当たらなければならない。

・恋愛は、縁はあっても良くない相手。早く身を引くこと。

プライドなど考えずに助けを求める事。

・結婚は、良くない。後悔することになります。

・望み事は、叶いません。

・試験は、不合格。

四爻

其《そ》の羣《ぐん》を渙《ち》らす。元《おお》いに吉。
渙《ち》らして丘《あつま》る有り。
夷《つね》の思う所に匪《あら》ず。

［爻辞の意味］ 羣《ぐん》は仲間、夷《つね》は常人の意。四爻は仲間から離散し五爻に仕えて、それで大いに吉である。また私党を解散することは、有能な人や善人が集まってくる。これは常人の到底考えが及ぶ所ではない。

象伝

其《そ》の羣《ぐん》を渙《ち》らして元《おお》いに吉は、光大《こうだい》なればなり。

占考

古いものはいったん清算して出直すが吉。親しい仲間から離れて、目上に従って吉。また普通の手段や考えでは及ばない時。

・恋愛は、今の人をあきらめて新しい人を求めること。
・結婚は、今の人は良くない。新たに良い人を得ます。
・望み事は、何とか叶います。
・試験は、不合格。

渙の時、其の大號《たいごう》を汗《かん》にす。
王居《おうきょ》を渙《ち》らして咎《とが》なし。

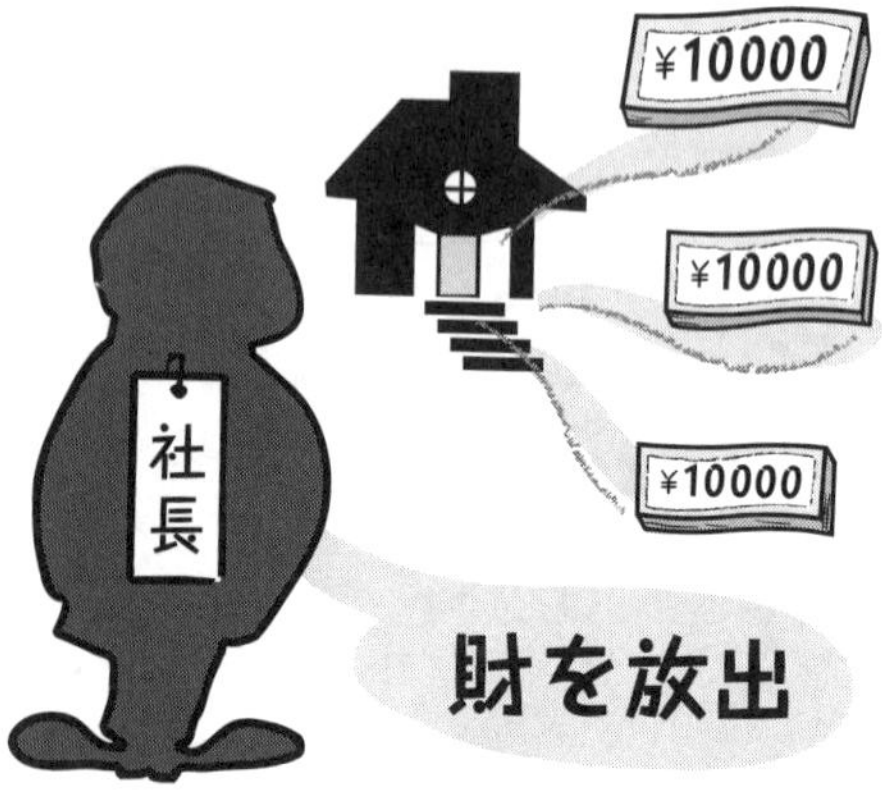

［爻辞の意味］ 五爻は君主の位であり、汗が一度出たら再び返らないように、王の命令は一度出したら揺るがす事ができない。また、王の政令で民の苦しみを解いてやるだけでなく、王の蓄えていたものを民に放出してやる。そうであれば咎はない。

象伝 **王居《おうきょ》の咎《とが》なきは、正位《せいい》なればなり。**

占考

自分の利にとらわれず人ために尽くして好結果を得る時。散財する時でもある。

・恋愛は、良くないです。交際は避けて無難です。
・結婚は、止めておいた方が良いです。
・望み事は、難しいです。
・試験は、実力不足で不合格。

上爻

其の血《ち》を渙《ち》らす。去《さ》りて逖《とお》く出《い》づ。咎なし。

［爻辞の意味］逖《とお》くは遠くの意。上爻は内卦「坎」の血生臭い事から遠ざかっているので、咎はない。

象伝 **其の血《ち》を渙《ち》らすは、害に遠《とお》ざかるなり。**

占考

面倒な事に関係しないようにすべき時。何事も退いて無難を得る。引退の時。

・恋愛は、避けるべし。
・結婚は、良くないです。身を引くこと。
・望み事は、あきらめた方が良いです。
・試験は、不合格。

60 水澤節《すいたくせつ》 ䷻

彖辞《たんじ》

節《せつ》は亨《とお》る。苦節《くせつ》は貞《てい》にすべからず。

彖伝《たんでん》

節《せつ》は亨《とお》るとは、剛柔《ごうじゅう》分かれて剛中《ごうちゅう》を得《え》ればなり。苦節《くせつ》は貞《てい》にすべからずとは、其の道窮《きゅう》すればなり。説《よろこ》びて以て険《けん》を行《おこ》ない、位《くらい》に当たり以て節《せつ》あり、中正《ちゅうせい》にして以て通《つう》ず。天地は節《せつ》ありて四時《しじ》成《な》る。節《せつ》して以て度《ど》を制《せい》し、財《ざい》を傷《やぶ》らず民を害《がい》せず。

象伝《しょうでん》

澤の上に水あるは節《せつ》。君子以て数度《すうど》を制《せい》し、徳行《とくこう》を議《ぎ》す。

［卦の意］節の卦は、ふしであり、節度、節制、節約、節操、止まるという意の卦です。

［卦名の由来］この卦は、☱兌の澤の上に☵坎の水がある象で、沼に水が潤っていて、溢れもせず枯れもせず節を保っています。それで節という。

［彖辞の意味］節は節度・調節を保てているので、物事もうまく運ぶ。しかし、節度があまり厳し過ぎると苦痛となり、節の道に反するので、それを固く守ってはいけない。

占断のポイント

■節度・節制・節約・節操を必要とする時。
■進退では、止まるべし。
■何事もほどほどにすること。
■節は度を過ぎて厳しくしてはいけない。
■（三陰三陽卦）異性に縁がある時。

［運勢］運気は良好運。節度を守って控え目にやっていれば良好を得ます。しかし、このような時は、とかく余計な事に手を出したり、ハメを外したりしやすいですから注意が必要です。また、異性に縁がある時ですが、節度をもって交際すべきです。

［業績］まあまあです。欲張らないこと。

［交渉・取引］話が進まない事が多いです。

［交際・恋愛］節度ある交際を心掛けることです。

［結婚］節操があり、良縁と見ます。

［病気］長引きます。

水澤節

「待ち人・待つ事」遅れます。
「紛失」見つけにくいです。
「天気」雨。
「株式」若干下がります。

初爻

戸庭《こてい》を出《い》でず。
咎《とが》なし。

［爻辞の意味］節の時にあって、初爻はまだ力が弱いので無理をせず、戸庭から出ないで止まっていれば咎はない。

象伝　**戸庭《こてい》を出《い》でざるは、通塞《つうそく》を知ればなり。**

占考

外に進出するより内を固める時。何事も慎み控えること。
・恋愛は、縁はあっても交際は控えた方が良いです。
・結婚は、結果的に止めておいた方が良いです。
・望み事は、叶いません。
・試験は、不合格。

門庭《もんてい》を出《い》でず。凶。

［爻辞の意味］二爻は、進んで外に出て行くべき時である。しかし、五爻と不応であるため節で止まってしまう。それでは凶である。

象伝 **門庭《もんてい》を出《い》でず凶なるは、時《とき》を失う極《きょく》なり。**

占考

消極的で引っ込み思案のためチャンスを失う。積極的に進むべし。

・恋愛は、縁はありますが、積極さ不足でうまく行かないです。

・結婚は、良くないです。気も合わず乗り気になれないです。

・望み事は、うまく行かないです。

・試験は、不合格。

三爻

節《せつ》若《じゃく》たらざれば則《すなわ》ち嗟《さ》若《じゃく》たり。咎なし。

［爻辞の意味］三爻は、位が不正であって「兌」の主爻でもあり、喜び楽しむ事に溺れやすい。しかし、節の道を行わないと嘆き悲しむことになる。それを自ら反省をすれば咎はない。

象伝

節《せつ》せざるの嗟《なげ》きは、また誰《だれ》をか咎《とが》めん。

占考

楽しむ事に熱中して失敗する。節の道を忘れやすい時。
・恋愛は、性欲に走りやすい時。
・結婚は、良くないです。性欲だけの付き合いです。
・望み事は、叶いません。
・試験は、実力不足で不合格。

水澤節

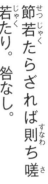

四爻

節《せつ》に安《やす》んず。亨《とお》る。

［爻辞の意味］ 四爻は位正しく、節を守って柔順にして五爻に従うので、身心の安らかさを得る。また、物事もうまく運ぶ。

象伝 **節《せつ》に安《やす》んずの亨《とお》るは、上道《じょうどう》を承《う》けるなり。**

占考

出過ぎた事をせず、分相応を守ればよろしきを得る。

・恋愛は、縁があって良好です。節度を守ることが大切です。

・結婚は、二十代の人はもっと良い人を探すべし。

・望み事は、何とかうまく行きそうです。

・試験は、今一歩及ばず不合格。

五爻

節《せつ》に甘《あま》んず。吉。往《い》きて尚《たっと》ばるる有り。

［爻辞の意味］ 甘んずるは楽しむ意。五爻は中正であり、節の時にあって、節の道を楽しんで守ることができる。したがって、吉である。また進んで事を行なえば、その功も大であり、人から尊ばれる。

象伝

節《せつ》に甘《あま》んずるの吉は、位《くらい》に居《お》りて中《ちゅう》なればなり

占考

何事も節度をもって行なえば良好を得る。また、何事も楽しんで行なうようにすれば吉を得る。

・恋愛は、縁があって良好です。
・結婚は、婚期から遅れている人には吉。二十代の人は良くないです。
・望み事は、叶います。大きな望みは叶わないです。
・試験は、何とかギリギリ合格。

上爻

苦節《くせつ》は、貞《てい》なれば凶。悔《く》い亡《ほろ》ぶ。

［爻辞の意味］卦の終わりにあって、節を遂げるのに度が過ぎたり、厳しさを固く守ると凶になる。しかし、過ぎることを改め、程よい節とするならば悔いがなくなる。

象伝　**苦節《くせつ》貞なれば凶とは、其の道窮《きゅう》すればなり。**

占考

自分の考えや意見に固執し過ぎると窮地に陥る。何事も厳し過ぎたり、固く守ることを改めれば後悔しないで済む。

・恋愛は、縁があっても無理するのは良くないです。
・結婚は、良縁とはいえません。
・望み事は、叶いません。
・試験は、実力不足で不合格。

61 風《ふう》澤《たく》中《ちゅう》孚《ふ》

䷼

彖辞《たんじ》

中《ちゅう》孚《ふ》は、豚魚《とんぎょ》にして吉。大川《たいせん》を渉《わた》るに利《よ》ろし。貞《てい》に利《よ》ろし。

彖伝《たんでん》

中《ちゅう》孚《ふ》は柔《じゅう》・内に在り、而《しこう》して剛《ごう》・中《ちゅう》を得《う》。説《よろこ》びて巽《したが》う。孚《まこと》はすなわち邦《くに》を化《か》するなり。豚魚《とんぎょ》にして吉とは、信豚魚《まこととんぎょ》に及《およ》ぶなり。大川《たいせん》を渉《わた》るに利《よ》ろしとは、木に乗りて舟虚《ふねきょ》なればなり。貞《てい》に利《よ》ろしとは、すなわち天に応《おう》ずるなり。

象伝《しょうでん》

澤の上に風あるは中孚《ちゅうふ》。君子以て獄《ごく》を議《ぎ》し死を緩《ゆる》くす。

［卦の意］中孚の卦は、心の中に信（まこと）ありという意で、信頼関係の卦です。

［卦名の由来］この卦は、内卦☱兌の口と外卦☴倒兌が向き合って、よく語り合い親和する象で、また、三、四爻の中爻が陰であって中虚であり、これは私心がないことで、これを信《まこと》という。

［彖辞の意味］中孚は、まこと、真実至誠。イルカは風に敏感で風の吹く向きに口を向けます。このように相感じて疑うことなく相応ずるは信《まこと》であり、それは吉です。また、信をもって事を行うのであれば、大川を渉るような大きな事を行ってもよろしい。ただし、正しい道を固く守ることが大切です。

占断のポイント

■お互いに親しみ和する時。
■何事も誠意をもって取り組めば吉を得る。
■（大離の象）明るい、明らかになるなど「離」の象意を使って判断。
■表面は良くても内実が伴わない。

［運勢］運気は良好運。明るく華やかな気分の時であり、積極的に人と親しみ和すようにして行けば良好です。それによって良き人、良き恋人、良き協力者を得られますし、得るものが多い時です。また、何事も誠意をもって行なえば吉を得ます。

［業績］上がります。

［交渉・取引］まとまります。

［交際・恋愛］良き相手で楽しい交際ができます。

［結婚］良縁です。

［病気］悪化しますし、長引きます。
［待ち人・待つ事］来ます。
［紛失］見つかります。
［天気］晴れ時々曇り。
［株式］若干上がります。

虞《はか》れば吉。
它《た》あれば燕《やす》からず。

［爻辞の意味］初爻は、応爻の四爻を信じれば吉である。しかし、他に心を移せば安らかさを失って凶である。

象伝 **初九の虞《はか》れば吉。志未《いま》だ変《へん》ぜざるなり。**

占考

何事も方針を変えない。頼る人を信じて疑わない。

- 恋愛は、縁があって良好です。気移りを起こさないこと。
- 結婚は、良縁です。移り気は凶。
- 望み事は、叶います。手段を変えると凶。
- 試験は、力不足で不合格。

二爻

鳴鶴《めいかく》陰《いん》に在《あ》り。
其《そ》の子《こ》之《これ》に和《わ》す。
我《われ》に好爵《こうしゃく》有り。
吾爾《われなんじ》と之《これ》を靡《とも》にせん。

［爻辞の意味］好爵《こうしゃく》はうまい酒の意。沼の草の茂みの中で親鶴が鳴くと子鶴がそれに応《こた》えて鳴く。また、うまい酒があるから、私はあなたと一緒に美酒を飲みたい。

象伝　**其《そ》の子《こ》之《これ》に和《わ》するは、中心《ちゅうしん》より願《ねが》うなり**

占考

人と親和して良好を得る。
利益は一人占めにしないで分け合う事。
・恋愛は、良好です。気の合う良い相手。
・結婚は、良縁です。早く話をまとめることです。
・望み事は、叶います。
・試験は、合格。

敵《てき》を得て、或いは鼓《こ》し、或いは罷《や》み、或いは泣《な》き、或いは歌《うた》う。

［爻辞の意味］ 三爻は、応爻の上爻を敵と見てしまい、そこで太鼓をたたいて気合いを入れて敵を攻めようとする。しかし、勝てそうにないので中止する。また、逆襲されないかと泣き、攻めてこないことを知って笑い歌う。

象伝 **或いは鼓《こ》し或いは罷《や》むは、位《くらい》当たらざればなり。**

占考

勘違い、見立て違いを起こす時。
軽挙妄動して中途半端で終わる。
感情的に走って失敗する。

- 恋愛は、誤解から喧嘩を起こしがちです。
- 結婚は、良くない。気が変わります。
- 望み事は、叶いません。
- 試験は、不合格。

四爻

月望《つきぼう》に幾《ちか》し。
馬《うま》匹《ひつ》亡《うしな》う。
咎なし。

私的を断り
公的に従う
今行きます！
食事に行きましょう

［爻辞の意味］ 匹《ひつ》は仲間の意。今、満月に近い時。四爻は初爻と応じているが私的関係を絶って、比している五爻に誠をもって仕えるので咎はない。

象伝

馬《うま》匹《ひつ》亡《うしな》うは、類《るい》を絶《た》ちて上《のぼ》るなり。

占考

腹八分目でよしとすべし。
私的関係を捨てて主に従う。
悪友と縁を切って正道につくべし。
・恋愛は、従来から関係のある異性とは縁を絶つべし。
・結婚は、別の人に期待すべきです。
・望み事は、叶いません。
・試験は不合格。

孚《まこと》有りて攣如《れんじょ》たり。咎なし。

［爻辞の意味］五爻は、二爻と誠をもって固く結ばれているので咎はない。

象伝 孚《まこと》有りて攣如《れんじょ》たるは、位《くらい》正当なればなり。

占考 何事も人と協力したり相談して行なうこと。人から信頼される。気の合う相手を得る時。
・恋愛は、良好です。意気投合して発展します。
・結婚は、良縁です。早く話をまとめることです。
・望み事は、叶います。
・試験は、合格。

上爻

翰音天に登る。貞なれば凶。
翰《かん》音《おん》天《てん》に登《のぼ》る。
貞《てい》なれば凶。

［爻辞の意味］　翰音《かんおん》は鶏が羽ばたきするの意。鶏の羽ばたきする音は天に登っても、その身は高く飛ぶことはできない。心を改めることを知らずに、それを固く守っていては凶である。

象伝　**翰音《かんおん》天《てん》に登《のぼ》るは、何《なん》ぞ長《なが》かる可《べ》けんや。**

占考

実力が伴わず失敗する。掛け声ばかりで終わる。
・恋愛は、だまされないように注意。
・結婚は、良くない。見掛けだけのことがあります。
・望み事は、うまく行きそうで叶いません。
・試験は、実力不足で不合格。

風澤中孚

62 雷山小過《らいざんしょうか》

彖辞《たんじ》

小過《しょうか》は、亨《とお》る。貞《てい》に利《よ》ろし。小事《しょうじ》に可《か》なるも、大事《だいじ》に可《か》ならず。飛《ひ》鳥之《ちょうこれ》が音を遺《のこ》す。上《のぼ》るに宜《よろ》しからず、下《くだ》るに宜《よろ》しくして大《おお》いに吉なり。

彖伝《たんでん》

小過《しょうか》は、小なる者過ぎて亨《とお》るなり。過ぎて以て貞《てい》に利《よ》ろしとは、時と與《とも》に行《おこ》なうなり。柔中《じゅうちゅう》を得《う》。是《これ》を以て小事《しょうじ》に吉なり。剛《ごう》・位失《うしな》いて中《ちゅう》ならず。是《これ》を以て大事《だいじ》に可《か》ならざるなり。飛《ひ》鳥《ちょう》の象あり。飛鳥之《これ》が音を遺《のこ》す、上《のぼ》るに宜《よろ》しからず、下《くだ》るに宜《よろ》しくして大《おお》いに吉なりとは、上《のぼ》るは逆《ぎゃく》にして下《くだ》るは順《じゅん》なればなり。

象伝《しょうでん》

山上に雷《らい》あるは小過《しょうか》。君子以て行《おこ》ない恭《きょう》に過《す》ぎ、喪《も》は哀《あい》に過《す》ぎ、用《よう》は倹《けん》に過《す》ぐ。

［卦の意］小過の卦は、少しく過ぎる、小さな過ち、少し延びるという意の卦です。

［卦名の由来］この卦は、二陽四陰の卦であり、陰が多いです。したがって、陰をもって小とし、陰が過ぎるので、小過という。

［彖辞の意味］小過は、少し過ぎるくらいで事がうまく運ぶ。ただし、それは正しい事でなければならない。また、小さい事には良いが、大きい事には良くない。鳥が飛び立って、音だけ残っている。また、高く飛び上がるのは良くなく、地に下りて安定の場所に止まれば大いに吉である。

占断のポイント

■何事も少し過ぎるので、分不相応な事や度が過ぎて失敗しやすい。
■小さい事は良いが、大きい事は良くない。
■（大坎の象）悩みや苦労がある。
■（背反の象）相背き合う。喧嘩。
■（飛鳥の象）友人や頼りにする人などが離れて行く。

［運勢］運気は慎重運。少々悩みや苦労事が生じる時。積極的な行動や出しゃ張る事は避けるべし。喧嘩を起こしやすいですから注意。それに親友など、頼りにする人が離れて行ったりもします。

［業績］下がります。

雷山小過

［交渉・取引］まとまりません。
［交際・恋愛］相手が去ってしまいます。
［結婚］良縁ではありません。
［病気］長引きます。
［待ち人・待つ事］来ません。
［紛失］あきらめるしかありません。
［天気］曇りですが、時には雨が降ります。
［株式］保合いです。

初爻

飛鳥《ひちょう》以て凶。

［爻辞の意味］初爻は位が正しくないため、止まっていられず、鳥が高く飛んでしまい凶を招く。

象伝

飛鳥《ひちょう》以て凶は、如何《いかん》ともすべからざるなり。

占考

分を忘れて欲に走ったり高望みして失敗する。

・恋愛は、いいところを見せようとしてもうまく行かない時。
・結婚は、良くない。無理して一緒になっても和合を得がたいです。
・望み事は、高望みしていて叶いません。
・試験は、実力が伴わず不合格。

雷山小過

二爻

其の祖《そ》を過《す》ぎ、其の妣《ひ》に遇《あ》う。其の君に及《およ》ばず、其の臣《しん》に遇《あ》う。咎なし。

お爺ちゃんに会いたい！
はい、わかりました。
お爺ちゃん
お客さん

［爻辞の意味］二爻は中正であり、五爻とは陰同士であるが同徳相応で応ずる。二爻は陰柔で五爻の祖父を過ぎるくらい敬《うやま》い、四爻の祖母にも柔順な態度で遇《あ》う。また、五爻の君に及ばずに、その臣は君をしのぐことはないので咎はない。

象伝 **其の君に及《およ》ばざるは、臣《しん》に過《す》ぐべからざるなり。**

占考

小さい事は成就する時。
何事も控え目に進むこと。
目上や上司をしのぐような事をしては凶。
逆に目上の協力を得るようにすること。

・恋愛は、良い人と縁がある時。
・結婚は、二人で決めるのはうまく行かない。目上や上司からの紹介は良縁です。
・望み事は、協力者により叶います。
・試験は、不合格。

三爻

過《す》ぎずして之《これ》を防《ふせ》ぐ。従《したが》わば或いは之《これ》を戕《そこな》わん。凶。

［爻辞の意味］三爻は位は正しいが、陰の勢いに陽の力が足りず、陰の過ぎたるものの災いが、身に及ぶのを防がなければならない。防がないで陰に従ったならば、障害を受けて凶である。

象伝　**従《したが》わば或いは之《これ》を戕《そこな》うは、凶如何《いか》にせんや。**

占考

何かと災いを受けやすい時。誘惑に要注意。何事も防ぐこと。
・恋愛は、性欲に走る時で注意。
・結婚は、体の関係だけで良くないです。
・望み事は、思い通りには行かないです。
・試験は、実力が及ばず不合格。

咎《とが》なし。
過《す》ぎずして之《これ》に遇《あ》う。
往《い》けば厲《あやう》うし。必ず戒《いまし》めよ。
永貞《えいてい》に用《もち》うる勿《なか》れ。

［爻辞の意味］ 四爻は陽剛であるものの陰位にいるので剛に過ぎず咎はない。また、過ぎずして初爻の過ぎたるものに遇う。したがって、初爻に進んで応じれば危険であり、必ず警戒する必要がある。警戒を長く保つことは困難なので長く用いてはならない。

象伝

過《す》ぎずして之《これ》に遇《あ》うは、位《くらい》当たらざるなり。往《い》けば厲《あやう》うし必ず戒《いまし》めよとは、終《つい》に長《なが》かるべからざるなり。

占考

災いを受けやすいので警戒すべし。積極的に進む事は良くない。
・恋愛は、良くない相手。避けて無難です。
・結婚は、止めておいて無難です。
・望み事は、叶いません。逆に叶わない方が良いです。
・試験は、不合格。

五爻

密雲《みつうん》雨ふらず。我《わ》が西郊《せいこう》よりす。公弋《いぐるみ》して彼《か》の穴に在るを取る。

〔爻辞の意味〕 厚い雲が西の方からやって来ているが、陰が過ぎるため陰と陽が調和せず、なかなか雨は降らない。王公は弋《いぐるみ》という道具を用いて穴の中に隠れている狐などを生け捕りにする。

象伝 **密雲《みつうん》雨ふらざるは、已《はなは》だ上《あが》ればなり。**

占考 何事もうまく行きそうで成就しない。物事は渋滞しがちな時。部下など有能な人の助力を用いるべきである。

・恋愛は、良さそうに見えてもうまく行かないです。
・結婚は、良くない。時間がかかります。
・望み事は、すぐには叶いません。かなり時間がかかる。
・試験は、実力不足で不合格。

遇《あ》わずして之《これ》に過《す》ぐ。飛鳥《ひちょう》之に離《かか》る、凶。是《これ》を災眚《さいせい》と謂《い》う。

［爻辞の意味］上爻は、応じている三爻に遇わずに過ぎたる事をしてしまい、それは鳥が高く飛び上がって網にかかるような凶を招くのである。これは災いというしかない。

象伝

遇《あ》わずして之《これ》に過《す》ぎるは、已《はなは》だ亢《たかぶ》るなり。

占考

自信過剰となり、驕《おご》り高ぶって失敗したり、やり過ぎて失敗する時。
・恋愛は、縁はあっても体の関係だけで終わりやすいです。
・結婚は、良くない。気持ちが高ぶっても凶の結果で終わります。
・望み事は、叶いません。
・試験は、不合格。

63 水火既済《すいかきせい》 ䷾

彖辞《たんじ》

既済《きせい》は、亨《とお》るもの小《しょう》なり。貞《てい》に利《よ》ろし。初めは吉にして終りは乱る。

彖伝《たんでん》

既済《きせい》は亨《とお》るとは、小《しょう》なる者亨《とお》るなり。貞《てい》に利《よ》ろしとは、剛柔正《ただ》しくして位《くらい》当たればなり。初めは吉とは、柔中《じゅうちゅう》を得《う》るなり。終りに止《とど》まれば則ち乱るとは、其の道窮《きわ》まるなり。

象伝《しょうでん》

水・火《ひ》の上に在るは既済。君子以て患《うれ》いを思い予《あらかじ》め之を防《ふせ》ぐ。

［卦の意］既済の卦は、すでにととのう、という意の卦です。

［卦名の由来］この卦は、すべての爻の陰陽の位が正しく、それに応があり比があって、ことごとくととのっています。また、火と水の関係にありながらも、☲離の火が下にあり☵坎の水が上にあって両気が調和して用をなすところから、すで

にととのうという。

［象辞の意味］すでにととのっているのですから、このうえ亨るものは小です。また、すでにととのった状態を固く守る事がよろしいです。初めはととのっていて吉ですが、終わりは乱れが生じてくるのが自然であるという。

占断のポイント

■すでに成就している。
■すでにととのうので、現状維持が良い時。
■今が頂点。
■初め良くても、次第に乱れる。
■小さい事は吉でも、大きい事は凶。
■（三陰三陽卦）異性に縁がある。

［運勢］運気は順調運。好調を得て安泰な時ですが、後半頃から好調にかげりが出てきます。大きな野望を抱かず、安泰を長く持続するように心掛けるべきです。異性と縁がある時でもあります。
［業績］横ばいの若干上がります。
［交渉・取引］まとまります。

［交際・恋愛］親和して深い関係に発展しやすいです。
［結婚］すでにととのった関係です。一面、他の異性関係を調べること。
［病気］長引きます。
［待ち人・待つ事］来ます。
［紛失］手に戻りません。
［天気］晴れ後曇り、そして雨。
［株式］初め上昇しても、後に下がります。

其《そ》の輪《りん》を曳《ひ》く。其の尾《お》を濡《うる》おす。咎《とが》なし。

［爻辞の意味］　初爻は陽剛であり離の火の下位にあって進みたい勢いが強い。しかし、すでにととのう時なので、車の車輪を後ろに引っ張って車を止める。また、狐が川を渡るに力が尽きて尾を濡らしてしまって渉れない。止まっていれば咎はない。

象伝

其《そ》の輪《りん》を曳《ひ》くは、義咎《ぎとが》なきなり。

占考

何事も進めば苦難に陥る。すべて進む事は避けて現状維持に努めるべし。

・恋愛は、縁があっても相手に他の人がいたりします。
・結婚は、良くないです。身を引いて無難。
・望み事は、すでに叶っている場合もあります。
・試験は、不合格。

婦《ふ》其の茀《ふつ》を喪《うしな》う。
逐《お》うこと勿《なか》れ。
七日《しちじつ》にして得《え》ん。

［爻辞の意味］婦人が車の覆いを失い外出できない。しかし、無理して追い求めなくても七日が経てば返ってくる。

象伝

七日《しちじつ》にして得《え》るは、中道《ちゅうどう》を以《もっ》てなり。

占考

何事も追い求めたり、争ったりせず、放置しておけば自然と戻ってくる時。何とかして取り返そうとすると、かえって良くない結果となる。
・恋愛は、相手を追いかけないこと。
・結婚は、見合わせて無難です。他の縁が近いうちにある時。
・望み事は、時を待つと叶います。
・試験は、自信を持てば合格。

高宗《こうそう》鬼方《きほう》を伐《う》つ。三年にして之《これ》に克《か》つ。小人《しょうじん》は用うる勿《なか》れ。

〔爻辞の意味〕 鬼方《きほう》は遠方の異民族の意。殷の時代の王である高宗《こうそう》は、国内がすでに安泰となったので鬼方を征伐したが、容易に征服できず三年も要してやっと勝つことができた。小人はこのような事をしてはならない。

象伝 **三年にして之《これ》に克《か》つは、憊《つかれ》るなり。**

占考 戦いを望んだり冒険をしたくなる時。目的達成には長い年月がかかる。何事もできるなら止まっていたほうが良い。

・恋愛は、まとまるまでに時間がかかります。
・結婚は、体の関係だけで良くないです。
・望み事は、叶うまでにかなり時間がかかります。
・試験は、不合格。

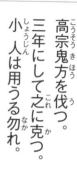

四爻

繻《じゅ》に衣袽《いじょ》あり、終日戒《しゅうじついまし》めよ。

下に着ているのがボロ

［爻辞の意味］繻《じゅ》は絢爛《けんらん》なる絹織物、衣袽《いじょ》はぼろ布の意。四爻は外卦に移り、既済も半ばを過ぎ、そろそろ乱れが見え始まったところである。それで絢爛《けんらん》たる絹織物の中から、ぼろ布がのぞいている。終日戒《いま》しめて、すでにととのった状態を守っていかなければならない。

象伝

終日戒《しゅうじついまし》むるは、疑《うたが》う所あるなり。

占考

そろそろ乱れが見え始まる時。変化が生じる兆し。

何事も表面は華やかで良いようでも内面にはぼろが隠されている事が多い。

・恋愛は、見かけと中身が異なることあり。
・結婚は、良くない。見掛け倒しです。
・望み事は、叶っても良い結果にならない。
・試験は、不合格。

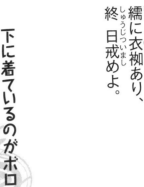

東鄰《とうりん》の牛を殺すは、西鄰《せいりん》の禴祭《やくさい》して実《じつ》に其の福《ふく》を受《う》くるに如《し》かず。

［爻辞の意味］　東鄰の国では先祖の祭祀《さいし》をするに、牛を殺してお供え物にし盛大に行なう。しかし、西鄰の国では質素なお供え物で祭祀をするが、誠意がこもっているので質実をもって福を受ける。

象伝

東鄰《とうりん》の牛を殺すは、西鄰《せいりん》の時《とき》に如《し》かざるなり。実《じつ》に其の福《ふく》を受《う》くるは、吉大《おお》いに來《きた》るなり。

占考

運気が衰退の時。

虚勢や見栄を捨てて実質を重んじて質素を旨とすべし。

・恋愛は、縁が多くある時。

・結婚は、派手な相手は凶。質素な相手ならば吉です。

・望み事は、叶う時。

・試験は、合格。

上爻

其の首《くび》を濡《うるお》す。厲《あや》うし。

［爻辞の意味］　卦の終わりで乱れるところ。狐が川を渉ろうとするが、首まで水に没してしまうので非常に危険である。

象伝　**其の首《くび》を濡《うるお》し厲《あや》うきは、何《なん》ぞ久《ひさ》しかるべけんや。**

占考

水に没してしまうような非常に危険な時。何事も進んではならず、退いて身の安全を図るべきである。

・恋愛は、縁はあっても後悔する結果となりがちです。
・結婚は、深入りし過ぎた関係で良くないです。
・望み事は、叶いません。
・試験は、不合格。

水火既済

64 火水未済《かすいびせい》 ☲☵

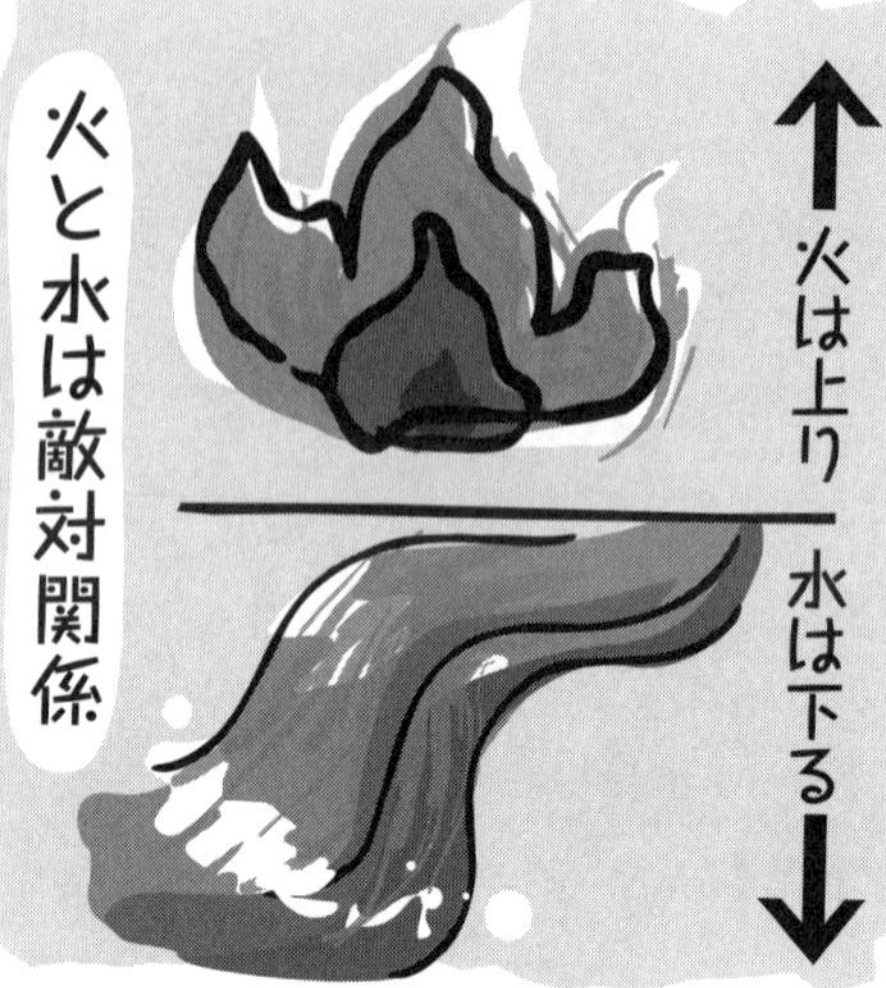

彖辞《たんじ》

未済《びせい》は、亨《とお》る。小狐《しょうこ》汔《ほと》んど済《わた》らんとして、其の尾《お》を濡《うるお》す。利《よ》ろしき攸《ところ》なし。

彖伝《たんでん》

未済《びせい》は亨《とお》るとは、柔中《じゅうちゅう》を得《う》るなり。小狐《しょうこ》汔《ほと》んど済《わた》らんとするも、未《いま》だ中《ちゅう》を出《い》でざるなり。其の尾《お》を濡《うるお》し、利《よ》ろしき攸《ところ》なしとは、終り続《つづ》かざるなり。位《くらい》に当たらずといえども、剛柔応《おう》ずるなり。

象伝《しょうでん》

火《ひ》・水上に在るは未済《びせい》。君子以て慎《つつし》みて物を辨《べん》じ方《ほう》に居《お》る。

［卦の意］未済の卦は、いまだととのわず、という意の卦です。

［卦名の由来］この卦は、六爻皆陰陽の定位を得ていません。また、外卦☲離の火は上に昇り、内卦☵坎の水は下に降り、火と水が相交わらないと

ころから、いまだととのわずという。

［彖辞の意味］今はととのっていないが、これからととのうように大いに努力すれば、将来は成就し亨《とお》ります。しかし、小狐が川を渉るように、無分別に勢いにかられて渡ると、途中で力が尽きて尾を濡らしてしまう。事が成就できず、よろしくないという。

占断のポイント

■いまだととのわずで、事が成就しない時。
■初め困難でも次第に良くなる。
■実力を認識しないで事を進めると、中途挫折する。
■（三陰三陽卦）異性に縁がある。

［運勢］運気は慎重運。思うように行かない時です。慎重かつ分相応にすべし。しかし、初め困難でも次第に好転して来ますから、焦らず急がず、堅実に努力することです。急ぐと中途挫折します。喧嘩に注意です。

［業績］横ばいの下がります。

［交渉・取引］すぐにはまとまりません。

［交際・恋愛］良い仲でも結婚には至らないでしょう。

［結婚］まとまりにくいです。

［病気］長引きます。
［待ち人・待つ事］来ません。
［紛失］手に戻りません。
［天気］雨のち晴れ。
［株式］下げた後、上がります。保合い傾向です。

初爻

其の尾を濡《うるお》す。吝《りん》。

［爻辞の意味］　初爻は、陽の位に陰であり、狐が自分の力を知らずに川を渉ろうとして、力尽きて尾を濡らしてしまい失敗する。したがって、吝である。

象伝

其の尾を濡《うるお》すは、亦極《またきょく》を知らざるなり。

占考

実力を顧みずに事を行なって失敗する。何事も時期尚早。今は動かないほうが良い時。

・恋愛は、縁はあっても交際は避けて無難。

・結婚は、良くない。途中で別れることになります。

・望み事は、うまく行かないです。

・試験は、不合格。

其の輪《りん》を曳《ひ》く。貞《てい》にして吉。

［爻辞の意味］車の車輪を後ろに引っ張って、車を前に進めさせない。今は固く止まって進まないことが吉である。

象伝 **九二の貞吉《ていきつ》は、中《ちゅう》を以て正《せい》を行なうなり。**

占考

何事も動かず、現状を守って吉を得る時。

・恋愛は、止めておいた方が無難。乱れた交際になりやすいです。

・結婚は、止めておいて無難。別れることになります。

・望み事は、叶いません。

・試験は、力不足で不合格。

三爻

未済《びせい》。征《い》けば凶。
大川《たいせん》を渉《わた》るに利《よ》ろし。

［爻辞の意味］　いまだととのわずの時にあって、今、進んで行けば凶を招く。将来、時を得たら大川を渉るような大きな事をしてもよろしい。

象伝　**未済征《びせいい》けば凶とは、位当《くらい》たらざるなり。**

占考　何事も今は進んで事を行なうことは凶である。

・恋愛は、性欲に走る時。交際は凶です。
・結婚は、体の関係だけで良くないです。
・望み事は、あきらめた方が良いです。
・試験は、不合格。

貞《てい》にして吉。悔《く》い亡《ほろ》ぶ。
震《ふる》いて用《もっ》て鬼方《きほう》を伐《う》つ。
三年にして大國《たいこく》に賞《しょう》有り。

3年にして勝つ

〔爻辞の意味〕 外卦に入り、未済の中に既済に向かうところで、努めて貞正ならば悔いが亡びる。また、奮い立って遠方の異民族を征伐したならば、三年を要して苦労の末にようやく勝って、大君から功労をほめられる。

象伝 **貞吉悔《ていきつく》い亡《ほろ》ぶとは、志行《おこ》なわるるなり。**

占考 運気好転。今まで待機していたものは大いに奮起して実行に移すべき時、何事も積極的に行なって功を奏する。ただし、焦らず辛抱強くやり遂げること。

・恋愛は、縁があってもまとまるまでに手間がかかります。
・結婚は、止めておいた方が無難です。
・望み事は、叶うまで時間がかかります。
・試験は、不合格。

五爻

貞《てい》にして吉。悔《く》いなし。
君子の光《ひかり》。孚《まこと》有りて吉。

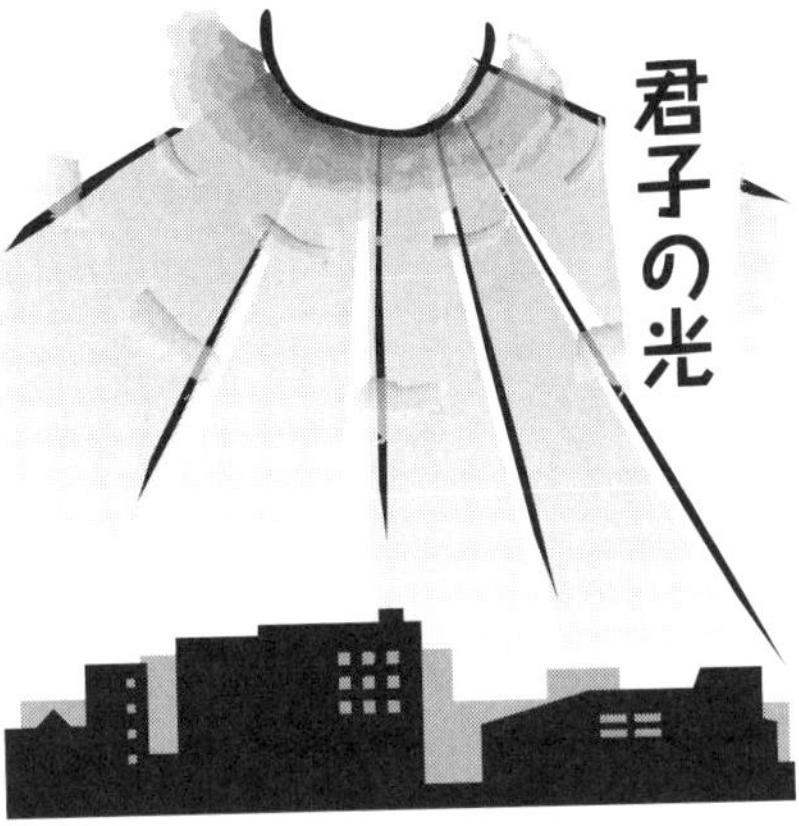

［爻辞の意味］　五爻も未済の中の既済になるところで、正しい道を固く守っていれば吉であり、悔いることはない。君子としての柔徳が四方に光り輝き、誠があって吉であり、部下の賢人たちとも誠意が通ずる。

象伝　**君子の光《ひかり》は、其《そ》れ暉《かがや》きて吉なり。**

占考

運気上昇。援助を得られて順調に発展。部下や目下を信頼して協力を求めること。
・恋愛は、良い相手に恵まれる時。
・結婚は、良縁です。他の異性の邪魔が入ったりします。
・望み事は、叶います。
・試験は、力一歩足らず不合格。

上爻

飲酒《いんしゅ》に孚《まこと》有り。咎なし。其《これ》の首《くび》を濡《うるお》せば、孚《まこと》有るも是《これ》を失《うしな》う。

［爻辞の意味］ 卦の終わりにあって、未済から既済を得たところで、それを祝って酒を飲み、互いに誠を尽し合うのであれば、飲酒も咎はない。しかし、度が過ぎて首までつかるほど飲み溺れてしまっては、いくら誠があっても、喜びや成果を失ってしまう。

象伝 **酒を飲みて首《くび》を濡《うるお》すは、亦《また》節《せつ》を知らざるなり。**

占考 何事も成就する時。ただし、気の緩みや限度を知らずに失敗しやすい。

・恋愛は、ハメを外さないようにすること。
・結婚は、気も合って良縁です。
・望み事は、思い通りに行く時。
・試験は、ギリギリ合格。

終わりに

文化・文明が今後いかように発展しようとも、易占は永久に存在すると私は確信しています。それだけ未知・未来に対しての予知・予測は、易の神秘なるものでなければ捉えられないものなのです。

易占は、難しいものとされてきましたが、少しでも多くの方々に易を正しく学んでいただき、易占を実践されて易の素晴らしさを理解していただこうと、私の長年の経験を生かして、難しい説明や余分な解説はできるだけ取り除いて、容易に易占ができるように書きました。さらに、本書には六十四卦、三百八十四爻、それぞれの卦辞・爻辞の意味に添ったイラストを入れましたので、解読上、イメージが湧くことでしょう。

また、私を育ててくださった「昭和の易」とも称される大岳易の加藤大岳先生、それに柳下尚範先生のお二人の師も、今は既に亡く、私が師から受け継いだもの、本当の易を伝えていかなければ、との思いもあります。

今、後進のために易の教室を設けて、初心者の方にも指導しております。また、正統なる易を多くの仲間と研究し、励まし合い、向上し合おうと易学研究会を開催しております。

易占の直接指導を受けたい方、易学研究会に興味のある方は下記へご連絡ください。

〒161-0034　東京都新宿区上落合2-15-19
宇澤周峰
Tel&Fax　03（3364）2154

編集協力

上田 峰萃（うえだ ほうすい）

加藤大岳師の「大岳易」を継ぐ宇澤周峰師に師事し、20年以上にわたって易学を研究し、表参道周易塾を設けて伝統を保持し、教室と一般の方々の鑑定にも応じている。

日本易学振興協会常任理事
表参道周易塾主宰

TEL 03（6721）1640（FAX兼用）
メールアドレス：omote310ekijuku@kem.biglobe.ne.jp

イラストレーション

三井 佳奈（みつい かな）

パシュラールーム
http://www.facebook.com/PachelarRoom

●著者プロフィール

宇澤 周峰(うざわ しゅうほう)

加藤大岳師、柳下尚範師に師事し、50年以上にわたって東洋思想の源であり占いの最高峰である易学を探究し、運命諸方術の研究にも精進して現在に至る。
また、一般の開運鑑定を行うとともに教室を設け、後進の指導も行っている。長年の経験と実績、加えて真摯な態度による誠意ある運命鑑定で定評がある。

日本易学振興協会理事長
周峰易学塾主宰

〒161-0034
東京都新宿区上落合2-15-19
TEL 03 (3364) 2154 (FAX兼用)
メールアドレス：uzawa@skyblue.ocn.ne.jp

絵で学ぶ 易占

2016年 6 月29日　第1刷発行
2020年 1 月18日　第2刷発行
2021年12月 4 日　第3刷発行
2024年10月11日　第4刷発行

著者　宇澤 周峰

編集協力　上田 峰萃

装丁・デザイン　菅家 恵美
イラスト　三井 佳奈（パシュラールーム）

発行者　中島 伸
発行所　株式会社 虹有社《こうゆうしゃ》
〒162-0828 東京都新宿区袋町5-1 FARO神楽坂1階
電話 03-4400-4896
FAX. 03-4400-4846
info@kohyusha.co.jp
https://www.kohyusha.co.jp/

印刷・製本　モリモト印刷株式会社

ISBN978-4-7709-0069-2